시詩치료

Poetic Medicine
Copyright ⓒ 1997 by John Fox
Korean translation copyright ⓒ 2013 by Asia Publishers
This Korea edition is published by arrangement with John Fox

이 책의 한국어판 저작권은 저작권자와의 독점계약으로 도서출판 아시아가 소유합니다.
저작권법에 따라 한국 내에서 보호를 받는 저작물이므로 무단 전재와 무단 복제를 금합니다.

한 번도 소리 내어 울지 못한 그대에게

시詩치료

존 폭스 지음 | 최소영 외 옮김

아시아

추천사

　소녀 시절, 나는 시를 싫어했다. 그런 내가 암환자들과 그 가족, 의사, 간호사와 시를 읽고 쓰며, 때로는 하루 종일 함께한다는 것은 정말 아이러니한 일이다. 그러나 치료를 위한 시는 내 소녀 시절의 시와는 다르다. 예전의 시는 그럴듯하게 꾸미고 유식한 척하며, 여기저기 신화를 언급하거나 도대체 무슨 소리인지 알아들을 수 없는 말들로 가득했다. 그리고 나의 감정을 오히려 무디게 만들었다. 그러나 치료시는 나에게 인간이 지녀야 할 자부심을 느끼게 한다.

　시는 그저 진실을 말하는 것이다. 우리는 저마다 지문과도 같은 고유한 진실을 지니고 있다. 그것을 깨닫고 크게 소리 내어 말하지 않으면 우리가 누구인지도, 이미 전인적인 존재의 인격체라는 사실도 알 수 없다. 진실을 충분히 드러내면 삶에서 중요한 것이 무엇인지 알 수 있고 이전과 다른 시각을 가질 수 있다. 우리가 느끼는 고통, 기쁨, 두려움, 희망은 다 의미가 있다. 전문적인 치료에서 쓰는 한 가지 방법이 바로 진실을 소리 내어 말하는 것이다.

　흔히 시는 처음이 가장 어렵다. 어렸을 때부터 '예술은 이렇다, 예술가는 저렇다'라는 편견에 사로잡혀, 이름도 생각나지 않는 선생님들의 평가에만 매달렸기 때문이다. 진실한 것이 아름답다는 사실을 어떻게 잊어버리게 되었을까? 그때 우리는 얼마나 어렸단 말인가? 우리가 처음 쓴 시는 시에 대해 별로 아는 바 없이 썼다는 것을 발견하게 해 준다. 왜냐하면 그 시를 들어 주는 사람이 없고, 심지어 우리 자신조차 듣지 않았기 때문이다.

시 쓰기는 사람들 사이에서 쉽게 퍼져 나간다. 암치료센터 직원인 우리는 암환자들의 시에 귀를 기울이기 시작했고, 시 쓰기 모임에도 참석했다. 그리고 마침내 스스로를 위해 시를 쓰기 시작했다. 우리도 역시 살아 있는 사람이니까.

시는 우리 몸이 완전하지 않다는 사실을 일깨운다. 또한 신체적 한계나 고통, 두려움에도 불구하고 우리 안에는 아직 드러나지 않은 밝은 빛이 있다는 점을 알려 준다. 우리의 시는 그 자체에 목소리가 있다. 그 목소리를 듣는 것이 바로 치유의 과정이다.

나는 내가 처음 쓴 시를 읽고 놀랐다. 수십 년간 내가 앓아 왔던 고질병에 관한 진실이 시의 숨결마다 담겨 있었기 때문이다.

아, 몸이여
41년간
1,573명의 전문가와
1,4355명이
오랜 단련을 했구나!

네 몸의
상처를
치유하기 위해서

내부 깊숙이

나는
온전하다.

    자기만의 의미를 찾는 것, 고통을 극복하는 힘을 발견하고 이를 이끌어 내는 능력을 회복하는 것에서 치료는 시작된다. 삶이 어려운 때일수록 그 의미는 힘이 된다. 가장 깊숙한 곳에 있는 의미는 무의식 속에서 발현된다. 그 언어는 상징과 원형으로 가득한 꿈의 언어다. 시는 그 언어로 말한다. 그리고 우리에게 질병의 의미를, 때로는 처음으로 삶의 의미를 들려주기도 한다. 그 의미를 찾는 것은 마치 예시나 축복과 같다.

    시를 쓰면 외로움이 치유된다. 우리는 종종 어떤 사람의 심오한 진실에 공감한다. 시를 큰 소리로 읽고 타인의 시에 귀를 기울이면 세상에서 떨어져 있다는 소외감을 치유할 수 있다. 오늘날 대부분의 삶은 가식적이다. 그러나 시는 그렇지 않다. 자기 자신을 보호하고 타인에게 인정받기 위해 썼던 가면을 벗어던짐으로써, 우리는 나약함이나 외로움에서 조금이라도 벗어날 수 있다. 아픔은 그저 아픔일 뿐, 더 이상 고통이 되지 않는다.

    시를 쓸 능력이 있다는 믿음을 잃어버리면 자신이 가진 치유 능력에 대한 믿음도 잃게 된다. 시인의 모습을 찾아야 치유의 힘을 얻을 수 있고, 삶의 중심부에 있는 자신의 노래를 샘솟게 할 수 있다.

레이첼 나오미 레멘 의학박사

지은이의 말

사람들은 아름다운 방법으로 진실을 표현하는 능력 때문에 시를 찾는다. 시는 우리에게 삶이 얼마나 깊은 것인지 보여 준다. 빠르게 돌아가는 세상은 가장 중요한 것들을 반영하기 위해 멈추지 않는다. 그러나 시는 사람들에게 화합과 유대감이 현실로 이어지는 것이 가능하다는 사실을 일깨운다.

우리는 비록 주변 사람들과 직접 말하지 않더라도 이러한 화합과 유대감을 마음속에 간직하고 있다. 나는 이 책이 당신 자신을 발견하고, 시가 어떻게 화합을 이끌어 내며, 당신의 삶을 어떻게 치유할 수 있는지 알아가는 데 사용되길 소망한다.

시적 언어는 수천 년 동안 지구상의 모든 문화에서 우리의 상실감, 좌절감과 이루어지지 않은 꿈을 담는 그릇 역할을 해왔다. 윌리엄 셰익스피어가 말했듯이 "시는 슬픔을 표현한다." 우리는 슬픔을 인식하고, 그 슬픔을 해방하기 위해 시를 읽고 쓴다. 또한 슬픔을 창조적으로 표현함으로써 삶에 대한 더 큰 통찰력을 기를 수 있다.

한편, 시는 즐거운 경험이다. 만일 당신이 어린아이들의 시에 귀를 기울인다면, 그들의 목소리와 웃음 속에서 시의 언어가 얼마나 자연스러운지 알 수 있을 것이다. 아이들의 기쁨의 소리와 언어 놀이는 원대하며, 이는 어느 곳에서나 발견할 수 있다.

시적 언어는 사람들 사이에 다리를 놓아 준다. 우리는 시를 통해 인종, 문화, 정치 이데올로기, 국가, 계급, 종교의 차이와 갈등을 초월할 수 있다.

이 프로젝트에서 나의 동료이자 번역자인 최소영 박사가 말한 것처럼, 이 책이 조화롭고 풍성한 삶의 방식과 균형적인 발달을 성취할 수 있도록 당신을 도와주리라 믿는다. 시를 읽고 쓰는 것은 우리가 관계를 회복하고, 서로 신뢰하고 사랑하며, 더욱 행복한 삶을 살 수 있도록 만들기 때문이다. 이는 한국과 미국 사회에서 모두 진실로 통한다.

시는 무엇보다도 우리가 삶에서 맞닥뜨리는 가장 어려운 문제에 대처하도록 도와준다. 시는 그런 삶을 바라보도록 한다. 그리고 통찰력과 탄력성, 의미를 제공한다.

이 책에는 개인적인 이야기와 시, 연습 문제 등 당신의 시 쓰기 경험을 풍부하게 할 여러 방법이 있다. 지금 시작해 보겠는가? 당신에게 필요한 것은 단지 노트와 펜뿐이다. 당신 자신을 표현하기 위한 지침으로 이 책을 사용하기 바란다. 시가 하나의 가치 있는 도구로서, 나아가 당신과 동행하는 친구로서 기쁨을 함께 누렸으면 한다.

이 책을 새롭게 출판하게 되어 매우 기쁘고 자랑스럽다. 도서출판 아시아 방재석 대표님과 직원들, 그리고 이 책을 헌신적인 노력과 의지로 번역해 준 최소영 박사에게 진심으로 고마운 마음을 전한다. 전체 프로젝트는 시치료에 대한 그녀의 열정의 결과다. 또한 그녀와 공역한 동료들과 한국시치료연구소의 비전과 발전을 기원한다. 시치료에 대한 관심과 사랑으로 이 책을 읽어 준 한국의 독자 여러분에게도 고마운 마음을 전한다. 내 친구이자 훌륭한 자문을 해 준 짐 페디만에게도 고맙다.

2013년 5월 20일
존 폭스

옮긴이의 말

2002년 가을, 시치료에 대한 이 책을 발견하고 전율을 느꼈다. 이후로 줄곧 시치료라는 새로운 분야에 매료되어 깊이 빠져들었으며, 십 년이라는 세월이 흐르는 동안 시치료는 나의 운명이자 소명이 되었다.

시는 삶의 여정에서 감사한 시간들을 햇살이 비치듯 명료하게 해 주거나, 때로는 바람이 부는 것처럼 힘들고 치열한 시간, 무력감에 빛이 보이지 않을 때도 나를 자유롭게 했다. 시는 오늘을 견디며 내일의 꿈을 품고 살도록 도와주는 나의 친구이자 노래다.

이제 시는 내 삶에서 빼놓을 수 없는 소중한 존재다. 늘 그래 왔듯이 시를 만나는 일상은 마음의 위안과 평안, 감사와 행복으로 가득하다. 누군가와 시를 읽고 쓰며 서로 소통하고, 아름다운 소망을 이룰 수 있도록 돕는 것이 바로 시치료다.

이 책은 존 폭스가 시치료 워크숍을 직접 진행한 내용을 중심으로 실제 사례를 엮은 치유 에세이다. 모두 9장으로 구성되어 인간관계, 부모와 자녀, 결혼, 질병, 죽음, 상실, 사회, 자연, 영적 교감 등 다양한 삶의 주제에 관한 시치료 방법을 자세히 소개하며, 독자가 시치료를 체험해 볼 수 있도록 각 장마다 연습 문제가 제시되어 있다. 각 장의 중심 내용은 다음과 같다.

1장은 마음을 열고(open mind) 자신의 고통스러운 감정과 생각을 시적으로 표현함으로써 치료적 효과를 볼 수 있다는 내용을 담고 있다.

2장은 치료와 창조적 과정이 어떻게 조화와 열정을 이루며, 통찰(insight)과 공감이 가능한지 알려 준다.

3장은 시적 도구를 써서 치유(healing)가 필요한 내면의 고통을 표현하고, 환기(evocation)시키며 정화하는 방법을 소개한다.

4장은 부모와 자녀 간의 아픔과 사랑을 시로 표현한다. 부모와 자녀는 서로 사랑하는 만큼 상처를 줄 수 있는 미묘한 관계다. 자녀가 성장 과정에서 겪는 여러 감정과 유대감(connection)을 형성하는 방법, 부모와 자녀의 방식 이해하기, 어린 시절의 아픔을 치유하는 방법들을 시를 통해 배울 수 있다.

5장은 친밀한 관계를 다룬다. 특히 시를 쓰면서 연인, 배우자 등 사랑하는 사람에 대한 친밀감(intimacy)과 애정을 발견하고 통찰하는 과정을 보여 준다. 두려움, 기쁨, 애매함, 역설 등을 시로 나타냄으로써 상대방을 진정으로 존중하고 관계의 본질과 아름다움을 깨닫게 한다.

6장은 시 쓰기로 상실, 질병과 죽음에 관한 애도(mourning)를 하는 방법이다. 슬픔, 고통, 희망의 이미지로 애도의 시를 쓰며 마음의 위로와 평화를 얻고 치유를 향해 나아간다. 상실과 생로병사는 삶의 한 과정이자 부분이라는 것을 깨닫고 이를 수용해 표현하게 한다.

7장은 세상을 수용(acceptance)하는 방법을 말한다. 나의 모습을 있는 그대로 인정하고 수용할 때 비로소 타자와 세상을 진정으로 공감(empathy)하며 수용할 수 있을 것이다. 자연은 그런 우리에게 치유 공간을 제공한다. 자연의 소리, 모습, 공간을 만나고 관찰하면서 통찰의 기회와 여유를 갖게 된다. 자연에 대한 은유와 시적 이미지는 마음속 깊은 곳에 자리한 핵심 갈등이나 감정을 자연스럽게 드러내고 치유한다.

8장은 진솔한 마음(genuineness)으로 표현하기다. 진솔함은 소통

(communication)을 가능하게 하고 소통은 곧 치유의 조건이다. 시를 통해 자신의 내면을 진솔하게 이야기하고 타인의 진솔함을 수용할 수 있다면 치유가 시작된 것이다.

9장은 내면의 소리(inner voice)로 마음을 치유하는 영성(spirituality)에 관한 이야기다. 우리는 삶 속에서 사랑을 표현하며 시와 시적 글쓰기를 활용할 수 있다. 이러한 치유의 전망에서 나온 사랑, 아름다움, 지혜, 환상이 어떻게 표현되는지 탐색할 수 있을 것이다.

이렇듯 각 장마다 실질적으로 중요한 삶의 주제와 치료의 개념들을 시를 통해 어떻게 다룰 수 있는지 섬세하게 보여 준다. 따라서 이 책은 문학, 심리학, 상담학, 정신의학, 독서지도학, 독서치료, 문학치료, 표현예술치료를 공부하는 대학생이나 대학원생, 교수, 실제 현장에서 시치료를 적용해 보고자 하는 독서치료사, 독서치료 전문가, 문학치료사, 문학치료 전문가, 사회복지사, 심리상담가, 치료사, 도서관 사서, 초중고 교사, 자녀를 키우는 학부모, 시를 연구하거나 쓰는 분, 몸과 마음이 지치거나 고통받는 분, 마음의 위로와 평화가 필요한 분, 또한 타인에게 공감하며 사람들과 더불어 아름다운 삶을 살아가려는 분에게 읽어 볼만한 책으로 추천하고 싶다.

무엇보다 지금까지 시를 어렵게만 생각했던 분, 시는 특정한 사람이나 특별한 능력을 가진 사람만 쓰는 것이라고 생각하는 분, '나와 시는 거리가 멀다'라고 생각하는 분, 시는 현실성이 별로 없다고 생각하는 분, 시를 읽고 쓰는 것은 시간이 많아야 가능하다고 생각하는 분, 나이가 어리거나 많아서 시를 읽고 쓰는 것이 곤란하다고 생각하는 분, 아직까지 시를 한 번도 써 보지 않은 분에게 적극적으로 권유하고 싶다.

왜냐하면 시치료에서 시는 작품 중심만이 아니기 때문이다. 시치료에서 시는 그 시작과 과정, 마무리가 사람과 삶 중심이다. 시를 통해 현실의 삶을 다루고 개개인의 주관적인 느낌이나 욕구, 생각, 갈등, 문제, 변화 등을 더 중요하게 여기기 때문이다. 문학 중심의 시는 작품을 통해 다양한 삶을 드러내는 것이지만, 시치료에서는 치료적 시를 통해 삶이 어떻게 변화하는가 하는 문제에 더 과학적이고도 체계적인 관심을 둔다. 즉, 작품의 완성도보다는 삶의 안정과 변화, 존재 실현에 무게중심을 두고 있다.

지금까지 시를 써 본 적이 없거나 시를 막연하고 어렵게만 생각했다면, 이 책을 접한 이후로는 얼마든지 시치료를 쉽고 즐겁게 만날 수 있을 것이다. 열린 마음과 시작할 수 있는 용기만 있으면 충분하다.

이 책이 나오기까지 좋은 인연으로 수고하신 공역자 선생님들께 진심으로 고마운 마음을 전한다. 첫 출판에 초역을 한 이후 시치료와 관련된 공부를 지속한 분들과 함께 재출판을 하게 되었다. 그리고 이번 재출판에 함께하지는 못했지만, 첫 출판을 할 때 도움 주신 신희정 선생님, 2차 교정 번역에 도움 주신 김예리, 김효재 선생님, 한글 교정에 도움 주신 임성관 선생님께도 감사하다. 또한 늘 섬세한 배려와 격려를 아끼지 않은 저자 존 폭스 선생님께 고마운 마음을 전한다. 믿음과 관대함으로 이 책을 새롭게 출간해 주신 도서출판 아시아 방재석 대표님, 이 책이 나오기까지 애써 주신 편집장 정수인님, 담당 편집자에게도 마음 깊이 고맙다.

2013년 5월 20일
최소영 옮긴이 대표

차례

추천사 _005
지은이의 말 _008
옮긴이의 말 _010

1장 마음이여, 누구를 향해 절규할 것인가?
침묵의 언어

신성한 공간, 동료, 그리고 자연치료제 _023
　|연습| 신성한 공간, 동료, 자연치료제 찾기 _027
관계의 언어 : 우리 사이의 교감 _031
　|연습| 시와 관계 생각하기 _033
중요한 것은 결코 잊지 않는 것이다 _034
역설의 존재 _035
절규의 장 _038
　|연습| 호소력 있는 단어 고르기 _044
어디에 관심을 두어야 할까? _045
　|연습| 고통을 대담하게 표현하기 _047
상실과 상실의 은유들 : 나뭇잎 형태의 잔상 _048
실존적 위기에 대한 직면 : 마음의 고물상 _055
암에 관한 경험 다루기 : 모르겠어요 _058
삶의 안내자로서 시 쓰기 _062

2장 동일한 두 흐름의 반복
치료와 창조적 과정의 결합

치료와 창조적 과정 : 같은 강을 두 번 건너기 ___067
이야기의 행간 ___070
  |연습| 이미지 포착하기 ___073
치유와 창조성의 세 가지 이야기 : 노엘, 조디, 수잔 ___075
  |연습| 제대로 경청하기 ___078
  |연습| 감정을 교환하기 ___082
풀려난 시의 재즈맨 : 삶의 언어 재생 ___087
  |연습| 열정적으로 글쓰기 ___090
말하는 것 배우기 : 감정을 분출하는 시 쓰기 ___091
  |연습| 감정 표현하기 ___094
개인적 과정과 보편적 과정을 함께 엮기 ___096
  |연습| 개인적인 것과 보편적인 것 연결하기 ___098

3장 치유와 회복을 위한 시적 도구들
시의 기본 요소를 사용한 창작

시작 : 시의 도구들 사용하기 ___101
직유 : 관계 발견하기 ___103
  |연습| 일상생활에 연결해 시 쓰기 ___109
은유 : 언어의 연금술 ___110
자아를 위한 은유 : 나는 오랫동안 마르지 않는 우물이다 ___113
  |연습| 은유로 치유하기 ___116
이미지의 치유력 ___117
  |연습| 본 것에 대해 관심 갖기 ___122
  |연습| 이미지 포착하기 ___123
고통스러운 감정 표현을 위한 이미지 사용 ___125
  |연습| 고통스러운 느낌의 이미지 창조하기 ___128

복합적인 느낌을 불러일으키는 이미지들 _129
| 연습 | 이미지를 재현하며 과거 치유하기 _133
시구의 길이 : 치유의 상태에 맞춰 시구 만들기 _134
행 나누기와 행 길이로 감정과 의미를 표현하는 방법 _138
| 연습 | 행 나누기와 행 길이 사용하기 _141
단어의 선택 : 좋은 단어 놓치지 않기 _142
| 연습 | 좋은 단어 놓치지 않기 _146
확언 _147

4장 상처받기 쉬운 섬세한 관계
부모와 자녀 사이의 고통과 사랑

우리 아이가 그렇게 생각했는지 몰랐어요 _151
| 연습 | 자녀의 방식으로 마음 열기 _156
부모에 대한 시 : 좌절, 분노, 그리고 결단 _158
| 연습 | 욕구의 시와 수용의 시 쓰기 _169
부모와 자녀, 시간의 경과 _170
| 연습 | 부모 자녀 관계에 관한 시 쓰기, 자녀에게 시 쓰기, 자녀와 함께 시 쓰기 _178
어린 시절 학대의 상처와 치유 _179
| 연습 | 유년의 특별한 물건과 장소 찾기 _190
| 연습 | 어린 시절의 목소리와 특징 찾기 _190

5장 관계의 전망
친밀감, 결혼, 열망에 대한 반영

친밀감의 계발 : 놀라움, 발견, 애정 _193
모든 결혼 생활은 복합적이다 _198
| 연습 | 인간관계에서 별개의 요소들을 통합하기 _203
사랑하는 사람의 본질 알기 _204
| 연습 | 배우자의 본질 인식하기 _211

친밀감과 약점 _212
| 연습 | 글쓰기와 의식 – 상처에 연고 바르기 _221
| 연습 | 말하지 않은 약점에 대해 생각하기 _221
| 연습 | 나이 든 모습을 상상하기 _222
| 연습 | 사랑과 나눔의 시 쓰기 _222

결혼의 계절 _223
| 연습 | 사랑의 계절 묘사하기 _230

열망의 마음 : 자신으로 돌아가기 _231
| 연습 | 열망의 시 쓰기 _238

6장 신이 탄식할 때
상실, 질병, 죽음에 대한 애도

슬픔의 겨울 정원에 대한 글쓰기 _241
슬픔 속에서 신비한 느낌 : 떨어지는 모든 것을 붙잡는 사람 _248
| 연습 | 감정을 드러내는 콜라주 창조하기 _250
| 연습 | 슬픔, 고통, 희망의 이미지 찾기 _251
| 연습 | 치유 여정에서 시 발견하기 _251
| 연습 | 위안과 영적 지원에 마음 열기 _252

치유의 돌파구 : 시 쓰기의 은총 _253
| 연습 | 신성한 물건, 특별한 목록, 기억의 그릇 느끼기 _260

죽음 너머 보기 _261
| 연습 | 영혼의 본질을 상상하기 _263

시 쓰기, 질병, 치유의 환경 _264
돌보는 이들을 위한 시 쓰기 _273
생활의 상실 : 어린 시절의 깨진 꿈들, 직업의 변화, 만성질환 _278
| 연습 | 생의 여러 단계를 거치며 글쓰기 _286

7장 모든 것들의 평화
당신의 이야기를 위한 세상 껴안기

자기 자신을 자연 그대로 숭고하게 하라	_289
|연습| 대지의 이미지와 은유를 사용한 시 쓰기	_292
자연이 우리에게 가르쳐 주는 것을 시에 주입하기	_293
|연습| 자연이 우리에게 가르쳐 주는 것 쓰기	_297
감수성과 냉정함 : 열린 주의집중력 연습	_298
|연습| 대지와 만나기	_307
|연습| 대지의 언어 사용하기	_308
관계에 대한 원초적 깨달음	_309
|연습| 동물로 은유하기	_317
생태심리학과 시 쓰기 : 심층의 언어를 재개발하기	_318
|연습| 당신과 자연의 관계 – 신비한 감상에 대해 쓰기	_322
대지를 위한 소리의 존재	_323
|연습| 자연의 소리가 되어 보기	_326
대지는 치료와 성장에 어떤 귀감이 되는가?	_327
감각적인 세상에 살며 그것에 대해 쓰기	_330
|연습| 에로티시즘과 대지를 찬양하기	_334

8장 혼란한 세상에 대한 증언
진실한 자기표현을 통해 다가가기

시인의 눈으로 바라보는 세상	_337
|연습| 시인의 눈으로 바라보기	_342
삶의 명예롭고 주된 전환점	_343
|연습| 삶의 전환점을 이야기하기	_346
슬픔과 사랑을 증언하는 시 쓰기	_347
|연습| 슬픔과 사랑에 대해 쓰기	_355
사회에서 받은 상처를 치유하는 시 쓰기	_356
|연습| 증언하는 시 쓰기	_364
|연습| 타인의 악전고투를 표현하기	_376

9장 내면의 비밀
치유를 위한 영혼의 목소리

신성한 시를 발견하기 : 정곡을 찌르는 것 ... _379
정신적 이미지에 이름 붙이기 : 나는 눈꽃입니다 ... _383
 |연습| 상징, 이미지, 은유를 사용해 신성한 시 쓰기 ... _385
 |연습| 정신적인 기억의 시 쓰기 ... _386
사랑, 아름다움, 지혜와 환상을 통해 신성으로 돌아가기 ... _387
 |연습| 사랑하는 사람에게 편지 쓰기 ... _390
명상과 시 쓰기 : 내면의 소리와 미지로 가는 오솔길 ... _398
 |연습| 고요, 미지, 내면의 음성에 대해 쓰기 ... _407
당신의 시의 여신 뮤즈 : 시적 치료제의 창의력과 치유 ... _408
 |연습| 명상과 시 쓰기 ... _414

출처 _415
추천도서 목록 _419
서지 _422
참고문헌 _425

1장

마음이여, 누구를 향해 절규할 것인가?

침묵의 언어

시는 원래 솔직한 것이다.
시는 생명을 가진 영혼이 스스로를 보호하고,
감정과 경험을 깨닫기 위해 표출하는
방출, 외침, 울부짖음, 한숨, 몸짓, 반응이다.
시의 이러한 자연 발생적이며 중요한 작용 때문에
시를 함부로 판단할 수 없는 것이다.
무엇보다 시는 시인 그 자신에게 말을 건넨다.
그것은 그의 울부짖음, 그의 절규, 그의 꿈, 그의 미소, 그의 내지르는 주먹이다.

헤르만 헤세

신성한 공간, 동료, 그리고 자연치료제

> 세상은 시의 본질이다. 그 의미 자체는 단순하다. 중요한 것은,
> 그것의 존재란 엄청나게 신비스러운 것이며 우리가 그 존재를 자각하는 것이다.
> 올더스 헉슬리

시는 자연치료제다. 이것은 삶 자체나 경험에서 얻은 동종요법과 같다. 시는 경험을 증류해서 순수 결정체를 만들어 낸다. 우리 각자의 경험은 타인의 것과 공통점이 있다. 한 가지 흥미로운 사실은 시를 치료법으로 사용하면 사람들의 다양한 삶의 일면을 통합할 수 있다는 점이다. 시의 본질인 소리, 은유, 이미지, 감정, 리듬 등이 치료제로 작용해 신체적, 정신적, 영적 시스템을 강하게 만든다.

아무도 우리에게 말을 걸지 않을 때, 시는 말을 건넨다. 시는 무기력한 삶에 생기를 불어넣는다. 시가 주는 감동은 고통스러운 감정을 붙들어 이를 탐색하고 변화시킨다. 과거와 현재, 미래의 삶을 짚어 보고 이름을 붙이는 방법이 시를 읽고 쓰는 것이다.

> 시는 당신이 느낄 수 있도록 해 준다. 제임스 오트리

시는 시를 읽고 쓰기 전에는 알지 못했던 것을 알려 주는 안내자의 역할을 한다. 우리가 자신의 시에 감동하거나 타인의 시에 감동하는 바로 그 순간이 치료제로서 시의 본질이다.

감동은 일종의 계시이자 부활이며 환생이다. 또한 한계를 극복했다는 창조적이고 즐거우며, 명쾌하고 현실적인 경험이다. 감동의 감각을 경험하면 자신을 그대로 수용하고, 위축되거나 낙담한 채 숨어 있는 자신을 발견할 수 있다.

당신의 목소리를 삶으로 끌어내는 방법 중 하나가 시 쓰기다. 감동이 깊을수록 삶과 가까워지고 자신과 타인을 통찰하는 능력도 자라난다.

전 세계적으로 시를 듣는 자의 입술에서 새어 나오는 '아!'라는 소리는 보편적인 호응을 뜻한다. 시적 언어는 핵심적인 단어를 사용해 경험에서 얻은 것을 직접 말할 수 있도록 해 준다. 따라서 시를 쓰는 자도, 듣는 자도 자신의 정체성에 대한 새로운 가능성을 발견한다.

> 나는 이 나라에 시적 감흥의 문예부흥의 거센 바람이 새로 일어나고 있다고 생각한다. 우리는 초기의 시인들이 교실에서 나오지 않았음을 기억하기 시작했다. 루실 클리프턴

당신은 언어를 사용해 시를 쓰지만 동시에 내부의 공간, 즉 직관적인 통찰의 목소리가 깨어나 번성할 장소를 짓고 있는 것이기도 하다. 다음은 워크숍에 참가한 글로 람슨이 열여덟 살 때 그의 아버지가 자살한 후 시가 왜 중요한지에 대해 쓴 글이다.

> 나는 죽음 속에서 살고 있었다. 나를 감싸고 있는 어둠을 더듬으며 온전함

을 향해 나아가려 했다. 글쓰기는 무형에서 유형의 형식을 주고, 내면의 시선에 확신을 주어 어둠 속을 헤쳐 나올 수 있도록 도와주었다. 시 쓰기는 내가 중심이었던 내면세계에 강한 현실감을 깨닫게 해 준다. 마치 투명인간이 먼지를 뒤집어씀으로써 그 존재를 드러내듯이 말이다. 그로 인해 나는 어둠밖에 없었다는 것을 확실히 알게 된 경험에 감사와 연민을 느낄 수 있었다.

누구나 시를 쓰면서 자신만의 독특한 내면의 공간을 만든다. 우리가 서로에게 귀를 기울이면 외부의 현실적인 만남뿐 아니라 내면의 직관을 갖게 된다. 또한 시를 통해 자신의 경험을 표현하면 시를 쓰는 자와 영혼이 비슷한 다양한 공동체와 연결된다. 이렇게 유사성을 가지고 의사소통이 이루어지는 내부적, 외부적 공간에서라면 충분한 치유와 성장을 기대할 수 있다.

나는 모든 축복을 기원합니다.
나는 내 어머니 같은 대지를
경외하는 마음으로,
하늘과 달, 아버지 같은 태양을
경외하는 마음으로 간청합니다.
나는 나이 든 자입니다. 삶의 정수이자,
모든 행복의 근원입니다.
모든 것이 평화롭고 아름답고
조화롭고 즐겁습니다.
작자 미상의 나바호 시, 19~20세기

시는 어둠의 시기를 함께 이겨 낼 수 있는 친구다. 또한 운수 나쁜 날이거나 누군가 당신을 알아봐 주었으면 하는 날, 당신에게 말을 걸어 주는 친구이기도 하다. 시는 당신이 혼자가 아니라는 것을 깨닫게 하는 목소리다.

시를 읽을 때나 쓸 때, 시구 하나하나를 삶과 연관 지어 보면 당신이 가진 의문이나 문제, 위기에 관한 의미를 찾을 수 있다.

신성한 공간, 동료, 자연치료제, 이 모든 것이 바로 시이며 치료 과정에 도움을 주는 요소다.

> 잠시 삶의 휴식을 취함으로써 시는 우리에게 이 세상을 살아가는 인간으로서 서로에게 어떤 의미가 있는지 생각할 기회를 준다. 리타 도브

| 연습

신성한 공간, 동료, 자연치료제 찾기

신성한 공간

글쓰기 가장 쉬운 장소를 자세히 생각하거나 상상해 본다. 꼭 한 군데일 필요는 없다. 당신이 현재 살고 있는 집일 수도 있고, 자신의 상상력을 북돋울 수 있는 공간이면 된다. 상상으로 만들어 낸 실내의 장소일 수도, 자주 방문하던 영적인 세계일 수도 있다. 워크숍에 참가한 학생들은 부엌, 커피숍, 푸른 해오라기가 사는 서식지 같은 곳을 꼽았다. 당신의 장소에는 어떤 물건들이 있는가? 유년의 물건이나 자연 속의 물건? 그 장소에 어울리는 물건들인가? 삶의 어떤 표식이나 표현이 거기 있는가? 특정한 식물, 동물, 사람들이 북적대는가?

색깔과 냄새, 질감은 어떠한가? 그 장소는 어떻게 생겼나? 거기에는 어떤 느낌이 있는가? 그곳에는 빛과 어둠이 있는가? 시를 이끌어 낼 수 있는 공간에 관심과 주의를 기울여 보자.

> 이곳은 전투가 일어난 적이 없는 곳이고,
> 무명의 용사가 죽은 적이 없던 곳이다.
> 이곳은 풀들이 서로 손을 잡는 곳이고,
> 어떤 기념비도 세워져 있지 않은
> 오직 고결한 것은 하늘뿐이다.
>
> 새들이 소리도 없이 날아다니며,
> 창공을 향해 날개를 펼친다.
> 이 땅에선 아무도 죽이지 않고―죽임을
> 당하지도 않는다.
> 외면함과 순한 공기로 신성화된 곳,
> 이곳의 이름을 잊음으로써,
> 사람들은 이곳을 찬양한다.
> **윌리엄 스태퍼드**

동료

시나 시적 영감을 친구로 여겨 보자. 시적 영감이 당신의 친구라고 상상해 보자. 그것이 당신의 말에 귀를 기울이고 말을 건넨다고 생각해 보자. 어디서 어떻게 이 '뮤즈'가 나타나는 것일까? 당신의 '뮤즈'는 어떻게 생겼을까? 당신이 이전에 한 번도 '뮤즈'에 대해서 생각해 보지 않았다면 배우자나 자녀, 친구처럼 당신에게 중요한 사람이라고 생각해 보자.

아마도 그것은 당신 자신을 상징하는 동물이거나, 당신의 수호자인 동물일 수도 있다. 먼 옛날, 삶의 중요한 시기를 도와준 사람일 수도 있고, 이 '뮤즈'를 가장 잘 형상화할 수 있는 최근에 만난 사람일 수도 있다. 꿈이나 그 밖의 방법으로 당신의 마음속에 자연스레 떠오르는 어떤 형상일 수도 있다.

'뮤즈'를 연상시키는 것은 영감 어린 시일 수도 있다. 지금 당장 그 시를 자신에게 읽어 주거나, 아니면 친구에게 그 시를 읽어 달라고 하자. 소리와 이미지, 리듬에 귀를 기울여 본다. 그리고 경험에 비추어 본다. 이 시가 당신에게 그토록 깊은 감명을 주는 것은 왜일까?

사람의 시적 영감이 언어를 창조했기에 시가 언어보다 먼저 생겼다. **하즈라트 이나야트**

이 시적 '친구'가 당신의 삶에 들어와 감동을 준 때는 언제인가? 이 친구가 당신의 경험과 지금 무슨 관련이 있나? 이 '뮤즈'가 당신의 마음에 와 닿은 방법에 대해 무엇을 알고 있나? 당신의 몸 어디에서 이 '뮤즈'를 느끼고 있나? 어떤 상황에서 도움이 되는가? 삶의 일부로 이런 친구를 갖는다는 것은 어떤 의미일까? 이 '뮤즈'가, 이 시심이 당신의 삶에서 사라진다면 어떻게 될까?

나의 친구

금방
분주한 차이나타운 인도에
오늘 밤 그녀가
다시 나타났다.
부드러운 잿빛 다람쥐 털
모자 달린 모피 재킷을 입고
지나다니는 사람들 사이로
나를 가만히 그리고 똑바로 쳐다보더니
사라져 버렸다.

그녀는 매년 와서,

나를 찾는다.

그녀의 검게 그을린 얼굴과

흑단처럼 검은 눈은

나에게 확신을 주었다.

내가 어둡고 외딴 곳으로

혼자 여행을 떠나기 전에

집에서 나는 종종 그녀를 느낀다.

내 어깨 너머로 순간적인 움직임을 느끼고,

이전엔 없었던

빛의 각도를 본다.

그녀의 허스키한 목소리가

내 머릿속 감춰진 곳에 말한다.

나는 그저 알 뿐이다. 그녀가

내가 태어났을 때부터

거기에 있었다는 것을.

나는 그 눈을 안다,

그 깊고 무한한,

야성의 눈을.

메리 톨 마운틴

자연치료제

시를 자연치료제라고 생각해 본다. 당신의 약은 무엇으로 만들어지는가? 이 약은 고통이나 질병을 억누르거나 감추는 약과는 다르다. 당신 안에 퍼지면서 면역 체계의 자연치유 능력을 보강하는 자연요법이자 동종요법으로서 힘을 발휘한다.

우리에게는 이 세계만 존재하는 것이 아니다. 다른 세계도 있다. 시간은 분과 시로 나뉘는 것이 아니며, 모든 사물은 무한이라는 전경 속에 그 실체와 의미를 가지고 있다. **조이 하조**

> 동종요법 약은 혈뇌장벽을 통해 뇌 속에 크고 위험한 분자가 들어오지 못하도록 걸러 낸다. 동종요법 약은 뇌의 화학작용에 영향을 미치기도 하고, 그래서 질병에 영향을 미치기도 하는 것 같다. **다나 울만**

당신의 시 치료제는 어떤 종류의 신체적, 정신적, 영적 속성을 가지고 있는가? 어떤 종류의 처방전이라면 쾌활함과 유머, 평온함을 줄 수 있을까? 어떻게 조제할까? 어떤 효과가 나타나기를 바라는가? 이왕이면 모든 것을 다 사용해서 자연적, 시적 치료제를 만들어 보자. 그것을 혼합하는 데 필요한 것은 무엇일까? 치료시의 일반적인 요소로는 음악적 언어, 감각적 지각력, 감정, 구체적 이미지들이 있을 것이다. 좀 더 구체적이고 개인적인 요소들도 시도해 보자. 이를테면 음악, 자연물, 장소, 꽃, 동물, 사물 등에서 어떤 부분이 활력을 주고 치료를 하는 것일까? 이름을 붙여 보자. 천진난만하고 사랑스러우며 힘찬 이미지로 유명한 스페인 시인, 페데리코 가르시아 로르카는 백합, 꿀벌, 별, 바다, 모자의 깃, 목검을 통해 자신의 유년 시절을 보여 준다.

> 비단 같은 나의 마음은
> 빛으로,
> 잃어버린 종으로,
> 백합과 벌로 가득하다.
> 나는 아주 멀리 갈 것이다.
> 저 산들보다 멀리
> 저 바다보다 깊이
> 저 위에 있는 별 가까이까지,
>
> 그리곤 주 예수께
> 요정 이야기를 들으며
> 깃털 모자를 쓰고
> 목검을 가지고 놀던
> 어린 시절의 영혼을
> 돌려 달라 간청할 것이다.

관계의 언어 : 우리 사이의 교감

워크숍에 참가한 조지아 로버트슨은 관계를 심화하는 방법으로 언어에 관한 시를 썼다. 그녀의 시는 관계라는 맥락에서 시적 언어를 공유하는 것이 왜 그토록 강력한지 보여 준다.

…… 나는 인간의 언어로

우리 사이의 공기를 가로질러

나르는 소리를 만들고 싶다.

나로부터

당신으로부터

그리고 우리 머리 위에 생기는 말들의

모양이 마치 그 자체의 모양을 가진

기도처럼 보이도록.

시적 언어는 평이한 언어로는 나타낼 수 없는 것을 표현하기 때문에 매우 독특한 방법으로 치료를 돕는다. 조지아는 관계를 맺고 치유하는 시의 교량적 역할에 대해 말하고 있다.

시를 거의 쓴 적이 없었던 한 여성이 친한 남자 친구에게 시를 보냈다. 그녀는 편지를 보낼 수도 있었지만, 자신의 느낌을 가장 잘 표현할 수 있는 것이 시이기 때문에 모험을 감수했다. 그녀는 그에게 시 형식의 답장을 받고 놀랐다. 그들은 시로 편지를 주고받기 시작했다. 그리고 그들의 우정은 더욱 깊어졌다. 언어가 그들 사이에 '교감'을 만들었고 그들의 시는 한층 독창적인 의사소통 방식을 이끌어 냈다.

각각의 마음의 꽃에 자유의 열매를 맺는 게 필요한 것과 같이 의식이 있는 어른들 사이의 모든 관계는 독특하다. 단지 정성스러운 마음으로 소중히 돌봄으로써 꽃이 활짝 피기를 기다릴 수밖에 없다.
아이렌 클라레몬트 데 카스틸레오

| 연습
시와 관계 생각하기

다음 문장의 빈 칸을 채워 보자. 가까운 지인에게 몇 가지 질문을 해도 좋다.

- 만일 내가 누군가에게 시를 써서 보낸다면, 그 사람은 _____ 할 것이다.

- 배우자, 가족, 연인, 친구에게 선물하고 싶은 시는 _____ 이다.

- 배우자, 가족, 연인, 친구가 가장 좋아하는 시 또는 시인은 _____ 이다.

- 만약 내가 특정한 관계 개선을 위해 시를 쓴다면 그것은 나와 _____ 와의 관계이다.

- 내가 그 관계에서 가장 즐겨 쓰는 주제는 _____ 이다.

중요한 것은 결코 잊지 않는 것이다

　진실한 소통의 치료시는 특정 문제를 '치료'하고 '해결'하기보다는, 건강한 정신으로 어려운 세상살이에 직면할 수 있도록 생기를 불어넣는 것이다. 그 영혼은 신실함, 간결함, 깊은 자애로운 감정에 근원을 두고 있다.
　이 기본적이고 근원적인 성질을 통합하면 위기, 질병, 고통스러운 경험, 힘겨운 삶의 변화 속에서도 자신을 보호할 수 있다. 우리가 누구인가 하는 본질적인 속성을 깨닫고 나눔으로써 치유의 효과는 커진다. 삶의 고통을 이겨낼 방법이 없을 때, 우리는 비로소 자신을 되돌아본다.

　…… 중요한 것은 결코 잊지 않는 것이다.
　태초 이전의 세계에서 뚫고 나온,
　불로의 샘에서 퍼 올린 피의 기쁨을
　잊지 않는 것이 중요하다.
　아침의 기쁨을 쉽사리 부정하지 않고,
　저녁에 사랑의 엄숙한 요구를
　부정하지 않고,
　소통이 점차 만개하는 영혼을
　소음과 안개로 뒤덮지 않도록 해야 한다.
　스티븐 스펜더

　시라 불리는 것들—여러 가지 모양과 크기를 지닌 언어의 불빛—은 우리를 크게 독려한다. 시 또는 시의 조각들조차도 어려운 시기를 헤쳐 나갈 때 시선을 고정할 균형점을 알려 준다. 그 균형점에 시선을 맞추면 일상의 절망과 슬픔을 극복할 수 있다.

> …… 이 슬픔을 떨쳐 내고 영혼을 되찾으라.
> 게으름을 피우면 운명의 수레바퀴가
> 너의 뒤꿈치를 스치며 지나가는 것을
> 결코 보지 못하리니,
> 살고자 하는 자는 그 삶이 풍요로운
> 자로다……
> 미구엘 드 우나무노

우리는 구체적인 문제를 통찰하기 위해 시를 사용할 수도 있다. 이 책에 실린 시들은 당신이 시 쓰기를 시작하도록 도와줄 것이다. 시구들이 영감을 주고, 위안과 기쁨을 준다는 사실은 오직 당신만 안다. 이것이 바로 "살고자 하는 자"에게 중요한 점이다.

역설의 존재

기쁨과 비애는 섬세하게 엮여 있다.

숭고한 영혼을 위한 옷으로

슬픔과 그리움마다

기쁨이 명주실처럼 꼬여 흐른다.

그래야 하는 것이 맞다.

인간은 기쁨과 비애로 만들어졌으니

우리가 마땅히 이를 알고 있어야만

세상을 안전하게 살아갈 수 있다.

윌리엄 블레이크

    기분이 좋을 때나 나쁠 때나, 기쁠 때나 슬플 때나 삶은 소중하다. 우리는 단 하루, 단 한 시간 만에도 기쁨과 슬픔을 동시에 경험할 수 있다. 이러한 역설의 여지를 남겨 두는 것이 삶을 살아가는 데 중요한 역할을 한다. 시에서 역설이 포함된 삶의 경험을 말하는 방법을 찾는다면 삶의 전부를 수용할 수 있다. 그 과정에서 내면에 존재하는 희미한 기쁨의 흔적들도 알아볼 수 있을 것이다.

    감정적이고 복선적인 구조의 시는 역설을 허용하고, 심지어 역설을 찬양하기 때문에 시와의 친밀도가 높아져 감정 선택의 폭이 넓다. 기쁨과 슬픔은 모두 치유 과정을 돕는다. 역설을 수용하면 당신은 삶에서 더 많은 직관을 경험할 수 있다. 또한 정서적 안정과 어려운 경험에 대해 민감하게 반응할 수 있을 것이다.

    시적인 언어는 양극단을 예우한다. 우리는 시적인 언어로 많은 감정의 정도와 지식의 다방면을 동시에 얻는다. 그로 인해 관찰이 가능하며 전진할 수 있다. 페기 오스나 헬러 역설은 우리가 더 큰 현실과 연결되어 있다는 사실을 나타낸다. 당신의 본질과 가치는 책에서 말하는 '자존감'이나 '긍정적인 사고'보다 훨씬 더 역동적이고 신비스럽고 아름답다.

이렇게 기쁨과 고통은 보다 시적이고, 역설적이지만 현실적인 맥락 속에서 생긴다.

> 나는 육체의 시인이자 영혼의 시인
> 천상의 기쁨도 나와 함께하고 지옥의 고통도 나와 함께한다.
> 먼저 스스로 배가 되고, 그 다음에 새로운 언어로 바꾼다.
> 월트 휘트먼

역설을 수용하는 것은 치유의 창의성을 활용할 수 있는 좋은 전략이다. 이 역동적이며 직관적인 깨달음은 우리의 성장 가능성을 보여 준다. 우리는 창의적 표현이라는 모험을 감수함으로써 유익한 결과를 얻을 수 있다. 역설을 받아들이고 사는 것은 성장을 위해 필요한 발판이다. 오드리 로드는 그녀의 책 『저널센터』에서 진실한 삶을 추구하는 것에 대해 이렇게 말한다.

> 아마도 힘이란 두렵지만 피할 수 없는 것을 향해 나아갈 때 생긴다는 믿음을 말할 수 있는 기회일 것이다. 그러나 내가 입을 다시 열어도 원초적인 고통이 쏟아져 나오지 않도록 강해질 수 있을까?

로드는 진실한 말이 고통에 직면하면 힘을 얻는다는 사실을 알고 있다. 그녀는 결과가 어떻게 될지 모르는데도 불구하고 그녀가 가장 원하는 것—경험한 것에 대해 진실하게 말할 수 있는 기회—을 말함으로써, 그녀만이 외칠 수 있는 가장 큰 두려움을 언급하고 있다. 절규야말로 치유의 행위다.

절규의 장

―

마음이여, 누구를 향해 절규할 것인가?
점점 더 홀로,
알 수 없는 인간들 사이로 지나는구나…….
라이너 마리아 릴케, 1914년 7월 파리에서

원초적인 고통의 절규가 나타난다면 어떻게 될까? 괜찮다. 당신은 고통의 절규를 종이 위에 적음으로써 고통을 내던질 수 있다. 노엘 베이틀러는 외로움의 절규를 종이 위에 다음과 같이 써내려가면서 비로소 자유로워졌다.

나는 당신이 그리워요!
지금은 조리 있는 방식도,
품위 있는 말도 아닌,
아직은 세련되지 않은 언어로,
나의 입술로,
뒤틀리고 괴팍스러운 그 소리로
찢긴 나의 마음은 외쳐요.
왜 울부짖는가?
어찌할까요?
외로워요!
외로워요!

나는 외로워요!
지금 나는 아무것도 하지 않아요.
그러나 울부짖는 아이가 있어요.
우는 아이를 침대로 데려가
조용해지거나 잠들기를 기다려요.
고녀에 차 망연히 잠들게 되더라도
또한 그것이 이유라 할지라도

고녀,
그것은 너무도
좋지 못한 일입니다.
작은 일이라도 깨뜨리죠.

    스스로 큰 소리로 절규하도록 내버려 두어라. 혼란스럽고 고통스러운 것을 회피하며 당신의 영혼을 갉아먹는 그 무엇을 표현하지 않는다면, 당신은 신체적으로나 정신적으로 더 큰 대가를 치러야 한다. 당신의 고통스러운 경험을 설명하거나 논쟁하거나, 또는 지나치게 해석하려는 시도는 당신의 상처를 치유하고 앞으로 나아갈 때 필요한 에너지와 통찰력을 자유롭지 않게 만들 수 있다.

    개념적으로 비슷한 실험과 함께한 지금의 연구 조사 결과들은 외상의 영구적 장애가 면역성의 기능과 육체 건강의 어떠한 일정한 양상의 성장과 관련이 있음을 제시한다. 제임스 펜넵베이커 당신의 내면에서 자연스럽게 발생하는 언어는 지극히 본능적이며 당신의 문제를 해결하는 데 더 큰 직관과 통찰력, 에너지를 준다. 이러한 언어는 여러 가지 방법으로 당신을 돕는다.

당신의 시는 집단치료에서 교재로 사용될 수도 있다. 또 당신의 기나긴 여정의 단계와 휴식처, 삶의 우여곡절 등을 모두 시에 반영할 수 있다.

캐시 월키는 신체적인 고통 때문에 절규했다. 그녀는 몇 년 동안 여러 가지 의학적인 치료를 받았지만 여전히 심각한 허리 통증을 호소했다. 그런데 내가 몇 년 전에 주최한 워크숍 기간 중에 그녀는 다음 시를 썼다. 서른네 살인 그녀는 교과서를 출판하는 회사의 중역으로 일하고 있었고, 고등학교 시절 이후로는 시를 쓰지 않았다고 한다.

고통의 무서운 눈이
마치 한여름의 태양처럼
깜박임도 없이 눈꺼풀도 없이
태연하게 나를 노려본다.

나는 감히 탈출의 꿈도
꿀 수가 없었다.
그 눈은 나의 내장을 보는 것 같았고
그 응시는 영원히 나의 등뼈를
말라버리게 했다.

빛나고 눈부신 사랑,
당신의 응시를 갈망하는 모성애,

정체 모를 공간의 형체,
나는 나의 깨진 마음을 부른다.

열망처럼, 아픔처럼
나의 의식 속으로 갑자기 찾아들면
엄마, 엄마의 고통은 영웅의 것이지요.
어린 소녀나 성숙한 여성이
견딜 수 있는 것이 아니에요. 어디에도

나의 그늘진 마음을 감출 곳이 없어요.

캐시는 스스로를 돌보며 한층 세심한 치료―의식적인 치료로 오늘날까지도 계속되고 있다―를 시작했다. 그녀는 순수한 에너지를 담은 시를 통해 치료사와 교감을 나누었다.

시를 쓰기 전까지는 내가 얼마나 섬뜩한 고통을 받고 있는지 몰랐습니다. 나는 고통을 표현하는 말을 알지 못했습니다. 왜냐하면 고통은 입 밖으로 소리 내어 말할 수 없는 것이었으니까요. 허리를 칼로 찌르는 듯 심한 통증 때문에 도움을 청했던 치료사에게 그 시를 전해 주었죠.
나는 그녀에게 시를 크게 읽어 주면서 자의식을 느꼈습니다. 나는 그녀에 대해 거의 알지 못했고 그녀도 마찬가지였습니다. 우리는 단지 한두 번 만난 적이 있을 뿐이었습니다. 나는 시를 다 읽고 난 다음 그녀를 쳐다보았습니다. 그녀의 눈에는 눈물이 가득 고여 있었습니다. 그 순간 나는 지독한 신체적 통증에서 벗어난 세계, 즉 누군가 나를 이해하고 돌보아 주는 세계에 빠져들었습니다.

　이 시를 쓰고 치료사들에게 읽어 준 후에 무언가가 달라졌습니다. 나의 통증은 여전하지만 예전처럼 고통을 무기력하게 침묵하지는 않습니다.

　수년이 지난 지금도 이 시에서 드러난 위로에 대한 순수한 갈망을 마주하기가 어렵습니다. 그러나 그런 어려움을 떨치고 나누려 하면, 사람들은 깊은 이해로 화답해 주었습니다. 혼자가 아니라는 사실은 나를 감동시키는 선물의 세계로 인도했습니다.

캐시와 노엘은 그들의 고통에 대해 쉽게 대답하지는 않았다. 그들은 대답을 찾으려 하지 않았다. 단지 누군가가 자신의 소리를 듣길 원했다. 이 시들은 적나라하다. 사무친다. 내가 『잃어버리지 않은 것 찾기』에 썼듯이 '글에 뿌리를 남겨 두는 것'은 좋은 일이다.

찰스 올슨은 그런 점이 뛰어났다. 그의 시 「요즈음」을 살펴보자.

　당신이 무엇을 말하려든 간에,
　뿌리는 두고 떠나십시오.
　그냥 매달려 있게 내버려 두십시오.
　흙과 함께
　뿌리가 어디서 왔는지 알려면.

캐시와 노엘의 시에서 단어와 이미지들은 강렬하고, 복잡하지 않으며, 명백하다. 몸부림이 느껴진다. 그것은 외로움과 고통에는 관심이 필요하다는 사실을 여지없이 보여 준다. 그들은 희망적인 단어들로 우리를 달래거나, 지적으로 설명하지 않는다. 그런 단어들은 어지럽게 울리고 종이 위에서 불타며, 우리의 관심을 매서운 고통과 외로움으로 이끈다.

> 나는 결코 감정들을 억압하지 않았다. 교육받고 세련된 사람이라고 해서 감정을 억눌러야만 한다고 배운 적은 없다. 특히 그것이 나와 인간에 대한 복잡성에 관한 것일 때 전체적으로 모든 것을 보고 느껴야 한다고 배웠다.
> 루실 클리프턴

캐시 시의 행 바꾸기나 미묘한 단어의 여백은 그녀의 강렬한 감정을 진실한 형태로 압축하기 위한 것이다. 그녀의 시구들은 움직이는 문체를 형상화한다. 이러한 감정의 문체는 글을 쓸 당시 캐시의 삶을 보여 준다.

노엘은 '공허한 마음'의 틈 사이로 끊임없이 쏟아져 나오는 외로움을 소리쳐 말한다. 외로움을 종이 위에 표현하자 노엘은 외로움이 마치 우는 아이와 같다는 것을, 그리고 그 아이에게 어떤 일이 생기는지를 알았다. 보살핌과 관심이 필요한 자리에 무감각과 판단이 자리한다. 이 사실을 깨달았기에 그녀는 더욱 치료에 도움이 되는 방법으로 움직일 수 있었다.

시는 그들 각자에게 진실을 보는 방법이었으며 그 과정이 치료를 변화시켰다. 이러한 방식으로 당신 자신을 돌보는 글쓰기를 시작해 보자.

연습
호소력 있는 단어 고르기

　나는 워크숍에 참가한 학생들이 강하고 자극적인 언어의 뿌리, 즉 흙이 묻은 채로 남아 있는 단어를 크게 말하도록 요구한다. 그리고 그들이 말하는 것들을 색깔 있는 펜으로 커다란 종이 위에 기록한다. 그것은 꼭 충격적이거나 조악한 말들이 아니다. 관심과 감정을 일으키는 매력적인 언어다. 그러한 단어들에 포함된 강한 에너지는 시의 진정한 발전에 불을 붙인다.

　노엘은 '외로운'과 '공허한'이라는 단어를 사용했다. 캐시는 '공포로 커진'이라는 새로운 단어를 만들었고, '말라붙다'라는 단어는 자기도 모르게 사용했다. 당신의 시의 뿌리에 묻은 흙을 표현하기 위해 어떤 단어들을 말하고 쓸 것인가?

　자신의 흥미를 끄는 단어들이나 자신에게 영향을 미치는 단어들, 마음 상태, 문제, 상처를 나타내는 단어들을 골라 본다. 그리고 자신의 몸이나 성향, 감정과 관련된 단어들의 소리가 어떤 느낌으로 전달되는지 주목한다. 내 안에 생생하게 울려 퍼지는 마음의 단어들은 다음과 같다. 이제 자신의 단어들을 적어 보자.

　불안한, 귀에 거슬리는, 파멸, 무정한, 저버리다, 겁에 질리다, 난폭한, 상한, 애무하다, 비옥한, 신랄한, 텅 빈, 축축한, 아픔, 부패, 폭풍의, 비명 소리, 분노, 부서지다, 악취, 고갈된, 가슴 아픈, 깊은, 공허하게 울리는, 타는 듯한, 누그러지는

_____
_____
_____
_____

어디에 관심을 두어야 할까?

　　라이너 마리아 릴케는 고통에 대해 말하지만 말고 그것을 다시 노래하라고 했다. 릴케는 보다 친밀하고 따뜻하며 인정이 넘치는 인간관계로 우리를 초대한다. '친밀함'이라는 평범한 표현만으로는 불충분한 말이다. 고통을 표현할 수 있는 용기는 우리의 치유를 돕는다.

> 괜찮다. 부자나 행운아들은 조용히 있어도
> 누구도 그들에 대해
> 알고 싶어 하지 않으니까.
> 그러나 도움이 필요한 이들은 나서서,
> 말해야 한다. 나는 장님이오,
> 또는 내가 장님이 될 것 같소,
> 또는 잘되는 일이 하나도 없소,
> 또는 아픈 아이가 있소,
> 또는 바로 그게 내가
> 관심을 두고 있는 것이라오…….
>
> 그러면 아마 어떤 일도 일어나지 않을 것이다.
> 그들은 노래해야만 한다.
> 만일 노래하지 않는다면,
> 마치 그들이 울타리나 나무인 것처럼

사람들이 모두 스쳐 지나갈 테니까.

그곳이 바로 당신이 훌륭한 노래를
들을 수 있는 장소다.
사람들은 정말 이상하기도 하지.
거세된 소년들의 합창을 더 좋아하니.

그러나 신은 스스로 와서
긴 시간을 머문다.
불완전한 사람들의 세상이
그를 지루하게 할 때도.
라이너 마리아 릴케

연습

고통을 대담하게 표현하기

다음 질문에 대한 답을 자세하고 구체적으로 써 보자.

- 당신을 고통스럽게 하는 것 중 가장 크게 말하고 싶은 것은 무엇인가?

  _____
  _____

- 당신이 더 이상 피할 수 없는 것은 무엇인가?

  _____
  _____

- 당신이 용감하게 읊조리고 싶은 것은 무엇인가?

  _____
  _____

- 당신이 집중하고 있는 것은 무엇인가?

  _____
  _____

- 지금 당장 당신의 삶에 끌어들이고 싶은 것은 무엇인가?

  _____
  _____

- 당신이 답한 내용을 시로 써 보자.

상실과 상실의 은유들 : 나뭇잎 형태의 잔상

나는 열여덟 살 때 오른쪽 무릎 아래까지 다리를 절단해야 했다. 대학교 1학년 말에 일어난 일이다. 나의 삶에서 신체적 고통과 상실, 혼란의 시기였던 당시의 시는 내게 의미가 크다. 지금부터 내 이야기를 할까 한다.

나는 다리를 절단한 지 한 달도 안 되어 의족을 하고 걸어 다녔지만—그해 여름에 고등학교 동창들과 소프트볼도 했다. 내가 타석에 들어서자 한 친구가 나를 대신해 달렸다—수술 후 몇 년이 지난 후에도 고통이 강하게 지속되었다. 의사들이 강한 진통제를 처방했으나 소용없었다. 어떤 것도 화염처럼 불타는 듯한 다리의 고통을 완화해 주지 못했다. 이떤 현상을 의학적 용어로 '환지통'이라고 한다.

논리적으로 오른쪽 발목이 아플 리가 없다. 거기에 더 이상 발목은 없으니까. 그러나 '환지통'은 망상 현상이고, 이 망상만큼 고통스러운 것은 없다! 이 통증의 원인은 상처 조직이 잘려 나간 신경의 끝을 아리게 하기 때문이라고도 한다. 두뇌 회로의 홀로 그래픽을 조사해 볼 수도 있다. 잘린 잎의 오라(물체에서 발산하는 기운)를 촬영한 키를리안 사진을 상상하면서, 잎은 잘려 나갔지만 에너지광선은 잎의 형태를 그대로 보여 주는 것과 같은 이치라고 설명할 수도 있을 것이다.

이러한 통증에 대한 설명은 모두 과학적이고 영적인 견해들이다. 그러나 그런 것들로는 내 경험을 설명할 수 없다. 내 통증의 원인을 파헤칠 수 없으며, 고통을 사라지게 하는 것은 더욱 불가능한 일이다.

고통 그 자체는 유용한 메시지가 아닐 수 있지만, 우리가 인생의 목적을 깨닫는다면 그로부터 귀중한 교훈을 얻을 수도 있다. 치유와 성장의 잠재력을 실현할 수도 있다. 나는 어두운 상실감에 사로잡혔다. 그때 시적 언어는 내게 장님의 지팡이나 다름없었다.

심각하게 상실을 겪어 본 자는 상실이라는 망상적 통증이 얼마나 생생한지를 안다. 설명만으로는 알 수 없다. '극복하라'와 '전진하라'라는 말은 그저 짜증스럽고 공허한 구호일 뿐이다.

나의 상실로 인해 '텅 빈' 공간에는 상처로 가득 찼기 때문이다. 상상 속의 윤곽과 다리가 있다는 강렬한 느낌이 나를 더욱 괴롭혔다. 이 느낌은 다리가 없다는 명백한 사실과 강렬하게 대비되었다.

이상하게 들리겠지만, 물웅덩이에 의족이 빠지면 발등이 젖었다는 느낌이 들기도 한다. 마치 맨발에 물이 닿았을 때의 느낌과 같다. 내 마음속의 착각일까? 농담이 아니다. 정말 엄지발가락을 이리저리 움직일 수도 있을 것 같다. 그 기쁨이란! 마치 실제로 경험한 것과 같은 느낌이다.

> 갑작스레 깃대가 덜그럭거리며 높이 솟은 보리수에서 비둘기 무리가 날아올랐다. 녹색 날개와 산호 부리, 진주층 같은 빛으로 가슴 색을 바꾸며 숲을 향해 날아간다. 얼마나 아름답고 말할 수 없이 사랑스러운지! 수실라는 듀갈드의 위로 향한 얼굴에서 기쁜 표정을 잡으려다가 갑자기 멈추어 고개를 숙였다. 이제 듀갈드는 없었다. 오직 고통만이 있을 뿐이다. 마치 상상 속에서만 존재하며 절단당한 자의 지각을 어지럽히는 망상 속 사지처럼 말이다.
>
> 올더스 헉슬리, 아일랜드에서

사랑하는 사람의 죽음이나 이별을 경험한 사람은 그 사람의 미소나 모퉁이를 돌아오는 모습, '여보세요'라고 전화를 받던 목소리 등을 상상한다. 그러나 이내 희망의 그늘이 사라지고 햇빛이 비치면 다른 이의 얼굴이나 목소리를 착각하거나, 잘못 걸린 전화라는 사실을 깨달을 뿐이다.

절단과 망상의 통증은 상실의 뛰어난 은유다. 당신이 잃어버린 것은 결코 사라지지 않는다. 나뭇잎의 형태는 그대로 남는다. 슬픔을 어떻게 다루어야 할까? 시는 설명이나 이성으로는 건드릴 수 없는 인생의 절단 부분을 다룬다. 공백의 용지라는 개방적인 속성으로 인해 상처를 드러내는 실험을 할 수 있다. 이렇게 고통을 드러내는 것은 어떤 느낌일까?

> 나는 그 세상을 학교라 부를 것이다.
> 그리고 나는 읽을 수 있는 아이를 그 학교에서 만들어진 정신이라 할 것이다.
> 그리고 나는 그 세상을 아이들에게 읽기를 가르칠 목적으로 설립된 학교라 부를 것이다.
> 나는 인간의 마음을 그 학교에서 사용하는 입문서라 부를 것이다.
> 나는 읽을 수 있는 아이를 그 학교에서 만들어진 정신이라 하고 그 입문서라 할 것이다.
> 지성이란 학교에서 정신을 만들려면 고통의 세상과 문제들이 꼭 필요하다는 것을 모르는가?
> 수천 가지 방법으로 마음이 느끼고 고통받는 장소!
> 그 마음은 단순히 입문서가 아니다.
> 그것은 마음의 성서다……
> 존 키츠

나는 말하고자 하는 것을 시로 표현한다. 그뿐이다. 그러나 시에서 말하고 싶은 것을 밝히려면 시간과 노력이 필요할 때도 있다. 그만큼 시가 어렵게 얻어진다는 뜻이다. 종종 글을 쓰면서 고통 너머의 본질적인 기쁨을 느끼기도 한다. 이런 시를 쓰면 축복을 받은 것 같다. 때로는 상처 받은 마음이 울부짖도록 내버려 둘 수밖에 없을 때도 있다.

  나는 다리를 잃었을 때 얼른 '다음 단계'를 밟아 고통을 지나쳐 가고 싶었다. 혼란스러운 감정과 함께 통증이 사라지지 않자, 나는 울부짖는 것 말고는 아무것도 할 수 없었다.

밤일지라도

밤이면 밤마다 내가 걱정했던 것!
그것은 매우 무서워서
종종
나는
이 이상
어떤 것이 더 나쁠 수 있을까 생각한다.
너무나 아프기 때문에

나 자신을 증오하는 것조차 지치자,
외로움은

갈 곳이 없다.
스스로에 대한
연민의 감정을 멈출 때,

마음을 열어야 할 때

밤일지라도

신에게 간청해야 할 때.

   나는 이 시를 쓰기 전까지는 다음 단계가 무엇인지 몰랐다. 나는 근심을 종이 위에 던져 버렸다. 파편처럼 보이도록 내버려 두었다. 나는 내 상처의 모습을 써내려갔다. 내면의 갈등에 바로 뛰어들었다. 그리고 다음 단계가 고통을 제거하는 것이 아님을 깨달았다.

   고통은 예고였다. 약물로 고통을 완화하는 것이 아니라 나의 고통에 관심을 갖고 보살피는 것이 필요했다. 시는 나에게 말했다. 내 정신세계 속에 다리의 상실을 보상할 수 있는 공간을 만드는 것이 무엇보다 중요하다고 말이다. 만약 이런 우선순위를 매기지 못했더라면 유익하지 않은 무언가가 상실의 공간을 차지하고 내 삶의 에너지를 빼앗았을 것이다.

   상실로 인한 슬픔, 미래에 대한 두려움, 자기혐오와 외로움은 "밤일지라도"를 바라는 강렬한 느낌과 엮였다. 이 모든 것들은 진통제가 아닌 시 쓰기의 시작을 원하고 있었다.

   내가 할 일은 아무것도 없었다. 우선 나는 스스로에게 "갈 곳이 없다"는 점을 인식시켜야 했다. 나는 상실을 받아들이지 못했기 때문에 신체적 고통보다 덧없고 나약한 것, 즉 자기 연민을 알아채지 못했다. 자기 연민에는 목적도 없고 메시지도 없다. 자기 연민의 기능이란 내 심장을 바짝 조이고 영혼의 희망을 빼앗는 것뿐이다. 스스로를 불쌍하다고 생각하면 현재의 모습을 볼 수 없고, 신이 삶에 끼어들게 할 수도 없다.

> 인간이 안전하려면 한 걸음 한 걸음 계속해서 걸어야 한다. 항상 같은 걸음이지만 반드시 걸어 나가야 할 걸음이다. 앙투안 드 생텍쥐페리

시를 쓴 후, 몇 달간 시를 볼 때마다 나는 현재의 모습을 수용하는 것과 신의 도움을 받아들이는 것 사이에는 깊은 관계가 있다고 깨달았다.

내게 필요한 것이 무엇인지에 대한 감정적 자각─스스로 보살핌을 수용하고 신의 도움을 구하는 감정─에 이르자 내 시의 마지막 시구를 "신에게 간청해야 할 때"라고 쓰는 것이 진실하며, 예기치 못했지만 자연스레 우러나온 깊은 감정임을 느꼈다.

역설을 수용하면 삶과 신의 관계를 느낄 수 있다. 이 시를 쓴 후 나는 진통제 대신에 다른 치유 방법을 시도해 보았다. 장미 꽃잎이 내 의족 주위에 떨어져 내려앉는 모습을 떠올려 보았다. 이 생생한 이미지는 고통을 상당히 줄여 주었고, 내 마음이 상실의 현실을 자연스레 깨닫도록 도와주었다. 진짜 장미 꽃잎을 가지고 시도해 보기도 했다. 부정과 자기 연민이 아닌 보살핌이라는 부드러운 꽃잎으로 뒤덮인 의족을 보았다. 나의 고통과 혼란을 신을 향해 울부짖음으로써 나만의 노래를 만들기 시작했다.

> 나는 아직 슬픔에 대해 아는 게
> 별로 없어요.
> 그래서 이 무거운 암흑이
> 나를 초라하게 만드네요.
> 마음대로 하세요.
> 마음대로 사나워지세요.
> 내게 당신의 모습이 크게 변하면

> 당신에게도 내 비탄의 절규가
> 크게 울릴 것입니다.
> 라이너 마리아 릴케

나의 "비탄의 절규"는 상실을 위한 공간을 만들었고 변화하기 시작했다. 당신은 '신'이라는 단어를 쓰는 것을 원치 않을 수도 있다. 괜찮다. 루미도 말했듯이 "무릎을 꿇고 땅에 키스하는 방법에는 수백 가지가 있다." 아직도 당신과 나에게 메아리치는 질문은 "마음이여, 누구를 향해 절규할 것인가?"이다. 그것은 아마도 우리가 대답할 수 있는 질문이 아니리라. 그 질문은 변화할 것이다. 우리 삶 속의 성장과 이동이 다르듯 그 대답도 다를 것이다.

> 마음의 아픔과 좌절을 느껴 보는 것이 그렇지 못한 것보다 더 낫다.
> 메리 올리버

릴케도 말했듯이 우리는 그 질문을 실행하고 자신의 개인적인 것으로 만들어야 한다. 즉, 반복해서 질문해야 한다. 삶의 질문 속으로 좀 더 깊이 빠져들어야 한다. 우리는 글쓰기를 통해 그 질문을 위한 공간을 만들 수 있다. 또한 독창성이 만들어 낸 공간, 예상치 못한 통찰력을 위한 공간도 만들 수 있다.

시는 우리의 가장 심원한 감정과 불확실성을 담는 귀중한 그릇이다. 시를 한 줄도 써본 적이 없든지 노벨문학상을 받았든지, 시는 당신의 질문을 실행할 수 있는 공간을 만들어 준다.

실존적 위기에 대한 직면 : 마음의 고물상

윌리엄 버틀러 예이츠가 죽기 이 년 전, 일흔두 살 때의 일이다. 그는 삶에 대한 열정과 한 여성과의 관계를 바라는 오랜 욕망, 상상력과 시적 영감, 성적 에너지, 정치적인 일에 대한 모든 것을 무기력하게 느끼는 때를 맞았다. 지나간 삶이 희미해지는 꿈처럼 보였고 죽음이 그를 무겁게 짓눌렀다. 그는 시에 대한 새로운 시각을 찾으려 애썼다.

예이츠의 시 「서커스 동물들의 탈출」 중 일부는 실존적 위기라는 강렬한 경험을 담고 있다.

…… 결국에는 망가져 버리겠지.
나는 마음만으로도 만족해야겠지…….

배우들과 채색된 무대가
내 사랑을 모두 가져갔다.
그러나 사랑이 표상하는 것은
가져가지 못했다…….

우리는 자신의 마음에만 만족해야 한다는 사실을 강하게 인식하면 왜 이토록 흔들리는 것일까? 찰스 올슨은 말한다. "가장 단순한 것은 나중에 배워야 했기 때문에 일이 어려워졌다." 우리는 그의 말이 뜻하는 바를 알고 있다. 우주 저 끝의 생명의 신호는 들을 수 있지만, 여전히 들을 수 없는 것은 아마도 우리의 마음일 것이다.

> 시는 인식의 도구로서 언어의 필수 요소들을 서로 충돌하거나 융합하고 상호작용하도록 하여 창조나 계시 등을 표현한다. 이는 시가 언어의 리듬적인 요소와 음조적인 특성을 살려 언어 자체로서 계시의 요소를 창출하기 때문이다. 그러므로 시는 더욱 섬세하게 이 세상에 존재하는 어떤 분석의 형태를 초월해 우리의 실체를 드러낼 수 있는 도구다. 조지프 브로드스키

당신이 실존적 의미와 싸울 때마다 그 투쟁의 성과가 눈에 보인다면, 무언가가 배경에서 전경으로 이동하기 시작한다. 우선순위의 변화는 매우 중요하다. 당신에게 중요한 것이 무엇인가? 열정 없이 돈만을 위해 일하는 것은 가치가 떨어지는 반면, 배우자나 아이들과 시간을 보내는 것이 훨씬 더 중요할 수 있다.

당신이 업무, 프로젝트, 직업에 신경을 쓴다면 영혼을 만족시키지 못할지라도 급여가 높고 안정적인 직업을 반드시 가져야 한다.

우리 내면의 가장 깊숙한 곳에서 울리는 소리를 들을 때 무슨 일이 벌어질까? 상실, 가족 문제, 중년의 위기, 깨어진 관계, 질병, 직업적 어려움, 그리고 지구의 문제 등을 경험할 때 우리는 무엇을 느끼는가?

예이츠는 자신의 마음과 타협하는 것이 중요함을 알았다. 그리고 가장 깊은 만족감은 시적으로 풍부한 "배우들과 채색된 무대"가 아닌 인간사 경험의 그늘 안에 감춰진 것들, 즉 골목길이나 흔한 돌 파편, 쓸모없는 옛것들 속에서 발견한다는 것을 깨달았다.

폐물의 언덕, 거리의 쓰레기,

낡은 솥, 낡은 주전자, 찌그러진 캔

고철, 낡은 뼈, 넝마, 미치광이 매춘부가

서랍 속에 보관한 것.

이제 내 사다리가 사라지면

모든 사다리가 시작되는 곳에

누워야겠지,

지저분한 마음의 고물상 속으로.

예이츠는 이러한 것들을 좋아하지 않았다. 그는 쓰레기를 높이 평가하지 않는다. 그는 절묘하게도 서정적이며 강렬한 삶의 글과 아일랜드 사람들의 역사 속에서 "낡은 뼈" "찌그러진 캔" "고철"이라는 단어들을 그의 삶의 일부로 여겼다.

나는 추함이나 질병을 경이롭다고 말하는 것이 아니다. 우리에게 가장 본질적인 것이 무엇인지 발견하는 것은 인식과 경험을 아우른다. 시는 우리에게 "고물상" 같은 현실의 삶을 말해 줄 수 있다. 이것은 "채색된" 것과 같은 어색한 단어가 아닌 역설적 경험 그 자체다. 조 밀로쉬는 아내가 유방암에 걸리자 경험이라는 "지저분한 고물상"과 직면할 수밖에 없었다.

암에 관한 경험 다루기 : 모르겠어요

나는 캘리포니아 시인학교에서 아이들에게 글쓰기를 가르치기 전에 샌디에이고 글쓰기센터에서 어른들을 가르쳤다. 조는 국립 산림청에서 중장비 감독과 산길 탐지 일을 했다. 다음은 그가 글을 쓰려고 그다지 애쓰지 않았던 시기에 아내의 암에 대해 쓴 시다.

왜 남자의 상처는 훈장이고
여자의 상처는 흠인가요?

모르겠어요.

왜 남자가 머리카락을 잃는 것은
흥미 있는 일이고
여자가 잃는 것은 비극인가요?

모르겠어요.

엑스레이에 햄버거처럼
붉은 가슴의 상처가
드러나면 그녀에게 뭐라 말할 건가요?

모르겠어요.

대머리에 눈썹이 빠진 채
두 눈을 감고 누워 있는
피골이 상접한 모습의 그녀에게
키스하면서
아름답다고 말해 줄 수 있나요?

모르겠어요.

그녀가 죽음을 생각하며
울 때에
당신은 침실에서
무엇을 하나요?

나는 그녀의 손을 잡고 숨을 쉽니다.

    조는 이 시를 쓰려고 삼 년 동안 노력했다. 아내의 병에 대해 쓴 이전의 시는 만족스럽지 않았다. 그가 초기에 기울인 노력은 이 시를 쓰는 디딤돌 역할을 했지만, 조는 아직 문제의 본질에 다가가지 못했다고 느꼈다. 조와 그의 아내가 질병을 어떻게 이해했는지에 대한 경험은 글 속에서 파악하기 어려웠다. 거기까지 가는 데는 시간이 걸렸다. 그의 아내가 죽을 수도 있다는 사실만큼이나 지독한 어떤 것이 명확한 표현을 가로막았다.
    조는 자신의 시에 대해 이렇게 말한다.

팻시의 병에 관한 내 첫 번째 시는 경험적인 것이 아니었다. 그 시는 나와 가까운 누군가가 죽을 수도 있다는 감정과 소통하려 하지 않았다. 좌절감 때문에 실제의 경험을 다룰 수 없었다. 나는 내 아버지에 관한 시를 쓰기 시작했다. 아버지의 과거 모습을 그대로 기억하고 싶었다. 어떤 의미에서는 내가 기억하고 싶은 모습으로 그에 대한 사랑을 간직하고 있었기 때문이다. 나는 우리 관계가 아버지를 완벽한 아버지상으로 불멸화하는 것이 아닌, 예전 그대로의 관계를 드러내고 싶었다. 나는 어떤 때는 잔인한 관계를, 또 어떤 때는 극도로 부드러운 관계를 시로 쓰려고 애썼다. 내 아내가 병을 앓고 있던 중에 시도한 일이다.

아버지는 아내가 병을 진단받기 일 년 전에 돌아가셨다. 나는 내면에서 일어나는 모든 일들을 주제로 후안 페리페 헤레라와 함께 행위시를 공부했다. 우리는 스스로를 미지의 세계에 밀어 넣고 그에 관한 시를 쓰려고 노력했다. 후안은 나에게 노래를 시키고 한 번도 연주해 본 적이 없는 타악기를 연주하게 했다. 나는 내 침실로 벌거벗은 채 걸어오는 아버지에 관한 시를 썼다. 아버지에 대한 사랑을 담은 시에 몰두하고 있을 때, 후안은 수업 시간 마지막에 학생 각자에게 한 행이나 한 구절을 선물로 줄 테니 다음 시간에는 그것을 사용한 시를 써야 한다고 말했다. 그리고 후안이 나에게 와서 속삭인 구절이 "모르겠어요"였다.

수업이 끝난 후 나는 시를 생각하느라 여기저기 헤매고 다녔다. 나는 그가 준 단어로 아무것도 할 수 없었다. 아버지 생각에만 사로잡혀 시도 아버지에 대한 시여야 한다고 생각하고 있었다. 실전에서도 마찬가지였다. 다음 날 아침 다섯 시 삼십 분쯤에 일어났지만 아무것도 생각나지 않았다. 나는 수업에 나가 후안의 구절을 바탕으로 즉흥시를 지어야겠다고 생각했다. 그런데 교실 밖에서 기다리는 동안 아내의 병에 관한 시 전체가 단 몇 분 안에 머릿속에 떠올랐다.

　나는 이 시에 뭔가가 있다는 것을 알았다. 나는 팻시에게 바로 전화를 걸어 그 시를 전했다. 그녀는 그 시를 들은 첫 번째 사람이었다. 그 시는 너무 내밀한 것이어서 수업에서 읽으려면 그녀의 허락이 필요할 것 같았다. 그녀는 내 솔직함과 주저함을 좋아했다. 그녀는 행복했고, 내가 타인과 그 시를 공유하기를 원했다.

　나는 처음에 그 시를 분노의 시처럼 읽으려 했다. 병원 암환자 그룹의 몇몇이 팻시의 암과 관련한 문제를 어떻게 다룰 것인지 내게 던진 질문은 너무나 직접적이고 생생했다. 나는 이러한 방법에 화가 났다. 그러나 그때, 그 시가 정말 분노의 시가 아님을 알았다. 그 대신 나는 무엇을 하고 있는지, 무엇을 해야 할 것인지에 대해 스스로 아는 것이 없다는 점을 깨달았다. 그러나 내가 어떻게 관대해야 하는지는 알고 있었다.

　시 쓰기는 분노를 배출하도록 도와준다. 분노를 없애자 팻시의 병이 다르게 보였다. 그녀의 아름다움을 더 많이 보게 된 것이다.

　암에 걸리면 끊임없이 대답을 원하고 비난할 사람을 찾는다. 그러나 여기에는 대답도 비난 받을 사람도 없다. "모르겠어요"는 우리 삶에 여전히 큰 부분을 차지한다. 우리는 서로를 더 포용한다. 우리 관계는 더 모호하다. 그래도 괜찮다.

　내가 팻시에게 시를 읽어 주었을 때 그것은 사랑의 시가 되었다. 그건 그야말로 사랑의 시다.

만일 질병을 시적으로 진찰한다면 우리가 살아가는 삶의 방법을 표명할 수 있는 많은 이미지를 찾을 수 있을 것이다. 토머스 모어

삶의 안내자로서 시 쓰기

어둠에 대해 알기

빛을 들고 어둠 속으로 들어가야
빛을 알 수 있다.
어둠을 알려면 어두운 곳으로 가라.
보이지 않는 채로 가라,
그리고 어둠도 만개하고 노래한다는 것을,
어둠의 발과 어둠의 날개로
다닌다는 것을 확인하라.

웬델 베리

시는 안전한 안내자이자 현명한 존재다. 당신은 생의 어두운 터널을 지날 때 혼자가 아니라고 느낄 수도 있다. 시는 치유를 위한 글쓰기의 일환으로 치료사와 함께 탐험하거나, 신뢰하는 친구와 공유하거나 자신의 마음속을 반영해 볼 수 있다.

특히 오늘날과 같은 관리치료 시대에는 사람들 간의 끈, 공포를 달래고 치유를 돕는 사랑스럽고 신비한 연금술보다는 투약이나 신속한 증상 개선, 단기 치료 방법, 차별화된 이익을 추구하는 치료법 등을 더 강조하는 듯하다.

로렌 슬래터

당신이 자신의 연약함과 탄력성에 집중하고 관심을 갖는다면 자연스럽게 치유시를 쓸 수 있다. 두 속성이 결합하면 생명력을 가진 감각의 형태를 만든다. 야생의 꽃들이 빙하의 얼음을 뚫고 나오는 것을 보라.

시를 읽고 쓰는 행위는 봄에 씨를 뿌리기 위해 딱딱하게 얼어붙은 겨울의 땅을 파는 모종삽처럼, 당신의 인생에 새로운 무언가를 성장시킨다. 시는 새로운 생각의 바람을 불러오고, 감정에 수분을 더하며 즐거운 에너지의 흐름이 몸 안에서 생생하게 살아나게 한다.

> 시를 감상하는 것은 다른 어떤 것을 감상하는 것과 같다. 그것은 사물을 사물 그대로 두는 관대함과, 살아 있는 생명체의 신비함, 새로운 경험의 즐거움을 알아내는 인내력을 가지고 있다는 것을 뜻한다. M. C. 리처드

압축된 시어 안에는 생각지도 못했던 가능성이 나타난다. 시 쓰기는 위안과 통찰을 통해 어렵고 고통스러운 경험에서 벗어나게 한다. 특히 고통스러운 주제에 대해 시를 쓰는 것이 불가능할 때가 있다. 그것은 어두운 밤에 전혀 알지 못하는 길을 가는 것처럼 두려운 일이다. 그러나 언젠가 어둠 속에서 한 발자국이라도 앞으로 나아가야 할 때가 온다.

진정한 과업은 단순히 시를 읽고 쓰는 것뿐만 아니라 그 안에서 살아가는 것이다. 상실과 좌절의 고통 속에 살면서 '어려운 시기'에도 변화하고 성장해야 한다. 우리가 계속 살아가려면 어떤 선택을 할 것인가?

시라는 '좋은 노래'를 표현하는 것을 선택할 수 있다. 시 속에 고통을 외칠 수 있는 여백을 만들어라. 집중하고 있는 것에 대해 말해 보자. 단어 속에서 효모를 찾는다면 당신의 시는 '테이블 위의 신선한 빵'이 될 것이다. 시어의 효모는 마음속의 직관적 이해를 발효시켜 그 골격에 쾌활하고 자유로우며,

즐거운 깨달음을 덧붙인다.
 어둠 속을 걸을 때 글을 쓸 시간이 온다. 정강이를 부딪치는 고통 대신에 예상치 못했던 어떤 변화가 일어날 것이다.

2장

동일한 두 흐름의 반복

치료와 창조적 과정의 결합

어떠한 것이든 뜻이 있는 말로
이루어진 크고 작은 단어로,
또한 한 손과 뭉뚝한 연필로 써서 형용할 수 있음은
우리가 감당하지 못할 만큼 어렵지 않음을 뜻한다.
하지만 우리가 두려운 것은 광대하고 형태가 없는 것
그리고 잘 알 수 없는 것들이다.
보통 상식으로 이해할 수 있는 평범한 것들은 다룰 수 있다.

라라 제퍼슨

치료와 창조적 과정 : 같은 강을 두 번 건너기

나는 깨었다 잠들다, 천천히 깨어난다.
내가 두려워할 리 없는 것에서 내 운명을 느낀다.
내가 가야 할 곳에 감으로써 알게 된다.

우리는 느낌으로 생각한다.
그곳에서 안다는 것은 뭘까?
내가 무도회에 있는 듯한 소리가 들린다.
나는 깨었다 잠들다, 천천히 깨어난다.
시어도어 로스케

1장에서 시 쓰기는 노엘, 캐시, 조에게 '느낌으로 생각하는' 방법이었다. 그들의 머리와 마음은 함께 말한다. 그들의 삶에서 어떤 것이 그들을 행동에 나서게 하여 '가야 할 곳에 감으로써 알게 한 것'이다. 그들의 시는 경험, 고통, 통찰, 이야기, 귀중하고 열정적인 삶의 행위를 구체화했다.

이 장은 다른 방법으로 치료와 창조적 과정으로 들어갈 것이다. 보건 문제에 너무 과학적인 접근을 자주 하다 보니 우리는 '생각으로 느끼려' 한다. 그런 방향으로 가다 보면 우리는 길을 잃게 된다. 시 쓰기는 먼저 새로운 느낌을 갖도록 하여 창조성과 치유를 우리 삶에 융합한다.

고달픈 세상에서 살아가는 방법으로 명상이나 치료, 타인과의 교류, 무게 획적인 삶 가운데 어떤 것을 선택하든, 이 모두를 다 선택하든, 누구나 행복한 삶을 바란다. 당신은 상당한 시간이 필요한 직업을 통해 성공하려 할 수도 있고 인습에 젖지 않은 자유로운 방식을 좇을 수도 있다. 그러나 우리는 일상에서도 삶의 의미를 찾아야 한다.

일상생활 속에서 고달픈 개인사나 도전과 맞서 싸우는 이 세상, 즉 현재 우리가 속한 곳이자 앞으로 속할 곳은 때때로 과거에 우리가 속했던 곳에서 강한 영향을 받는다. 과거의 경험과 어떤 식으로 연관을 맺는가에 따라 지금부터 우리가 향할 곳이 달라진다.

어떤 방식의 치료든 당신의 체질에 맞아야 하고, 종이 위에 당신의 경험을 창조적으로 표현하여 구체화하며 거기에 귀를 기울여 줄 사람과 공유할 수 있다면 오랜 상처를 풀어낼 수 있다. 과거의 파괴적 행위나 경험을 오직 과거의 것으로 만드는 방법이다.

> 내가 어떤 사람인지 당신이 모른다면
> 나도 당신이 어떤 사람인지 모른다.
> 타인이 만들어 낸 방식이
> 세상에 퍼질 수 있고
> 잘못된 신을 섬기면 우리의 별을
> 놓칠 수도 있다.
>
> 마음속에 있는 작은 배신들 때문에
> 한 번의 으쓱거림으로 순서를 깨뜨리고
> 고함 소리와 함께 어린 시절의
> 끔찍한 실수를 보내고
> 끊어진 제방을 달려 지나간다······.
>
> 윌리엄 스태퍼드

영적 관례와 실천은 고통스러운 경험을 말하는 방법이자 이를 치료하는 방법이다. 어떤 사람들은 기도, 예배, 고백, 용서, 신의 구제 권능 등을 강조한다. 또는 현재를 명확하게 지각하고 세상과 좀 더 깊은 존재를 형성하면서 사는 방법을 가르친다. 이 방법들은 모두 개인의 삶의 경험이나 영혼의 여정을 풀어내는 과정이며, 도(道)나 영혼과의 본질적인 관계를 더 잘 느낄 수 있도록 해 준다.

> 아마 진실은 호수 주위를 산책하는 일에 의지할 것이다. 월레스 스티븐스

영적 실천은 마음이 방황할 때마다 자신의 호흡을 관찰하며 들숨과 날숨을 반복하는 것이다. 부드럽게 호흡을 반복하면 선명한 주의력으로 매순간이 명확해진다. 명상은 당신이 문제를 신선한 시각으로 바라볼 수 있도록 보다 평온한 중심을 개발하게 해 줄 것이다.

> 나는 입으로 살았다.
> 미친 듯이, 이유를 알고 싶어서
> 문을 두드린다. 문이 열린다.
> 나는 안에서 문을 두드렸던 것이다!
> 루미

당신이 어떤 영적인 길을 걷더라도, 치료와 고통과 기쁨에 대한 반응을 잘 이해하려면 당신에게 어울리는 질문을 해야 한다. 그리고 당신에게 맞는 안내자를 알아내고 어떻게 치료 과정을 적용할지 보다 섬세하게 대처해야 한다. 창조적 과정은 이 세 가지를 모두 열 수 있는 열쇠다. 이제 시 쓰기를 시작해 보자.

시 쓰기는 자신에 대한 심오한 발견을 하게 해 준다. 그것은 어려운 시절의 지표이며 '고뇌의 치유와 기쁨의 원인'이다.

시는 오락의 형태도 아니며 어떤 의미에서는 예술의 형태도 아니다. 그러나 우리의 인류학적, 기원적 목표이자 언어적, 진화적 지표다. 우리는 아이였을 때 언어를 익히기 위해 시 구절을 습득하고 기억하면서 이것을 느끼는 것 같다. 그러나 어른이 되면 이런 방식을 포기하고 이미 익혔노라고 확신한다. 그러나 우리가 익힌 것은 관용구일 뿐이다. 적을 속이고 물건을 팔고 승진을 하는 데는 충분하지만 고통을 치유하거나 기쁨을 유발하기에는 충분하지 않다. 조지프 브로드스키

이야기의 행간

당신의 이야기에서 중요한 것은 말하기다. 너무 직선적이거나 문자 그대로 말하면 행간에 쓴 감정, 이미지, 육체적인 감각과 마음가짐, 은유적 표현을 놓칠 수도 있다.

루실 클리프턴은 그녀의 삶에서 중요했던 시기들이 서로 어떤 관련이 있는지 간단히 보여 준다. 그녀의 시에는 본질을 사로잡는 이미지들이 등장한다.

나는 새해를 향해 달려가고 있다.

지난해가 뒤로 스쳐 지나간다.

내 머리카락 속의

바람처럼

튼튼한 손가락처럼

옛날의 모든 약속처럼

나 자신에 관해

스스로에게 말했던 것을

놓아주기는 어려울 것이다.

내가 열여섯이었을 때도

스물여섯이었을 때도

심지어 서른여섯이 되어서도

나는 새해를 향해 달려가고 있다.

내가 사랑하는 것을 간직하고

나를 용서하기 위해 떠난다.

루실 클리프턴은 바람처럼 머리카락 속을 지나는 "지난해"라는 이미지·감각을 사용해 과거에서 도망치려는 욕망을 간결하게 표현했다.

이미지·감각은 시에서 중요한 요소다. 이것들은 당신을 현재의 삶의 흐름과 직접 만나게 한다. 또한 과정을 느끼고 시를 살아 있게 만드는 접속 장소가 된다.

이미지·감각은 이야기의 세월과 깊은 감정을 압축해 담는다. 강력한 이미지·감각만으로 일순간에 전체 단락과 이야기의 시간을 드러낼 수 있다. 당신의 깊은 목소리는 간단한 이미지·감각을 통해 느끼고 말할 수 있다.

이미지·감각이라는 시적 요소는 당신만의 이야기를 평범한 설명보다 실제적인 이야기로 만든다. 이미지·감각은 이야기를 느낄 수 있도록 만든다. 당신이 표현한 것은 몸으로 느낄 수 있는 감각이 된다. 당신은 좀 더 쉽게 그림을 그릴 수 있고, 자신이 쓰고 말한 글에 대해 쉽게 느낄 수 있다. 이런 결합은 치료 과정을 지속하고 활성화하는 집중력을 향상한다.

'상실감을 느낀다'라는 말 대신에 이렇게 표현할 수 있다.

나는 가을 맨 끝자락에 깨어났다.
겁에 질리고, 춥고, 표류하며, 홀로.

'자연과의 보다 깊은 관계'를 원한다는 말을 이렇게 표현할 수도 있다.

진한 여름 바람이 일어나서
벌거벗은 내 주체로 따뜻하게 불어오는 것을
나는 느끼고 싶다.
풍경 전체의 숨결 속으로 녹아든 내 실체,
생명체들의 알 수 없는 언어.

다음 연습 문제에서 경험의 이미지와 감각, 그리고 상상력을 종이 위에 펼쳐 보자.

연습
이미지 포착하기

항해의 비밀은 태양풍을 따라 항해하는 것이다. 당신 스스로 미약한 바람에도 돌아가는 연마된 투명한 돛이 될 때까지 당신의 영혼을 연마하고 펼쳐라. **애니 딜라드**

당신의 치유와 창조적 과정은 신체적 감각과 이미지에 집중할 때 연결된다. 예를 들면, 당신은 바닷가의 물결 소리를 들으며 무엇을 떠올리는가? 눈을 감고 파도가 출렁거리는 소리를 들을 때 당신의 마음은 어디로 향하는가? 어떤 이미지가 떠오르는가?

한 친구가 감기를 앓고 있었다. 나는 자기 집 침대에 누워 있는, 아름다운 마음을 가진 그를 떠올리며 위로와 함께 건강하고 행복한 감각을 표현하기 위해 이런 시구들을 생각했다.

밤에 당신이 도착했죠.
깊고 안전한 항구로.
소리라고는
집에 근접하는 소리뿐인.

항구의 파도라는 미묘한 이미지·소리는 나에게 "집에 근접하는" 느낌을 준다. 해변에서의 경험을 상상해 보자. 대서양이나 태평양의 해안처럼 보이는가? 이 장소들의 느낌은 다른가? 당신의 상상 속에 다른 태양이 있는가? 이 감각을 통해 당신이 알고 있는 것에서 어떤 통찰이 피어나는가? 몸을 통해 감각과 통찰을 직접 느껴 보자.

랭스턴 휴즈는 풍부하고 감각적인 삶의 경험을 더욱 섬세하게 느끼기 위해 먼지로 뒤덮인 건조한 땅에 관한 시를 썼다. 그의 시는 강렬하고 감각적인 이미지를 나타낸다.

먼지 사발

땅은 내가 돌아가길 바라네.
가을의 먼지 한 줌으로,
봄의

내 손바닥 속

빗방울로

땅은 내가 돌아가길 바라네.

10월의 깨어진 노래로,

날고 있는 흰머리멧새로

땅은 내가 돌아가길 바라네.

상상력을 일깨우고 삶의 경험을 성찰하는 계기로 다음의 이미지·감각을 사용해 보자. 만약 이것을 직접 경험할 수 없다면 할 수 있다고 상상해 보자. 아니면 자신만의 이미지·감각을 찾아보자. 어떤 일이 일어나는지 살펴보자. 그리고 이러한 이미지·감각으로 촉발된 연상들을 모두 적어 본다.

- 뜨거운 도시의 보도를 맨발로 걷는 것
- 사이렌과 밀려드는 자동차 소리를 듣는 것
- 폭포 아래 맨몸으로 서 있는 것
- 처음으로 눈송이의 맛을 보는 것
- 누군가를 당신 품 안에 안는 것
- 다른 나라 음식의 냄새를 맡고 맛을 보는 것
- 고양이나 개를 쓰다듬는 것
- 어렸을 때 천둥소리를 듣는 것
- 언덕 위로 안개가 끼는 것을 보는 것

치유와 창조성의 세 가지 이야기 : 노엘, 조디, 수잔

노엘 : 나 자신과 내가 아닌 다른 어떤 것의 창조적 협동

운동선수로서 능력을 상실한 노엘 베이틀러는 시 쓰기를 통해 그 슬픔을 극복했다. 노엘은 뛰어난 장거리 주자였다. 달리기는 그녀가 삶의 흐름 속으로 뛰어드는 방법이었다. 그러나 그녀가 마흔 살 때 무릎과 엉덩이에 관절염이 생겼다. 반복적인 달리기 동작 때문에 척추의 염증으로 큰 통증이 생긴 것이다. 노엘은 달리기를 포기해야 했고, 그보다 더 큰 고통은 달리면서 느끼던 자유를 포기하는 것이었다. 이 자유를 무엇이 대신할 수 있겠는가?

> 나는 의자에 앉아 울고 또 우는 나를 발견했다. 무척 슬펐지만 이 슬픔을 풀어놓을 곳이 없었다. 내 몸은 자신을 잊고 다른 일에 빠져들 장소를 찾고 있었다.
> 내가 달리기를 사랑한 이유는 그저 두 발로 구르는 것만이 아니라 내 주변과 내 안의 것이 살아 있다는 자유로움을 느꼈기 때문이다. 자연의 존재 속에 언덕을 달리는 것, 그 공간에 시간이란 없다. 그런 무한성의 상실이 내 슬픔의 원인이었다. 나는 슬픔을 말로 표현하기 시작했고 점차 무언가 발견하기 시작했다. 글을 썼을 때 이와 같은 장소에 도달할 수 있었다.
> 나는 글을 쓸 때 삶과 연결된다는 것을 발견한다. 이런 연결은 감수성과 강렬한 집중력을 통해 일어난다. 그것은 달리기의 자유로움과 같았다. 글을 쓸 때는 모든 시간 감각을 잃고 내가 달리던 때와 마찬가지로 무한히 다채로운

곳을 다니게 된다.

시는 내가 발견한 최고의 보호자였다. 시는 나를 올바른 방향으로 이끈다. 나는 시와 함께하며 길을 잃은 적이 없다. 시는 십대인 아들 제이크를 바라보고 사랑하는 법, 남편을 사랑하는 법과 그의 됨됨이에 감사하는 법을 가르친다. 시는 고통과 가족에 대한 사랑이 공존하는 법을 가르친다. 사랑과 고통을 동시에 지니는 방법을.

이것이 모두 나의 지혜라고 말할 수는 없다. 이것은 나 자신과 나 아닌 다른 어떤 것과의 협력의 결과다. 시는 내게 말한다. 이것이 마치 축복인 것과 마찬가지로 집안일을 하는 방법이라고. 시는 나를 친절해지도록 가르치고 있다.

시 쓰기는 노엘이 삶과 창조적 관계를 맺는 방법이었다. 그녀는 변화와 상실의 약속에 대처하는 내면의 작업을 통해 더 큰 약속을 발견했다. 현재의 기쁨과 관계 맺는 방법을.

들어 보세요

새로운 풀들이
먼지 더미 위에 서 있어요.
대지에 봄을 약속하며
들어 보세요, 들릴 거예요.
모든 것이 무엇인가 약속하는 소리를
행성은 태양에 충실하고,
달은 조수에 충직해요.
들어 보세요, 그러면 고요한 밤

자신의 숨소리가 들릴 거예요.

수줍지만

삶에 대한 약속을 하지요.

잘 들어 보세요, 그러면 삶은

당신에게 자신을 약속할 거예요.

열망하는 신부처럼.

　　노엘이 스스로 한 약속은 삶과 협력하는 것이다. 그녀는 이 약속을 지키며 창조와 치유라는 내면의 과정을 통합하는 일에 전념하고 있다.

　　창조성이란 우리가 예술, 문화, 가정에서 감동적으로 뜻을 이루어 나가듯이 무엇보다 감정이 충만하게 살아가는 것이다. 토머스 모어

| 연습
제대로 경청하기

경청은 관계에 대해 무엇을 알려 주는가? 경청은 창조적 치료 과정에 근접하는 과정에서 무엇을 가르쳐 주는가?

경청의 실행, 예를 들어, 놀이를 하는 자녀의 소리를 들어 보자. 자녀가 하는 말과 그 말의 의미를 들으라는 것이 아니라, 그 목소리의 음을 들어야 한다. 부엌 쪽 창문에서 들리는 소리, 집 주변에서 나는 소리, 시장에 갔을 때의 소리 등을 들어 보자. 아기가 우는 소리, 사람들이 다투는 소리처럼 감정이 실린 소리, 오토바이의 시동을 거는 소리나 사이렌이 울리는 소리 같은 기계음을 들어 보자. 새의 지저귐과 바람 소리를 들어 보자. 이 모든 소리를 들은 후 그 경험을 적어 보자.

당신이 정말로 소리를 듣고 싶은 장소를 찾아보자. 무엇이 들리는가? 당신이 경청한 대상과 어떤 종류의 관계가 형성될까? 그것을 표현할 수 있는 언어를 찾아보자.

조디 : 당신의 눈물을 닦아내지 마세요

느낌에 대한 반응과 욕구가 창조 과정에 당신을 연결해 줄 것이다. 우리는 느낌을 재현하기 위해서 느끼는 것을 알아야 할 뿐 아니라, 그 느낌에 맞는 언어를 찾아야 한다. 시 쓰기는 심지어 초보자에게도 '느낌으로 생각'하고 '천천히 깨어나는' 장소에 닿게 한다.

나흘 동안의 워크숍 중 어느 오후, 학생들은 슬픔이라는 경험에 대한 시를 쓰고 있었다. 저마다 비밀스럽게 묻어둔 슬픔을 드러낼 기회였다. 안전한 원형 속에서 상실에 관한 섬세한 시들이 쏟아져 나왔고 마음이 열렸다(이를 이끌어 낸 것은 탐구와 분석이 아닌, 관대한 마음에서 우러난 배려였다).

한 남자가 자신의 시를 읽고 울었다. 다른 사람들도 그와 함께 울었다. 누군가 화장지를 들고 그에게 다가갔지만 조디 센키릭은 사양하는 몸짓을 보였다. 조디는 자신에게 필요한 것이 무엇인지 알고 있었다. 그것은 우는 것이었다. 화장지는 멀리 치워 두었다. 삼십 분쯤 지나자 조디는 그가 방금 쓴 시를 읽어도 되는지 물었다.

당신의 눈물을 닦아내지 마세요

당신의 눈물을 닦아내지 마세요.
볼을 타고 흘러내리도록 내버려 두세요.
얼굴에 자국을 남기도록 내버려 두세요.
치유의 눈물이 흐르도록 말이죠.

눈물이 당신의 피부를 씻어 내게 내버려 두세요.

비단으로 얼굴을 닦으세요.

눈물이 당신을 가볍게 쓰다듬도록

당신의 마음이 당신에게 내보이도록 두세요.

눈물이 땅에 떨어지도록 내버려 두세요

그러면 그곳에서 나무가 자랄 거예요.

당신의 눈물이 심연에서 흘러나오도록 내버려 두세요.

그러면 그 눈물은 당신 영혼의 씨앗을 뿌릴 거예요.

조심스러워 하지 마세요.

억제하지 마세요.

예의 바르지도, 공손하지도 마세요.

당신의 눈물을 닦아내지 마세요.

입술 위 눈물의 맛을 보세요.

그러면 당신은 오늘 자신에게 은혜를

베풀었다는 것을 알게 될 거예요.

다음은 조디가 자신의 시에 대해 말한 내용이다.

나는 어렸을 때부터 울지 말라는 말을 자주 들었다. 그래서 나는 울지 않았고, 나의 삶과 감정을 개방하지 않았다. 나는 개방이란 자신에게 고통을 느끼도록 허용함을 포함한다는 것을 깨달았다. 나는 울음을 억제함으로써 치료의 강에서 벗어나 있었다.

이제 나는 울음으로써 치료의 강으로 돌아가는 방법을 생각한다. 운다는 것은 강물과 함께 흐르는 것이다. 나는 여러 치료 그룹에서 많은 사람들이 울음을 그침으로써 치료의 강에서 나오는 것을 보았다. 화장지가 오고가면 직접적인 감정과의 연계를 잃어버린다. 그리고 우리는 다시 가면을 쓴다. 다시 뚜껑을 잠가버린다. 그리고 소란을 피운 점을 사과한다.

"입술 위 눈물의 맛을 보세요"라는 시구는 내가 그 눈물의 맛을 봄으로써 강 속에 있음을 깨닫는 방법이다. 나는 스스로 감정을 억제하고 통제할 필요가 있다고 생각해 왔지만, 여기는 치료를 위해 왔기 때문에 눈물을 흘려도 괜찮다고 생각한다.

그 강은 새로운 삶을 향해 흐른다. 그리고 내가 인생의 한 장소에서 다른 곳으로 옮겨 가도록 한다. 이 시는 나의 치료 과정을 다른 사람과 공유할 수 있도록 도와주었다.

| 연습
감정을 교화하기

어린 눈물의 비가 흐르게 하세요.
조용한 슬픔의 손길이 오게 하세요.
그것은 당신이 생각하는 것만큼 모조리 나쁘지는 않답니다.
롤프 제이콥슨

만약 당신이 기쁨이나 즐거움, 슬픔을 억누르는 경향이 있다면 그 과정을 생각해 보자. 당신의 감정을 억누르는 경험에 대해 어떠한 이미지나 비유가 떠오르는가? 어떠한 이미지나 비유가 그런 감정을 더욱 폭넓게 표현할 수 있는가? 그런 감정이 당신을 지배하지 않으며 당신의 감정을 더욱 풍부하게 하는 삶은 어떠한가? 이에 대한 시를 써보자.

_____
_____
_____
_____
_____
_____
_____
_____

수잔 : 순수한 마음으로 어두운 곳에 들어가기

> 가르쳐 주세요, 아 위대한 이여,
> 순수한 마음으로 어두운 곳에
> 들어가는 방법을.
> 왜냐하면, 부디 기도하건대,
> 그곳에서 제가 만나는 언어들이 나의 발,
> 근육, 목, 머리, 그리고 영혼에 맹렬하게
> 불게끔 해 주소서.
> 그리하여 그들과 더불어 사람들
> 사이의 의사소통이 있는
> 세계로 돌아갈 수 있도록.
>
> 수잔 피터만

    우리는 심각한 질병으로 고통받을 때 무언가 여태 알려지지 않은 것에 타격을 입은 듯 생각한다. 그리고 약간 멍한 상태로 우리를 도와줄 수 있는 것이 무엇인지 생각하며 불안해진다. 우리는 질병이라는 빠른 감정적, 신체적 흐름에 휩쓸리기를 원치 않는다. 그러나 그 흐름은 지독히 험난할 수 있다.

    시 쓰기는 자신을 흔들리지 않도록 한다. 질병에 반발하거나 그 안에서 완전히 길을 잃는 것이 아니라, 질병에 순응할 수 있도록 한다. 시적 언어로 글을 쓰는 것은 곤란하고 혼란스러운 경험에 창조적인 힘과 공간을 부여해 준다. 시를 쓰는 과정은 우리를 영적 뿌리와 창조적 시상에 연결해 주고, 우리는 그로부터 힘을 얻어 나아갈 길을 안내받을 수 있다.

    당신의 몸부림과 질병의 불확실성—분노와 슬픔과 두려움—을 표현할 때만 그것에 반응할 수 있다. 당신의 병에 대한 반응은 치료 과정에 더욱 집중하는 길을 열어 준다. 수잔은 유방암에 걸린 경험과 시 쓰기에 대해 이렇게 말한다.

나는 1995년 1월에 북캘리포니아로 이사를 갔고, 대학에서 심리학 공부를 시작했다. 그해 여름, 내 오른쪽 가슴에서 종양을 발견했다. 나는 두려움과 근심, 경험한 모든 것들을 표현할 이미지와 은유를 찾았다. 내 이야기와 기억 속에 그 경험이 확고히 자리 잡도록 시를 쓰곤 했다.

골격이 내게 매일 말을 걸기 때문에
길가에서 발견한 동물의 털이나
내 겨드랑이의 오목한 곳에서 발견한 털이
얼마나 사랑스러운지 그냥 지나칠 수 없다.

시는 예기치 못한 장소에서 나왔다. 나는 처음으로 암 발병 가능성을 진단한 의사의 방사선 보고서를 시로 바꾸었다. 나는 그 보고서가 지닌 리드미컬한 특성에 놀랐다. 보고서에는 다채로운 단어와 흥미로운 음절의 운율이 있었다. 그 단어들은 마치 건축물과 같았다.

방사선 보고서

일정하게
내외사위 방향과
상하 방향으로

촬영을

수행했다.

덩어리의

모양이

오른쪽 아래 가슴에 있는 것이

촉진으로도

알 수 있다.

이 대략적인

결과는

양성일 확률이 높다.

그러나

초음파는

뚜렷한 흔적을

보이고 있다.

뚜렷한 흔적은

대략

다섯 시 방향

나는 이 시의 의미가 여전히 나를 위해 진행되고 있다고 생각한다. 사람들에게 이 시를 읽어 주자, 긴 침묵이 흐른 후 그들은 머리를 천천히 끄덕였다. 종양이 악성으로 밝혀졌다는 사실을 생각한다면 이 보고서가 얼마나 으스스하게 들리는지, 그 무게가 실린 끄덕임이었다. 이것이 내가 아는 전부다.

  시 쓰기는 의료 보고서에 쓰인 사실, 확고한 정보의 속도를 늦추었다. 그래서 나는 보고서가 나에 대해 말하고 있다는 것을 깨달았다. "양성일 확률"이라는 말은 "뚜렷한 흔적"이라는 구절과 모순된다. 이 보고서는 내 인생의 결과를 매우 차갑고 양면적으로 나타낸다.

 이 시는 의료 환경이 마치 환자를 실험실의 동물처럼 다루는 냉혹성을 지적하고, 그에 대한 나의 놀라움을 표현한다. 그러나 이것은 우리의 의료 환경 가운데 내가 경험한 일부일 따름이다.

시를 쓰는 행위는 수잔에게 영혼의 감각을 되돌려 주었다. 그녀는 상상력을 경험에 비추어 변형하기 시작한다. 시는 그녀가 비인격적 의료 환경에서 스스로를 놓치지 않기 위한 과정이었다. 다음은 그녀가 쓴 산문시 형식의 일기다.

 나는 내일 수술을 한다. 내 몸의 일부였던 오른쪽 가슴과 함께 보내는 마지막 밤이다. 그러나 긴장한 탓인지 오늘 밤의 공기는 무겁다. 나는 우리 집, 내 발 아래 땅에서 솟아오르는 씨앗을 느낄 수 있도록 실내화 깊숙이 발을 넣고 있는 자신을, 그리고 의식을 위해 속속 도착하는 친구들의 옛 눈동자 속에 있는 자신을 발견한다. 회청색의 방구석마다 침묵, 눈물 젖은 고요가 어린다. 나는 우리가 익사하지 않도록 더 많은 초에 불을 붙일 것이다.
 북소리가 내 의식의 가장자리에서 소리를 내기 시작한다. 여자들이 한 명씩 북을 들고 있고, 북마다 우리가 만든 원형처럼 둥근 머리를 하고 있다. 거기에 검은 벨벳을 입은 사람이 있다. 내 눈이 꺼졌다가 다시 돌아오자, 지옥 같은 그곳에서 의사가 북채인 것처럼 어깨를 떼어낸다.

풀려난 시의 재즈맨 : 삶의 언어 재생

> 미디어는 문제를 많이 만들어 내는 데는 뛰어나지만 그에 따른 대답은 그에 미치지 못한다. 많은 대답을 얻기 위해 우리는 항상 시로 향하게 된다. 그것이 이사야의 시든, 소포클레스, 두보, 셰익스피어, 휘트먼, 네루다, 알렌 긴스버그의 시든 말이다. 광대하고 우울한 에베레스트 같은 질문에 비한다면 그 대답은 시에서조차 수풀이 우거진 언덕에 불과하다.
>
> 짐 해리슨

　치유시에서 확실한 언어의 향유를 찾는 것은 어려울 수 있다. 왜냐하면 우리의 문화가 언론의 자유에 가치를 두면서도 깊이와 정직한 언어, 느낌의 언어를 찾는 데는 도움이 되지 않기 때문이다. 대중매체는 대중화법으로 대화하기보다는 충돌을 조장하는 경향이 있다. 대부분의 라디오 토크쇼는 관용적이지 않은 언어의 날을 날카롭게 세운다.

　우리는 소비자로서 어쩔 수 없이 생동감 없는 규정된 언어로 살아간다. 광고는 때때로 즐겁기는 하지만 기본적으로 꾸며낸 문구이며, 성적인 언어, 공허한 언어, 영양가 없는 언어들로 이루어져 있다.

> 시는 과거에 우리 사회의 중심이었다. 그러나 현대에는 주변으로 후퇴했다. 시의 추방은 인류 최상의 것을 추방하는 것이라고 생각한다.
>
> 옥타비오 파스

광고와 텔레비전, 영화에서 사용하는 매끈한 문구들은 복잡다단한 삶을 진부한 표현과 단순한 슬로건으로 적절히 설명할 수 있는 것처럼 가장해 우리를 안심하게 한다. 삶은 걱정과 수수께끼를 좀처럼 투명하게 묘사하지 않는다. 우리가 풍부한 경험을 표현할 언어를 갖지 못하는 한 총체적인 것을 느낄 수 없다. 우리 내면의 총체성을 발견하는 것은 곧 치유를 의미한다. 시 쓰기는 당신의 인간성을 되찾는 방법이다.

시를 쓴다는 것은 실체를 만질 수 있도록 연결해 주는 팔과 같다. 마치 내가 가려운 곳을 긁지 못할 때 긁어 주는 것과 같다. 그러나 사실 그것은 가려운 곳이 아닌 전체적인 세상이었다. 글을 쓰는 것은 나를 그 전체적인 세상에 갈 수 있도록 해 주었다. 그곳은 나의 생생한 경험이 살아 있는 곳이었다.
글로 람슨

나는 우리 문화의 뿌리 없는 언어들의 맹공격에 대항하기 위해 시를 썼다. 어느 날 밤, 나는 한 여인이 자기가 쓴 시를 읽는 소리를 들었다. 그녀는 대지와 진실에 대한 열정적인 사랑으로 이 시를 썼다.

마치 제인은 풀려난 시의 재즈맨을 듣고 싶어 한다

평평하고 움직임이 없는 온실 속
창백한 정원사들의 시는
땅에 단순하게 배열된 단어들을 위해
패스트푸드와 같은 눈을 갖고 있어
그들 마음속 종이처럼 얇은

회백색 농사 단어들만 본다.

그들은 삶의 유기적 만개를
리듬으로, 소리로, 단어의 떨림으로
만들어 내는
숨결과 입으로부터 음악의 뿌리를
잡아뗀다.

아, 서정적 숨결의 물기 어린 빛에 취한
창조물과
대지의 어둡고 비옥한 입의
빛나는 탄식
그것은 우리 모두를 만들어 낸
장엄한 재즈.

연습
열정적으로 글쓰기

사랑하는 아이들아, 필요할 때는
뭐든지 말하려고 해야 한단다.
굶주림과 욕심을 혼돈하지 말거라,
그리고 죽을 때까지 기다리지 말거라.

루스 스톤

열정적으로 글을 쓰는 것은 창조와 치유 과정을 강화한다. 다음 방법을 시도해 보자.

- 당신의 열정을 불러일으키는 자연 대상물에 대해 자유롭게 써 본다. 자연물을 포착하는 은유, 이미지, 감각, 소리에는 어떤 것이 있는가? 당신의 단어를 매혹적으로 만들 수 있는 시적 요소 한두 가지를 사용해 보자.

- 무엇이든 써 보자. 사랑의 시든, 분노의 호통이든, 그것은 감정의 언어를 스스로 재생하려는 당신의 욕구를 나타낸다.

- 두려움, 떨어지는 꽃잎, 얼음과 같은 구체적인 이미지로 그려 보자. 이 이미지가 당신의 감정을 표현하도록 하거나 그 감정에 어울리는 목소리를 내 보자.

말하는 것 배우기 : 감정을 분출하는 시 쓰기

당신은 분명한 의도와 감정을 말하는 방법을 배울 수 있다. 당신은 아직 감정을 종이 위에 풀어놓는 언어에 접근하지 못했을 수도 있다. 마지 피어시는 그녀의 시 「말하지 않는 것은 배우지 못함」에 이렇게 썼다.

> 그녀는 말하는 것을 다시 배워야 한다.
> '나'라는 말로 시작하면서
> '우리'라는 말로 시작하면서
> 아이가 시작하듯이 시작하면서
> 자신의 진정한 굶주림과
> 기쁨과
> 분노로.

마지는 굶주림, 기쁨, 분노 등 단순한 단어들을 사용한다. 그러나 이 단어들에는 엄청난 생명력이 있다. 왜 이 단어들을 말하기 어려워하는가? 그 안에 있는 것은 무엇인가?

두려움이나 분노 같은 문제를 탐색하고 싶다면 상담사에게 적절한 도움을 받거나, 신뢰하는 친구와 자신의 글을 비밀리에 나누어 보아도 좋다. 당신의 말을 들을 줄 아는 사람과 공유해 보자.

오니 크리글러는 통합 건강 교육가로서 신체를 치료한다. 그녀는 두려움 때문에 목소리를 잃었던 경험에 대해 시를 썼고 이를 교정했다.

두려움이 내 목소리를 낚아챘다.

그래서 그때 이후로 나는 그와 흥정을 하고 있다.

오랫동안 머물 계획인 친척인 양

두려움이 내 삶 안으로 들어왔다.

그는 머무를 이유보다 와야 할

이유가 더 충분했다.

작은 소녀가 길을 간다.

어떤 삶도 이보다 값질 수 없다.

어떤 영혼도 이보다 더 섬세하게

만들어질 수 없다.

두꺼운 타이츠, 짧은 드레스

테가 둘러진 스웨터, 단단한 버클의 신발

그녀는 어둡고 움직임이 억세다.

언어에 낯선 그녀는 황량한 땅 위를

단호하게 두 발로 움직인다.

두려움이 그녀에게로 와서 쉰다.

맹금조가 너무 작은 어깨 위에 앉았다.

그녀는 그를 사춘기까지 굴레처럼

지니고 있었다.

무관심이 아닌, 당신이 필요하다는 말은

재빨리 전해져 그녀는 홀로 남았다.

코르크 마개로 꽉 닫힌 눈물의 병 속에

욕망이 가라앉았다.

꿈속에서나 은밀하게 열릴 뿐.

소녀이면서 여성인 그녀는
그녀의 불길을 쌓아 올린다.
한 번 더 그녀 목소리의 파편과 바꾸려 한다.
앞으로 나아가기 위해.

오니는 자신의 시에 대해 이렇게 말한다.

    내가 종종 쓰는 글의 주제는 내 목소리를 찾는 것과 연관돼 있다. 나는 글을 쓰면서 목소리를 되찾는다. 나는 글을 쓰면서 내 자신과 소통을 잃었을 때, 보는 것과 말하는 기술을 개발한다.
    특히 글쓰기는 내가 어떤 느낌인지 말하지 못할 때 유용하다. 내 느낌에 어울리는 언어가 없을 때 말이다. 감정에 말이 필요하지 않은 것은 아니다. 그러면 나는 벙어리가 된다. 나는 스스로 침묵한다. 침묵할 때, 나는 내 몸의 경험과 접촉을 잃는다. 그 결과, 나의 경험에 이름을 붙일 수 없다.
    말하기가 두려운 이유는 내게 무슨 일이 일어날지 모른다는 두려움 때문이다. 말하지 않으면 논쟁의 여지가 없거나 대적하지 않는 듯 보이기 위해 내 고결함을 버리는 것이다.
    그런 자포자기는 매우 고통스럽고, 그럴 때 나는 목소리를 잃는다. 좋아하지 않을 것 같은, 평가받지 않을 것 같은 두려움……. 나는 여자로서 남을 기쁘게 하는 법을 배웠다. 그러나 내가 독립적인 목소리를 내면 '망할 년'이라는 꼬리표를 얻을지도 모른다는 두려움이 뒤따른다.
    나는 시를 쓸 때 스스로 말할 수 있도록 해 준다. 시의 열린 형식 덕분이다. 나는 자신을 보고 듣는다. 말할 때는 스스로를 앞에 둔다. 나는 이런 열정적인 측면과의 관계를 구체화한다. 그 관계는 나를 위해 변형된 부분이다.

연습
감정 표현하기

　오니 크리글러의 시를 다시 읽어 보자. 당신의 목소리를 억누르는 감정이나 환경이 거기에 있는가? 어떤 이미지가 떠오르는가? 그 이미지를 종이 위에 써 보자. 단어를 흐르는 대로 내버려 두자. 이미 쓴 것을 지우거나 맞춤법에 연연하지 말고 자신만의 언어로 자유롭게 채색해 보자. 단어의 흐름에서 강한 이미지, 소리, 신체 감각, 민감한 단어를 사용하기를 주저하지 말자.

　반드시 가리켜야 할 것은 정확하게 이를 가리키는 단어를 사용해 보자. 자세한 내용, 직접적인 경험, 은유, 이미지, 상상, 마음의 고결함 등을 사용해 이야기를 풀어 보자.

- 내면의 목소리를 훼방하고 억압하는 방법
  _____
  _____
  _____

- 내면의 목소리가 조용해지는 시간
  _____
  _____
  _____

- 그 상실을 다루는 방법
  _____
  _____
  _____

- 그 목소리가 없는 세상에서 당신이 찾은 방법
  _____
  _____
  _____

- 당신이 다시 얻고자 하는 시인의 내면적 자질들

- 되찾고 싶은 꿈이나 소망

- 꿈과 소망을 되찾는 과정에 당신이 가져올 열정

- 당신이 되찾은 창조적 자아(그에 대한 이미지를 표현한다)

- 새로운 목소리를 유지하는 방법

개인적 과정과 보편적 과정을 함께 엮기

> 시는 공통의 단어를 통해 원시의 단어가 울려 퍼지도록 하는 기술이다.
> 게하르트 하우프트만

창조 과정은 개인적인 이야기와 보편적인 이야기 모두에 우리를 연결한다. 그러나 슬프거나 심각한 문제들이 우리를 무겁게 짓누를 때, 우리는 한동안 더 큰 그림을 잊는다. 우리를 우리 밖의 세상과 다시 연결하는 가장 강력한 방법은 관계와 공동체에 대한 당신의 감각을 활용하는 것이다.

'에이즈 퀼트'가 생각난다. '더 네임스 프로젝트'가 후원하는 에이즈 퀼트는 에이즈로 사망한 사람들의 넋을 기리는 것이다. 에이즈 퀼트는 밝게 채색된 퀼트 헝겊 수천 장을 이어 만든다. 헝겊 한 장이 한 사람을 표시한다. 에이즈로 사망한 사람을 사랑했던 이들이 이 헝겊을 만든다.

에이즈 퀼트에는 시의 요소가 있다. 헝겊들은 색상, 질감, 모양, 이미지, 기호, 언어로 만들어진다. 그 헝겊에는 기억되는 자와 기억하는 자를 연결하는 고리와 연상이 담겨 있다. 또한 생물학적 사실과 감동적인 이야기가 들어 있다. 헝겊 여덟 개를 하나로 꿰맨다. 그렇게 삼만 삼천 장이 족히 넘는 완성작은 워싱턴 D.C와 미국 전역에서 여러 번 전시되었다.

에이즈 퀼트는 기억을 되살린다. 개인을 기리고 창조적 과정을 통해 삶을 결합함으로써 죽음을 넘어선다. 헝겊은 사랑, 슬픔, 개인, 아름다움, 보편 등의 한 부분을 이룬다. 수 케이브스는 아들을 위해 헝겊을 만드는 과정에서 그와 연관된 사람들에 대해 이렇게 말한다.

나는 마이크의 헝겊을 디자인하고 틀을 만들기 시작하면서, 이것이 내 인생에서 가장 슬프고 아름다운 경험이라고 느꼈다. 1986년 10월, 아들을 떠나보낸 아픔과 삼십칠 년 전 아들을 낳았을 때의 기쁨 등이 되살아났다. 그때 나는 헝겊 조각들을 며느리 집에 가져가 함께 꿰매면서 이 경험—헝겊 만들기—이 완전히 가족 프로젝트가 되었다는 생각을 했다. 나는 이것이 가족 공동의 노력임을 알고 있으며, 마이크도 이를 매우 기쁘게 생각할 것이다. 미국 전역에 나와 같은 어머니, 아버지, 형제, 자매, 자녀, 연인, 친구들이 있다. 그들은 희망과 인간애라는 거대한 힘으로 퀼트에 빠져든 자신을 발견했거나 앞으로 발견하게 될 것이다.

나는 두 가지 이유 때문에 이 일을 했다. 마이크, 그리고 에이즈로 목숨을 잃은 모두를 위해서다.

보다 큰 맥락과 조화를 이루는 방법을 기억하면 자신의 한계를 뛰어넘어 성장할 수 있다. 혼자서 몰두하던 일에서 벗어나 우리가 속해 있는 큰 공동체와 창조 과정을 나눌 수 있다. 심지어 가장 은밀하고 개인적인 문제에 전념하듯이 말이다.

시적 언어는 개인적 현실과 보편적 현실 간의 연결 고리를 더욱 실체적인 것으로 만든다. 계절의 변화, 달의 순환, 조수 간만이 반사경처럼 개인의 경험과 삶의 변화를 비춘다. 이러한 연결 고리를 느끼면 원대한 삶의 스펙트럼과 우리의 관계를 이해할 수 있다. 우리는 시 쓰기를 통해 자신의 삶과 자신을 초월해 존재하는 것 사이의 관계를 발견하고, 모든 창조물과 미지의 것들이 어떻게 연결되어 있는지 깨닫는다. 그것은 곧 치유 과정이다.

연습
개인적인 것과 보편적인 것 연결하기

내 자신에 대한 이미지 3

내 아들들과 딸들은
처음 반짝이는 별들같이
그들의 어머니 하늘의 여신처럼
아름다움 속에 영원히 쌓여 있다.
나는 매일 그들이 자라는 것을
눈을 크게 뜨고 주의 깊게 바라본다.
어둠이 쓰다듬는 달처럼
그들의 삶이 빛나는 것을.
세상이 무턱대고
내가 섬세한지 묻자
나는 조용히 대답한다.
나는 팔로 아이들을 감싸고
그들에게 키스하며
나만의 축으로 돈다고.
그들은 우주가 된다고.

이라 B. 존스

당신의 삶에서 아픈 경험, 사랑하는 사람이나 좋아하던 장소를 잃는 것, 우정이나 긍지를 잃는 것, 세상의 고통과 사회적 부정에 대한 감정들을 검토하고 '시적 헝겊'을 만들어 보자. 그리고 당신과 그 사람, 경험, 환경과의 연결을 표현해 본다. 에이즈 퀼트는 퀼트 제작자와 에이즈로 사망한 사람들 간의 관계를 보여 준다. 잡지를 오린 것, 사진, 시, 옷감 조각, 문구, 단어 등을 사용해 본다. 당신만의 사적 콜라주를 창조해 자신을 초월한 인간애와 연결해 보자.

3장

치유와 회복을 위한 시적 도구들

시의 기본 요소를 사용한 창작

대지의 절반과 마음의 절반
모든 것을 위한 치료법은,
언어로 찾으려고 기다리는
우리를 슬프게 한다.

페놉스코트 사람들은 수천 년 전에
포도필룸 속의 식물로 암에 대한 처방약을 만들었고
남아메리카인들은 말라리에 특효약인 퀴넌 치료법을 알고 있었다.

그러나 이것은 단지 뿌리에 있는 것이 아니라,
잎과 열매, 수천 가지의 꽃에 치료의 효능이 담겨 있다.
치료의 반은 치료자의 언어 속에 효능이 살아 있는 것이다.

그리고 우리가 이 대지를 떠나야 하는
최종적인 순간이 오면 더 이상 아무런 치료법도 없다.
죽음은 질병이 아니라 단지 우리 인생의 한 부분이기 때문이다.

이 대지의 절반과 마음의 절반,
우리의 모든 고통에 대한 치료는
치료의 노래를 기다리고 있다.

조셉 브룩박

시작 : 시의 도구들 사용하기

> 나는 순수하게 직관에 의한 시 쓰기라는 낯선 작업을 한다.
> 규칙 같은 것은 없고 다만 원형(原型)들만으로 시작한다.
> 왜 그렇게 썼느냐에 대한 근거를 말하라고 한다면 그것들은 대부분
> "그 순간 그런 느낌이 들었으니까"라고 밖에는 할 말이 없다.
> 주디스 민티

나는 페트라컨 소네트와 팔리노드(시 형식의 일종)에 대해 잘 아는 똑똑한 친구 덕분에 그 용어를 찾는 수고를 할 필요가 없다. 시 형식에 대한 자세한 지식은 놀랍고도 유용하지만 그것을 모르더라도 시를 쓸 수 있다. 그러나 시를 쓰려면 반드시 알아야 할 몇 가지 원리가 있다. 이 장에서는 시를 쓰는 데 필요한 다섯 가지 도구와 그 사용법을 집중적으로 살펴보려고 한다. 당신은 치유와 성장을 위한 시 쓰기를 시작하며 이 요소들을 적용하는 방법을 배우게 될 것이다. 시 쓰기에 필요한 기본 요소는 다음과 같다.

- 직유, 은유, 이미지
- 행 나누기, 단어 선택

대부분의 시인들은 시를 쓰는 과정에서 시의 중요한 요소들과 그 역할을 깨닫는다. 시적 장치에 대한 기본 정보를 알려 주긴 하겠지만, 단언하건대

당신은 시인들이 그러하듯이 자기에게 가장 잘 맞는 도구가 어떤 것인지 스스로 찾아낼 것이다. 창조의 과정은 사람들마다 다르기 때문에, 우리는 저마다 독특한 방법으로 시적인 요소들을 결합해 말하고자 하는 바를 정확하고 강렬하게 표현한다. 또한 특정한 시 한 편에는 몇 개의 도구들만으로도 충분하지만, 다른 종류의 시를 쓰거나 다른 기분 상태 또는 다른 사고의 틀을 갖고 있을 때는 다른 도구들이 필요하다.

이 장에서 당신은 자연 발생적인 시적 표현과 시적 도구에 관한 응용지식 사이에서 어떻게 움직일 것인가를 배우게 될 것이다. 우리는 어린 시절에 '모르는 질문에 대한 대답'을 찾으면서 창의적인 능력을 발휘해 본 경험이 있다. 당신이 시적 도구들을 사용하는 방법을 배우려면 자발적으로 미지의 땅을 탐험하는 마음이 필요하며, 이 장에 실린 연습 문제들은 그것을 시도해 보는 기회가 될 것이다.

시적 도구와 시어들을 찰흙이나 물감, 아니면 음표처럼 생각하자. 언어를 마치 투수가 야구공으로 스트라이크를 던지려는 듯한 동작으로 만들어 내자. 페인트를 섞듯이 섞어 보자. 마치 뇌와 심장과 폐와 기타 기관들이 함께 움직이며 당신의 육체를 살아 있게 하고 건강하게 하듯이, 그들을 완전한 하나의 체계로 통합해 보자.

갤웨이 킨넬은 시를 '단어들을 사용해 유형의 어떤 것을 만들어 내는 것'이라고 정의했다. 치유를 위한 단어들은 당신의 이성이 아닌 마음에서 나온다. 이런 방법으로 쓴 시에는 활동성이 있다. 즉, 살아 있다.

직유 : 관계 발견하기

직유법은 '같은'이나 '처럼'이라는 단어로 전혀 다른 두 가지를 비유하는 방법이다. 직유법을 사용해서 시를 쓰면 매우 놀라운 결과가 나온다.

직유법을 사용한 몇 가지 예를 보자. 제임스 라이트는 들판에서 인디언 조랑말들을 향해 걸어가는 내용의 시에서 비상한 비유로 우리를 놀라게 한다.

그들은 마치 물에 젖은 백조처럼 수줍게 고개 숙인다.

에밀리 디킨슨은 책과 시를 배와 말에 비유한 직유법을 사용했다.

책처럼 멀리까지
우리를 데려가는 배는 없으며
종이 위를 내달리는 시처럼
힘차게 질주하는 말은 없다.

윌리엄 셰익스피어의 한 소네트는 연인을 묘사하면서 우리의 기대를 뒤엎는 비유를 한다.

내 연인의 눈은 태양만큼이나 하찮다.

시의 나머지 부분들도—각종 시적 장치들을 통해서—계속 연인을 가리키는 상투적인 표현들을 조롱한다. 그러나 소네트의 마지막 절에는 진정한 사랑의 표현이 들어 있다.

아마 당신은 비유법을 자주 사용하지 않을 수도 있다. 그러나 비유법을 사용하면 겉보기에 달라 보이는 두 가지 사물 간의 독창적인 긴장감을 만들어, 한 가지 사물과 그 긴장감 사이의 관계를 보다 훌륭하고 생생하게 드러낼 수 있다.

우리는 세계를 새롭게 보는 법을 배워야 한다. 알베르트 아인슈타인

언젠가 나는 5학년 아이들에게 몇 개의 단어들을 주고 시를 쓰게 했다. 놀랍게도, 캐롤린 킨이 종이 위에 어떤 단어를 써서 들고 와서 "이 단어가 무슨 뜻이에요?"라고 물었다. '개울'이라는 단어였다. 캐롤린은 그 단어를 한 번도 들어본 적이 없었던 것이다! '무언가 마술 같은 일이 일어날 수도 있겠구나'라고 생각했다. 캐롤린은 바람직한 '초보자의 자세'를 보여 주었다.

나는 캐롤린에게 개울이란 뛰어서 건널 수 있는 작은 시냇물이라고 말했다. 잠시 후, 캐롤린은 우정에 관한 시를 들고 다시 내게 왔다.

우정

우정은 영원하다.
마치 영원토록 나란히 흐르는 두 개의 개울처럼
두 개의 작은 개울 사이에는 인생에 대한 달콤한 전망이 있다.
부끄러워질 때 그들은
산의 다른 방향으로 갈라지며 흐른다.

그러나 다시, 느리지만 반드시

그들은 다시 나란히 흐른다.

캐롤린은 시에서 직유와 은유를 모두 사용했다. 은유에 대해서도 살펴보겠지만, 먼저 그녀가 사용한 직유법에 집중해 보자. '우정은 두 개의 작은 개울과 같다'라는 말처럼 직유는 '처럼'이나 '같이'라는 단어를 사용해 비유한다. 나는 직유법에 관해 아이들에게 말한 적이 없었지만 캐롤린은 이 새로운 단어를 느낌으로써 마음속에 어떤 그림을 그렸고, 갑자기 깊은 우정에는 고충이 따른다는 그녀만의 감각과 연결했다.

한 단어에 대한 그녀의 신선한 반응은 시를 쓸 때 그 단어에 대한 정의보다 더욱 중요한 것이다. 캐롤린은 자기 나름대로 그것을 이해한 것이다. 정의를 알 필요가 없다는 말이 아니다.

> 아이들의 마음속에는 나무가 주위의 양분을 끌어들이는 것과 같은 잠재의식이 활발하다. 그들에게 주위 환경은 규칙이나 방법, 장비, 교재보다 훨씬 중요하다. 그러나 우리의 교육기관은 광부처럼 그저 사물을 파내기만 할 뿐, 자연과 완벽하게 조화를 이루는 경작자가 되지 못한다.
> 라빈드라나트 타고르

나는 당신에게 시를 쓸 때의 자연 발생적 감각을 믿으라고 말하고 싶다. 시 쓰기에서 느낌과 놀이는 학교에서 잘 가르치지 않는 촉매제다. 기쁨, 가슴앓이, 변덕 등은 당신만의 진실과 고유한 목소리를 대변한다. 그것을 시로 표현하면 치료의 효과를 기대할 수 있다. 캐롤린처럼 자신의 경험과 풍부한 감정을 수용하면 '지식'의 자원이 되어 글쓰기를 돕는다.

우리가 신선한 마음과 자세로 임할 때 우리를 놀라게 하는 것은 그냥 단어가 아니다. 일상생활에서의 '일'이 경이와 새로운 인식과 이해를 일깨울 수 있다. 평범한 사물들이 우리의 내적 세계와 외적 세계의 연결 고리가 될 수 있다. 직유법을 사용한 다른 시 한 편을 살펴보자. 이 시는 비누에 대한 것이다. 이 시처럼 비누를 본다고 상상해 보자.

비누 한 덩이는
눈에 보이는 것
이상의 존재다.
이 작은 덩이가
당신을 깨끗이 씻긴다.
마치 꿈처럼,
아주 가벼운 소리만으로도
씻어 낼 수 있다.
그 모양과 크기는
모두 다르다.
외부의 껍질도
없다.
그저 부드럽고
하얗고 단단하다.
꿈은 껍질을 요구하지 않는다.
어떤 것도
꿈을 보호하지 않는다.
그 안을 뚫고 지나갈 것은

아무것도 없다.

잠에 빠져들면 거기 꿈이 있다.

그 위에

물을 끼얹으면

비누

물질이

거기에 있다.

보기에는 무척 보잘것없지만

그 이상을

한다.

엘리자베스 볼튼, 열한 살

엘리자베스는 비누와 꿈의 정화와 순간을 연결해, 현명하고 신선한 이미지와 식견을 우리에게 보여 준다. 그녀의 시에서 짧게 나뉜 행들은 시에 간결한 에너지와 비누 자체의 이미지를 표현한다. 그 행들은 그녀의 단순한 생각에 신선함을 더한다. 이런 선택으로 강화된 그녀의 시는 놀라울 뿐만 아니라 관심과 즐거움을 이끌어 낸다.

어른인 우리는 엘리자베스가 일상적인 일을 표현하는 지각력에 대한 접촉을 끊을 필요는 없다. 아이들과 예술가, 그리고 시인이 지닌 의미와 경이로운 세계는 미처 의식하지 못하는 사이에 당신에게도 떠오르는 세계다.

시적일수록 더욱 현실적이다. 노발리스

당신은 한밤의 악몽이나 한낮의 백일몽을 꾼다. 일할 때나 놀 때, 슬프거나 사랑에 빠질 때도 꾼다. 단 한 번의 키스로도 꾼다. 친구와 숲을 지나가면서도, 혼자 지하철을 타면서도 꾼다. 사랑했던 사람을 잃거나 이별한 사람을 생각하며 새벽 두 시에 침실에서 몸서리치며 외로이 깨어날 때, 그곳에 도달할 수도 있다. 아름다움, 열정, 신성함이 당신의 삶과 함께하는 세계를 느끼도록 만들 때 이 독창적인 세계로 들어가게 된다.

| 연습
| **일상생활에 연결해 시 쓰기**

엘리자베스 볼튼이 비누를 꿈에 비유한 것처럼, 직유를 사용해 삶에서 치료가 필요한 부분을 탐색해 보자. 삶의 어려운 점, 건강, 일, 가족, 우정, 사회 등을 생각해 보자.

은유 : 언어의 연금술

음악—
순수한 밤을 미쳐 달리는
벌거벗은 여자
후안 라몬 히메네스

은유는 서로 다른 두 가지를 합치는, 언어의 연금술적인 접합이다. 이것은 여러 가지 방식으로 일어난다. 어떤 은유에서는 두 가지가 정밀하고 정확하게 일치한다.

나는 넘칠 때까지 주전자를 채우며
우물을 향해 돌진하는 물이다…….
제인 케니언

나의 분노는 화염의 구름.
마지 피어시

또 다른 형태의 은유에서는 연상이 정확하게 떨어지지 않고 함축적이기도 하다. 그러나 히메네스의 은유는 "음악"이라는 단어를 "미쳐 달리는 벌거벗은 여자"라는 단어와 연결한다. 다른 것들 간의 정확한 균등이나 함축적 관계 이상으로 은유는 완전한 현실성을 이룬다. 시점으로 설명하거나 어떤 것을 묘사하기 위해 단어를 논리적이거나 일차원적인 방식으로 연결하지 않고, 은유는 그 즉시 '완전한 그림'을 나타낸다.

은유는 강력하고 직접적이지만 미묘하면서도 비범한 연결을 일깨운다. 은유적 언어는 우리에게 예상치 못한 개념과 직접적인 표현법 사이의 상호작용을 깨닫게 한다. 이런 상호작용에 대한 우리의 이해는 시어도어 로스케가 말했듯이 '느낌으로 생각하면' 즉각적으로 일어날 수도 있다.

은유는 특정한 어떤 것과 더 큰 현실 사이를 연결하는 능력과 관계가 있다. 은유는 외부의 경험과 내부의 느낌 사이의 관계를 보여 준다. 은유는 머리와 심장을 만족하게 하기 위한 것이다. 은유는 심리적, 영적 균형 감각을 가능하게 한다. 우리 삶에서 이미 알고 있는 부분과 알지 못하는 부분 간의 소통을 펼친다. 일상적인 자아와 잠재적 자아의 통합을 촉진한다.

은유는 직관을 통해 이해하기 쉽다. 은유 만들기를 통해 당신이 직관적으로 알고 있는 것을 인식, 개발, 사용, 표현할 수 있다. 그래서 은유는 훌륭한 치유의 힘을 준다.

나의 상상력은 언어 이전의 것이다. 게리 스나이더

은유는 문자 그대로의 의미가 아닌 직관적인 의미다. 그리고 이성적인 생각 너머에 존재하는 진실을 표현하며 삶에 더 넓은 의미를 부여한다.

물의 심장

내가 아기였을 때 내 심장은
앞으로 다가올 엄청난 사물의 바다에서

헤엄치는 작은 물고기였다.

내가 아장아장 걸어 다닐 때 내 심장은
생각과 감정이라는
커다란 호수 속 송어였다.

지금 내 심장은 내가
직면해야 할 곤경의 바다로 돌아가려는
연어가 되고 있다.

내가 늙으면 내 심장은
추억의 바다를 헤엄치는 고래가 될 것이다.

내가 죽으면 신은
고래잡이가 될 것이다.
오리온 미샤그너, 열한 살

    열한 살짜리 아이도 그의 삶을 이렇게 창조적인 지각으로 인식하고 있다니 얼마나 놀라운가! 오리온의 놀라운 자각과 믿음은 마지막 절에 나타난다. 우리는 목 뒤의 머리카락이 따끔거리듯 척추를 타고 흐르는 듯한 느낌을 받는다. 이 시에서 영혼은 독창적이면서도 단순한 '바다 생활'이라는 은유로 말하고 있다. 당신도 은유를 사용해 표현력을 넓힐 수 있다. 직관적으로 알고 있는 것이 단 하나의 은유와 깊이 연결되면, 당신의 고통을 치료하는 데 수천 가지 말이나 심리 이론보다 더 유용하다.

자아를 위한 은유 : 나는 오랫동안 마르지 않는 우물이다

메리 케이 터너 의학박사는 인디애나폴리스 병원의 종합외과와 외상분과에서 일한다. 그녀는 대부분의 환자가 치료를 받고 병원을 떠나는 모습을 본다. 그러나 괜찮은 해답은 별로 없고 고통스러운 문제들만 있는 치명적 상처들을 보기도 한다.

메리 케이는 그런 긴장된 환경 속에 놓인 자신을 위로하기 위해, 그리고 자신의 영성에 깊이를 더하기 위해 시를 쓴다. 그녀는 워크숍에서 다음 시를 썼다.

우물

나는 우물이다.
황량하고
메마른 시대에도
마르지 않는 오래된 우물.
나는 한 번도 완전히
말라 본 적이 없다.
당신의 양동이를
줄 것이 많은
내 깊은 곳으로 내려보내라.
비를 내려보내라.

넓은 하늘에서 이 선물을 받기 위해

내 입은 열려 있다.

폭풍을 내려보내라.

비바람에 씻긴 회반죽의

틈으로. 그러면 돌들이 이동하고,

나는 조용히 그대로 서 있다.

메리 케이는 이 은유를 그녀의 삶과 연결한 과정에 대해 이렇게 말한다.

오랫동안 나는 온전히 아내이면서 의사였다. 그런 역할들에 빠져 있었다. 그러나 충분하지 않았다. 일이 잘못될 때면 끔찍했다. 내 삶에 대한 이런 식의 접근이 정신적 파탄으로 느껴지기 시작했다.

내가 정말 누구인지 관찰해 보고 싶었다. 그런 생각이 나를 치료하고 회복시켰다. 회복하는 일의 대부분은 자신의 창조성과 글쓰기를 소중히 여기는 것이다. 나는 오랫동안 마르지 않는 우물이다. 우물의 이미지와 음성이 내가 나 이상의 것임을 일깨운다. 나는 내면의 공간과 접촉하고 싶다. 우물로 향하는, 나 자신으로 돌아오는 역할을 하는 글쓰기에는 무언가 있다. 그것은 내가 하는 일을 하고, 나 자신의 여자가 되려면 반드시 해야 하는 일이다.

시 쓰기는 내가 힘들 때 쉴 곳을 준다. 주변의 사람들이 죽거나 무언가 다른 것이 필요하지만 그럴듯한 해답이 없을 때, 시는 내 근원을 찾고 새로운 시각을 갖게 한다.

이 우물은 내 안에 있는 공간이지만, 내 환자 안에 있는 공간이라는 생각도 든다. 이 우물은 뭔가 더 영원한 것이 있다고, 인간의 경험을 통해 다시 새로워지는 어떤 것이 우리 안에 있다고 말한다. 이것은 신에 대한 내 느낌이며,

비와 폭풍과 심지어 죽음까지도 이겨 낸 우리 모두를 가리키는 부분이기도 하다.

  나의 시는 그 깊은 곳에 내려가려는 의지만 있다면 무엇이든 해낼 수 있다고 말한다. 그렇게 하려면 의사로서의 인식이 아닌, 자연 그대로의 나 자신이어야 한다. 나에 관한 이 이미지는 매우 시적이며 여성적이다. 어느 힘든 날, 그곳에 내려가 한동안 거기에서 지낼 것이다. 그리고 다시 돌아와 삶으로 향할 것이다.

|연습
은유로 치유하기

- 당신을 지지하는 삶의 요소를 생각해 보자. 직장? 가족이 있는 집? 연로한 부모님을 모시는 것? 인간관계? 두 개의 문단을 만들어 보자. 첫 번째 문단에는 몇 가지 스트레스에 대해 쓴다. 곤란했던 기억이나 환경, 그런 장소나 환경에서 당신의 몸이 느낀 점, 인간관계의 특성 등이다. 예를 들어, 회식, 주름진 이마, 마감, 경쟁하는 동료 같은 것 말이다. 두 번째 문단에는 당신을 지지하고 힘을 주는 이미지와 은유를 가리키는 단어들을 써 보자. 두 개의 문단에서 각각 단어를 골라 시에 연결하자. 스트레스를 주는 단어들을 완화하려면 지지의 단어들을 어떻게 적용해야 할까?

- 아래의 단어들(또는 자신에게 해당한다고 생각하는 단어들)을 사용해 자신에 대해, 자신의 삶에 대해, 자신이 알고 있는 사람에 대해 은유적으로 표현해 보자.

바람, 감옥, 달, 집, 칼, 분수
재스민, 가면, 섬, 우물, 재, 빈민가
태풍, 재규어, 돌고래, 배, 돌, 장갑

이미지의 치유력

> 아침 창가에 핀 나팔꽃이 형이상학의 책들보다 나를 더 만족시킨다.
> 월트 휘트먼

이미지는 감각적 경험에서 나오며 작가나 화자가 말하려는 바를 전달한다. 휘트먼은 나팔꽃이 현실적이고 살아 있으며, 특별하고 틀림없는 사실을 전하기 때문에 나팔꽃에 더 많이 만족한다. 이미지는 우리에게 직접적인 경험을 준다. 또한 이미지는 어떤 감각을 통해 스스로를 드러낸다.

> 나는 쓰고자 하는 시어를 곧바로 찾지 못한다. 나의 시는 항상 내 마음 뒤에 있는 형상, 리듬, 모습, 느낌, 형태, 춤 등으로 시작한다. 게리 스나이더

나는 워크숍에 참가한 학생들에게 도시의 복잡한 교차로에 서 있는 자신을 상상해 보라고 권한다. 또는 일상의 한 장소를 떠올려 보라고 한다. 그들이 거리의 모퉁이—아니면 그들이 달리 선택한 어떤 공간—를 상상하기 시작하면 나는 되도록 자세히 그들이 경험한 이미지와 직접적인 감각에 대해 묘사해 보라고 한다.

학생들은 말하기 시작한다. 어떤 음성은 강하고 어떤 음성은 신중하다. 각자의 음성에서, 감각과 소리의 합창에서, 독특한 리듬과 음색이 들린다.

병약한 도시의 나뭇잎 위에서 반짝이는 비의 냄새, 어둡게 덜그럭거리는 트

럭 소리, 비둘기의 끊임없는 날갯짓, 내 발바닥이 연주하는 떨림, 남루한 갈색 헐렁한 옷을 입고 파란색 플라스틱 가방을 가득 채운 쇼핑카트를 밀고 있는 쇠약하고 갈 곳 없는 등 굽은 남자, 그의 옆을 빠르게 지나가는 사람들, 붐비는 도보 위에 쇠로 만든 난간 틈으로 나른하게 올라오는 뜨거운 김, 구겨진 양복을 입고 김이 모락모락 피어나는 종이컵을 쥐고 정지신호가 바뀌기를 초조하게 기다리는 머리가 막 벗겨지기 시작한 근심 어린 얼굴의 작은 남자, 판에 박힌 전화기 주변에 붙어 있는 알림 메모와 여러 가지 색깔들, 양팔에 책을 한아름 들고 몸에 붙는 스웨터 위에 'W'를 새긴 격자무늬 가톨릭 학교 교복을 입은 주근깨투성이의 활기차고 행복한 빨간 머리 여학생, 버스 엔진이 돌아가는 소리, 검은 장막의 냄새와 함께 피어오르는 배기가스, 체증 구간으로 들어서자 잠깐 무심하게 왼쪽을 쳐다보는 뚱뚱한 버스 기사, 빨간색 스포츠카 안에 앉아 정지신호가 바뀌길 기다리는 나이 든 여인의 멋진 선글라스 위로 다이아몬드처럼 빛나는 햇빛…….

음성은 즉각적이며 즉흥적으로 나온다. 이것이 시작이다. 우리는 깊은 마음의 눈으로 거리 모퉁이에 초점을 맞춘다. 거리는 삶으로 가득 차 우리의 관심을 끈다. 시각, 청각, 촉각, 심지어 세심한 후각까지도 특별한 공간이나 사람, 감정, 생각을 나타내는 이미지로 만들 수 있는 소재다.

> 널리 분포된 시각적인 심상을 감지하는 두뇌가 인류 생존의 중요한 심상을 가리킨다. 진 악터버그

거리 모퉁이에 대한 이미지와 감각을 어떻게 개인의 상처를 치료하는 과정과 연결할까? 일상생활에 관심을 집중하는 법을 배우면 다양하고 복잡한

모든 장소, 사람, 순간들을 자세히 인식할 수 있다. 이러한 주의 깊은 집중력은 치료를 위한 시의 이미지를 만드는 데 유용한 기술이다.

> 수백만의 사람들이 보지 못하고 즐거움도 없이 반쯤 잠든 채 삶 속을 휘몰아치며, 인식하지 못한 것을 물고 차고 죽인다. 인간은 보는 것을 배운 적도 없고, 보는 눈과 경험할 수 있는 눈을 가지고 있다는 것도 잊었다.
> 프레드릭 프랭크

우리가 주변의 무수히 많은 이미지들을 알아채기 시작할 때, 세상의 경험에 새로운 빛이 나타난다. 우리는 몸에서 울려 퍼지는 그 이미지들을 느낄 수 있다.

잭 케루악의 시 「찬가」에서 일터에 가는 사람들이 얼음에 미끄러지는 이미지는 그에게 가족사를 생각하게 한다. 시는 궁극적으로 자신의 그리움에 대한 표현이다.

> 당신이 내게 브룩클린 다리를
> 아침에 보여 주었을 때,
> 오, 신이여,
> 거리의 얼음에 미끄러지는 사람들,
> 두 번씩,
> 두 번씩,
> 서로 다른 사람들이 만나서
> 일터로 갑니다.
> 진지하고, 괴로운 모습으로 쩔뚝거리며

가엾은 일상의 아침을 맞이합니다.
얼음에 미끄러지는 것과 넘어지는 것은
모두 오 분 동안에 이루어집니다.
그리고 나는 외치고 또 외칩니다.
오, 아침의 신이여,
그 순간 당신은 저에게
눈물을 가르쳤습니다.
오, 당신이여,
그리고 나는 가로등에 기대어 눈물을 닦습니다.
눈물을,
아무도 내가 울었다는 것을 알지 못합니다.

알았더라도 당신은 신경이나 썼을까요?
그러나 나는 나의 아버지는,
그리고 나의 할아버지의 어머니를
의자의 긴 행렬을, 우는 사람들을,
죽음을 보았습니다.
오, 나는 신께서 그것보다 더 나은
계획을 가지고 있다는 것을 압니다.
당신이 나를 위해 어떤 계획을
세워 놓으셨든 간에
그 위엄을 거두시고, 간단하고 짧게 이루어지게 하소서.
힘이 넘치게 하시고,
나를 영원한 어머니에게로 인도하소서.

어쨌든 당신이 원하는 대로 하소서.

(그때까지).

잭 케루악이 묘사하는 근로자에 대한 그의 태도는 무엇인가? 그는 그들에게서 무엇을 느끼는가? 그가 다루는 연상 이미지들—"일터로 갑니다/진지하고, 괴로운 모습으로 쩔뚝거리며" "가엾은 일상의 아침을 맞이합니다" "의자들의 긴 행렬을, 우는 사람들을, 죽음을 보았습니다"—은 매우 구체적인 인식과 감정을 나타낸다.

잭 케루악은 우리를 깊은 느낌으로 이끄는 방법으로 인간의 몸부림을 관조하고 있다. 일상생활의 경계 태세와 시인의 감수성 있는 눈을 알아채는 것이 당신의 시적 치료제를 창조하는 가장 중요한 요소 중 하나다.

| 연습
본 것에 대해 관심 갖기

> 가지를 늘어뜨린 복숭아를 보고
> 툭 꺾일 때까지 줄기를 잡아당기세요.
> **리영 리**

- '자동항법'으로 움직일 수 있는 장소를 그려 보자. 아마도 당신은 일터나 시장에 있을 수도, 신문을 읽거나 하루 계획을 짜기 위해 부엌 테이블 앞에 앉아 있을 수도, 거실에서 텔레비전을 보고 있을 수도 있다. 이제 당신이 새로운 세계에 도착했다고 느껴 보자. 그 장소에서 당신이 처음으로 경험한 모든 사물의 이미지·감각을 적어 본다. 자세하고 구체적으로 묘사해 보자.

  _____
  _____
  _____
  _____
  _____
  _____

- 당신의 이미지 목록에서 하나를 고르자. 그중에서 가장 힘이 넘치고 감정이 넘치는 것을 고른다. 그것에 대해 더 자세히 쓰고, 그 장소를 더 잘 묘사하는 이미지에 대한 느낌을 기록한다. 그러한 이미지들이 당신에게 어떤 느낌을 불러일으키는가? 이미지들이 당신의 삶과 어떻게 연관되는지 생각해 보자.

  _____
  _____
  _____
  _____
  _____
  _____

| 연습
이미지 포착하기

나날이 어떻게 지나갔는지

당신이 내 안에서 싹트는 동안에

나는 하나하나 기억한다.

팽창이 내 몸의 평평함을 바꾸고.

당신이 어떻게 처음으로 퍼덕이고 뛰어올랐는지,

그리고 나는 그것이 내 심장이라고 생각했다.

오드리 로드

이 연습은 이미지 만들기의 세 가지 치유 잠재력, 즉 창조적 반응을 일으키는 이미지의 힘, 느낌을 담아 간직하는 이미지의 수용력, 당신의 느낌을 표현하기 위한 영감의 목소리를 고취하는 이미지의 수용력 등을 보여 준다.

첫 번째 단계 : 어린 시절의 이미지 떠올리기

당신이 기억하는 유년기나 청년기의 이미지를 목록으로 만든다. 떠오르는 이미지들 중에서 긍정적인 기억을 고른다. 이미지들이 마음의 눈에 자연스럽게 비치도록 한다. 이미지들을 오랜 세월이 흐른 뒤에 보게 될 스냅사진처럼 여긴다. 단순한 이미지들부터 시작한다. 우리는 나중에 좀 더 고통스럽고 힘든 이미지들로 작업할 것이다. 이 연습의 목적은 창조성을 일깨우고, 당신의 삶에 대한 느낌에 집중하는 것이다. 이미지를 떠올릴 때 어떤 감각을 경험했는가? 경험의 순간에 느낀 감각을 떠올리고 후각, 미각, 촉각, 시각, 청각 등 이미지를 몸속으로 흡수해 보자. 떠올린 이미지를 소생시키는 것처럼 느껴 보자. 마음의 눈에 이미지를 집중하고, 그것을 잡으라. 재빨리 당신의 경험을 묘사해 단어가 흘러나오게 하고 세부 묘사를 해 보자. 예를 들면 다음과 같다.

뒤뜰 사과밭에 있는 커다란 상자를 열자…… 밝은 햇살이 내려오며, 날개를 다친 파랑새가 상자 안에 있었다. 나는 그 새를 먹이고 보살폈다. 이제 멀리 날아갈까? 상자 안에는 풀, 막대기, 시든 양상추 잎이 층층이 쌓여 있다. 나는 다섯 살이다. 나는 여름의 사과나무에 가까이 서 있다. 촘촘하고 가는 가지들이 하늘을 향해 감아 올라간다. 사과나무는 작지만 나는 더 작다. 예민해진 파랑새가 신경질적인 소리를 내며 발톱으로 마분지를 긁어댄다. 나는 크고 흔들거리는 박스를 열고 기다린다. 푸른 하늘도 커다란 파랑새가 사과나무로 날아오르기를 기다린다. 그리고 그 새는 그렇게 했다.

두 번째 단계 : 이미지를 통해 느끼기

어린 시절의 이미지들(비행에 대한 놀라움, 피조물의 상처에 대한 사랑과 슬픔, 자유에 대한 기대)을 떠올리고, 그것과 관련된 감정들을 써 본다.

세 번째 단계 : 이미지, 느낌, 소리를 사용해 시 쓰기

우리는 꿈꿀 때 무의식적으로 말하는 목소리, 생각의 능력, 이유와 식별력, 지식, 힘과 섬세한 느낌, 실용적인 감각과 예민한 직감 등을 인정하고 믿어야 한다. **이렌느 클레몬트 드 카스틸레요**

첫 번째와 두 번째 단계에서 모은 소재들을 사용해 시를 쓴다. 이미지에 집중하며 감각과의 접촉을 유지하라. 이미지의 소리에 귀를 기울이고 감정을 표현한다. 다음은 내가 쓴 시다.

어린 시절은,
열어 보면 날개가 부러진 파랑새가 안에서
치료받고 있는
흔들거리는 마분지 상자다.
그리고 그 안의 치료는
사과나무, 젖은 여름 풀,
넓은 하늘, 날개의 비행,
그리고 그 안의 비행은
집과 노래 부를 기회를 간절히 바라고 있다.

슬프거나 행복하다는 단어로 꼬리표를 붙이기보다는 되도록 분명하게 이미지들을 드러내 본다. 느낌을 직접 말하기보다는 이미지가 당신의 느낌을 표현할 수 있도록 하자.

고통스러운 감정 표현을 위한 이미지 사용

어떤 시의 목적은 행복을 가로막는 장애물을 치우고 앞으로 나아가는 것이다. 이 시들은 한바탕 잔치를 치르듯 감정을 위한 공간을 제공한다. 당신은 거친 시를 통해서 강렬한 감정을 분출할 수도 있다. 진실을 가장 잘 말할 수 있는 형태라면 무엇이든 써 보자. 이와 같은 시를 쓰고 나면 당신은 정화된 감정을 느낄 수 있을 것이다. 그리고 치료의 길이 열린다. 다음 시는 이미지와 감정을 결합한 예다. 이 시는 더러운 세탁물 더미라는 하나의 강력한 이미지로 이루어졌다.

밀어 넣고 / 구겨 넣고 / 지겨운

한쪽 구석에 쌓인 감정들

감정 위에 감정

밀어 넣고

구겨 넣고

높이 쌓여

너무 바빠

그냥 빠뜨리고 못 본

며칠 묵은 듯한―아니면 몇 년 묵은 듯한―

세탁물

너무도 작은 빨래 바구니 안.

냄새나고

얼룩지고

버려진

창피한

잘 정돈된 방의 황폐함

뚜껑이 닫히지 않는다.

나는 그것을 그 안에 쑤셔 넣는다.

몇 개는 바닥에 떨어진다.

옆으로 삐져나온 재색

너덜너덜해진 붉은색

막 타오르는 오렌지색

억제된 흰색

흰색과 색깔 옷을 섞지 마라.

찬물에 세탁해라.

표백제를 첨가하지 마라.

생산자 과실을 표시한 보증.

감정, 대부분 내 안에 간직하고 있는 것,

멀리 놓아두어라, 기다려라.

저쪽에, 구석에.

앤 해링턴

이 시에는 우리가 느끼는 모든 감각이 사용되었다. 색감, 냄새, 질감, 온도에 대한 감각이 감정을 나타내며, 앤의 '색깔 선택'은 빨래 바구니 속의 더러운 세탁물 이미지와 깊이 연결된다. 앤은 자신의 시에 대해 이렇게 말한다.

나는 몇 년 동안 분석적인 관점에서 글을 써 왔다. 그러나 최근 느낌에 대해 쓸 필요가 있다는 것을 알았다. 에이즈 편의시설에 방문했을 때, 그곳의 영성에 영감을 받은 것이 계기였다. 나는 클라이언트 사진 예술품과 패널에 대한 글을 썼다. 나는 명상의 방에서 독특한 기념물에 대한 글을 썼다. 그곳에는 죽은 사람을 추모하는 물건이 나무 한 그루에 매달려 있었다. 기사를 쓰고 그 방문에 대해 생각하면서 나는 울었다. 바로 그 순간, 나는 글에는 표현하지 않은 내 일부분이 거기에 있다는 것을 깨달았다.

나는 별거를 하며 감정을 다루는 방법을 배웠다. 별거 기간은 커다란 슬픔의 시간이었다. 그것은 다른 상실의 기억들도 떠오르게 했다. 나는 내가 느낀 슬픔과 충돌하는 감정의 깊이를 어떻게 표현해야 할지 몰랐다. 또한 내가 다음에는 무엇을 어떻게 느낄지 통제할 수도, 예측할 수도 없음을 알았다. 이성적이고 논리적인 사람에게 그것은 매우 불안한 일이었다.

「밀어 넣고/구겨 넣고/지겨운」은 특별한 경험이었다. 이 시는 내가 어려운 감정들을 어떻게 억압하고 회피했는지 생각하게 했다. 그 감정들을 인정하고, 거기에 대해 글을 쓰고, 모임에서 큰 소리로 이야기하고, 모임의 멤버들이 그들의 삶에서 이러한 단어들의 진심을 확언하는 것을 들으면서 시가 지닌 치유의 힘을 느꼈다. 나는 워크숍이 끝난 다음 「날이 새기 전 뒤뜰에 빨랫감 널기」라는 후속편을 썼다.

시는 내가 좀 더 높은 수준의 이해력과 인식에 접근할 수 있도록 돕는다. 비록 이런 일이 항상 일어나는 것은 아니지만, 나는 내가 의식하지 못했던 통찰력으로 몇몇 단어나 구절을 쓸지도 모른다. 시는 지금 내 삶의 일부다.

| 연습
고통스러운 느낌의 이미지 창조하기

앤 해링턴의 시가 더러운 빨랫감과 고통스러운 감정을 동일시하면서 어떻게 힘을 얻고 있는지를 주목한다. 그녀는 그 위로 짧은 구절을 하나씩 쌓아올리며 바구니에 꽉 찬 고통스러운 느낌이라는 이미지를 창조했다. 당신은 어떤 이미지로 고통스러운 느낌을 창조할 것인가? 다음과 같이 해 보자.

- 당신에게 긍정적이거나 부정적인 이미지를 불러일으키는 강력한 이미지 하나를 선택한다.
- 그 이미지를 시각화하고 느낀다.
- 당신이 고른 이미지를 묘사하고, 당신의 감정을 나타내는 시를 써 본다.

복합적인 느낌을 불러일으키는 이미지들

―

　당신은 당신의 시에서 특유의 이미지가 무엇을 의미하는지 확실히 알고 있다고 생각할 것이다. 그러나 며칠, 몇 달 뒤에는 생각이 바뀔지 모른다.
　의미가 층층이 쌓여 있는 시들은 여러 번 읽을수록 그 의미가 변화하거나 확장하는 경향이 있다. 그런 시들은 강력한 감동을 다룰 때 특히 유용하다. 당신은 그 시를 여러 번 다시 읽고, 시는 당신에게 새로운 방식으로 계속 이야기할 것이다. 시를 쓴 후 오랜 시간이 지난 뒤에 당신은 그 시를 통해 배우게 될 것이다.

> 시적 감흥에는 많은 일들이 동시에 일어나며 그 언어의 여러 시간이나 밀도의 층이 그 시를 독특하게 만든다.　도널드 홀

　몇몇 이미지들은 불쾌함과 편안함을 동시에 일으킬지도 모른다. 당신은 시 한 편에서 불쾌한 느낌과 편안한 느낌이 공존할 수 있다는 점에 놀랄 것이다. 서로 다른 감정들은 좀 더 이성적인 맥락에서는 혼란을 야기할 수도 있다. 그러나 우리가 인생의 고통스러운 문제를 이해할 수 있도록 돕는 독특한 매개물인 시에는 양가감정이나 복합적 감정을 수용하는 능력이 있다.
　당신이 현재의 몸부림을 표현하려는 이미지는 자연스럽게 생겨난다. 당신이 할 일은 그것을 받아들이는 것이다. 당신이 밤에 무슨 꿈을 꾸는지에 관심을 기울여 보자. 또는 무의식적으로 꾸는 '백일몽'을 받아들여라. 어떤 이미지가 생겨나는가? 돛이 바람을 붙잡는 것처럼 당신에게 다가오는 이미지

들을 붙잡는다.

캐롤 올스는 어린이의 입장에서 거리에 서 있는 슬프고 고통스러운 이미지에 대한 시를 썼다.

어머니와 아이

안 돼! 나는 말했어요.
그리고 서 있었어요.
여름이었죠.
스타인웨이 거리에서
당신의 발은 부어올랐어요.
당신의 팔 개월 된
떠다니는 아이는
죽게 될 거예요.

안 돼!
나는 소리쳤어요.
여자들이 혀를 끌끌 차며 지나갔죠.
내가 주위를 둘러보았을 때
당신은 가버리고 없었어요.
나는 유배되어,
키 큰 사람들 틈에서 목말라 했고,
내 손은 8월로 가득했죠.

몇 년이 지나 당신은 말했어요.
문간에 숨어서
두려움으로 유순해지는
나를 지켜보고 있었다고.
이제 충분하다고 생각하자 당신은 달려왔죠.

어머니.
나는 모자도 쓰지 않고
이 거리에 나와 있어요.
거리는 흔들리고
몸부림치죠, 연인들은
함께 미소를 띠며 지나가죠.
어머니, 문간에 계세요.
비가 오려 하네요.

'문간에 홀로 있는 놀란 아이'라는 캐롤의 이미지는 '버림받음'을 이야기한다. 이와 같은 아이의 이미지는 모자도 쓰지 않고 복잡한 거리에 서 있는 그녀가 옛날에 버림받은 기억을 계속 어떻게 느껴 왔는지 드러낸다. 날카로운 이미지들은 다음과 같은 단어와 구절에서 만들어진다.

"떠다니는 아이는/죽게 될 거에요"
"유배되어"
"키 큰 사람들 틈에서 목말라 했고"
"두려움으로 유순해지는 나를 지켜보고"

"거리는 흔들리고 몸부림치죠"
"함께 미소를 띠며"

  이러한 단어와 구절은 당신이 감각을 통해 느끼는 감정의 단서들을 보여 준다. 그 단서들은 어머니와 관련된 정신분석학적 콤플렉스에 대한 캐롤의 뒤섞인 감정들을 전달한다.

| 연습
| # 이미지를 재현하며 과거 치유하기

캐롤 올스의 시 첫 부분은 과거 시제다. 그녀는 경험을 떠올린다. 그러나 마지막 연에서 그녀의 목소리는 현재 시제로 바뀐다. 그녀는 아이였을 때 요구할 수 없었던 것을 요구한다.

'이미지 포착'에서 한 것처럼 당신의 마음속에 이미지들이 떠오르도록 내버려 둔다. 부정적인 감정과 관련된 이미지를 하나 고른다. 당신이 편안하게 작업할 수 있는 이미지로 시작한다.

캐롤의 시를 모델로, 당신의 괴로웠던 환경을 떠올리며 시를 써 보자. 당신이 이미 실험했던 이미지 만들기의 관점을 이용한다. 과거 시제로 당신의 경험을 말해 보자. 시의 끝 부분으로 향하면서 현재 시제로 바꾼다. 당신의 과거사를 말할 때 시를 이용해 보자. 그 경험에 대해 아직 말하지 않은 사실을 드러내자. 당신이 가장 듣고 싶은 것을 당신에게 말하는 방법으로, 자신의 이야기를 다시 말해 보자.

시구의 길이 : 치유의 상태에 맞춰 시구 만들기

원자가 결합해 도자기 잔이나 입을 삐쭉거리는 연인, 회색 곰을 만드는 것처럼 시구(詩句)의 길이와 배치가 시의 이미지들을 구성한다. 원자의 배열로 당신은 모닝커피를 마실 수 있고, 오랫동안 서 있을 결심을 할 수 있으며, 연인의 여러 가지 표정에서 하나를 감지할 수도 있다.

시구들은 비슷한 모양으로 시의 구조, 즉 '형태'를 구성한다. 그 형태란 문자 그대로 모양, 형상 또는 배열, 구조를 뜻한다. 시구의 길이와 행 나누기로 자신만의 독특한 시 형태를 만들 수 있고 그 의미를 정할 수도 있다. 백오십여 년 동안 시행에 대한 새로운 실험들은 시의 진화를 나타내기도 하지만, 세계와 우주의 법칙에 대한 우리의 이해와 변화를 반영하기도 한다.

시행 구조의 극적인 변화는 19세기 월트 휘트먼, 제라드 맨리 홉킨스, 에밀리 디킨슨의 시에서 나타나기 시작했다. 20세기 윌리엄 칼로스 윌리엄스, E. E. 커밍스, 데니스 레버토프, 알렌 긴스버그의 시는 행 나누기에 관한 급진적인 실험을 했다.

이러한 변화는 시를 개방적으로 만들고 종이 위에서 보다 숨을 잘 쉬도록 했다. 특정 운율의 방해를 덜 받게 되자—그 운율을 전적으로 배제한 것은 아니지만—시인들은 율동성이나 느낌을 표현할 수 있도록 시의 형태를 더 자유롭게 형성했다. 시의 구조 변화는 전통적인 형태의 시구에 제한을 받지 않고 자유롭게 쓰고 싶다는 욕구를 반영한 것이었다.

흥미롭게도 서구시의 이러한 변화는 전기 응용의 발견과 아인슈타인의 상대성 이론과 같은 시대에 일어났다. 그것은 우연이 아니었던 것이다!

우리는 물질의 형태가 보이는 것처럼 단단하지 않다는 것, 즉 사물은 에너지로 이루어져 있다는 것을 배웠다. 전기와 상대성 이론은 물질, 물질과 우리와의 관계, 물질을 이용해 어떻게 만들어 내고, 그에 대해 무엇을 말할 수 있는가에 대한 우리의 개념을 뒤바꿔 놓았다. 시 형식의 변화는 시란 무엇이며, 독자와 작가는 종이 위에서 시와 어떻게 상호작용할 것인가에 대한 가능성을 변화시켰다.

> 나의 어린 학생 데이비드는 와그너의 시 「상실」을 읽고 "이 문장들은 모두 재미있어요"라고 했다. 나는 "그래, 그게 바로 시란다!"라고 말했다.
> 킴벌리 넬슨

행을 나누는 현대시의 실험은 자연 발생과 구조의 합성, 있는 그대로의 감정과 원칙들을 조직해 통합한다. 아인슈타인의 상대성 이론은 무질서나 완전한 예측 불가능성에 대한 것이 아니다. 그것은 자연 발생과 구조의 결합을 반영한다. 치료시를 쓸 때도 이와 같은 영감의 구조를 사용할 수 있다.

알렌 긴스버그의 시 「울부짖음」은 학문적 보존의 이해에서 벗어난다. 이 시에는 시인의 거칠고 열정적인 음성이 들린다.

> 돌파! 강을 건너! 채찍과 고난! 끝났다
> 홍수! 고결함! 신의 출현! 절망!
> 십 년간의 동물의 비명과 자살!
> 정신! 새로운 사랑! 미친 세대!
> 바위 아래 시간으로!
> 강에서의 진정한 성스러운 웃음!

그들은 그 전부를 보았다! 야생의 눈!

성스러운 고함!

그들이 작별 인사를 했다!

그들은 지붕에서 뛰어내렸다! 황야로!

흔들며! 꽃을 들고! 강으로 내려간다!

거리로!

우리는 시행이 쓰인 방식으로 시인의 의식과 우리 자신의 의식에 접근한다. 행 나누기와 길이를 창조적으로 사용하면 우리는 더욱 여유로워진다. 그저 시의 의미나 메시지만 인식하는 것이 아니라 창조 과정과 시 자체로 들어갈 수 있다. 시를 쓰거나 읽을 때 자유로운 운율의 시는 몰입할 수 있고 숙고할 수도 있다. 형식에 매인 운율의 시는 매우 명확하기는 하지만 경직되고 답답해서 우리를 시 밖에서 감상하도록 한다.

다음 시들은 행의 길이가 시의 감정적 충격에 어떤 영향을 미치고, 내면에서 직접 경험하는 능력에 어떤 영향을 미치는지 보여 준다. 첫 번째 시는 윌리엄 워즈워스의 시다.

우리의 탄생은 오직 수면이고

망각일 뿐이다.

우리와 함께 일어나는 영혼, 우리 삶의 별,

어디에나 장소를 가지고 있었다.

그리고 아득히 먼 곳에서 온다.

완전한 망각 속이 아니라

완전한 벌거숭이 상태가 아니라

영광의 나부끼는 구름에서 우리는
신에게서 온다. 그는 우리의 고향.
하늘은 우리가 유아일 때 우리 주변에 있다.
—오데로부터 : 불후의 암시

다음 시는 알렌 긴스버그의 시 「웨일스 방문」의 일부다.

안개가 산꼭대기에 오르고 내려갈 때
나무들은 바람의 강물 속에서 움직인다.
구름이 파도치며 올라가고,
소용돌이가 아름답게 나무들을 감싼다.
계곡 속에 창살을 단 유리창 사이로
보이는 초록색 바위를 따라서—

워즈워스는 매우 간단한 행으로 시를 썼다. 그는 지속적인 이미지와 직접적인 언어로 표현한다. 시의 행들은 같은 리듬을 가지며, 어떤 예측성을 표현한다. 워즈워스의 의도는 이처럼 명백하다.

긴스버그는 그림자의 느낌을 표현하려고 '하얀 공간'에서 시를 시작한다. 그는 내부의 이미지의 율동을 빠르게 바뀌는 행과 단어 교체로 표현한다. 긴스버그의 시는 우리가 생각하는 것보다 더욱 복잡하다. 우리가 긴스버그의 시에 있는 창문을 통해서 충분한 그리움을 가지고 본다면 워즈워스는 아마 직관적으로 보거나, 발견할 수 있는 진리에 대해 말할 것이다. 그러나 두 사람 모두 절묘한 어떤 것을 표현하고 있다.

행 나누기와 행 길이로 감정과 의미를 표현하는 방법

시에서 행 나누기와 행 길이의 위치는 의미와 감정 충격에 영향을 미친다. 다양한 행 나누기와 행 길이는 다음과 같은 것들을 전달할 수 있다.

생각과 감정의 리듬

로버트 프로스트의 시는 규칙적인 박자, 시구의 운율로 네 번째 행을 자동적으로 강조하며 절정과 결론, 설명을 제시한다.

>입술에 사랑이 맞닿고
>참아 낼 수 있을 만큼 달콤한,
>한때 그것은 너무나도 황홀해서
>나는 날아갈 것 같았다.
>그것은 달콤한 것으로부터
>나를 엇갈리게 했다.
>포도 덩굴에서 숨겨진 듯 나오는
>사향 냄새의 흐름이
>어스름 속에 사라지는가?

순간순간 마음의 움직임의 정확한 표현 : 시행은 시의 숨결

워크숍에 참가한 엘자 위너는 수용소의 주방에서 음식을 준비하는 분주한 모습을 시로 썼다. 그녀의 빠른 생각, 호흡의 행들은 마치 채소를 자르는 것 같다.

바쁜 주변, 밝고
빛나는 은색이
채소를 자르고
두부를 누른다.
시끄러운 소리
백 파운드의 연어

자연스러운 말의 흐름

브라운 베이비의 뉴 블루스는 자연스러운 말의 좋은 예다.

나의 가장 외로운 시간들은 당신과 함께였습니다.
그러나 나는 이제 내가 무엇을 해야 하는지 압니다.
당신의 엄마 노릇을 더 이상 하지 말아야 합니다.
당신을 무시하지 말아야 합니다.
당신의 선생 노릇을 하지 말아야 합니다.

이러한 '말하기' 방법은 자연스럽고 막힘없는 리듬을 만드는 반면, 프로스트의 시는 특정 운율을 사용해 의도적인 리듬 체계를 만든다.

구 걸치기

구(句) 걸치기는 한 행에서 또 다른 행까지 단어와 느낌이 걸쳐 있는 것이다. 행을 나누는 것은 본질적으로 느낌—적절하다고 느끼는 것—으로 이루어진다. 구 걸치기는 시에 나타나는 생동감과 관련이 있다. 존 둘리는 '대지에서의 산책'에 대해 다음과 같이 썼다.

> 나는 산책하러 갔다.
> 그녀의 얼굴로, 그리고
> 만족스럽고, 친절하고, 진실하고,
> 은혜롭고, 인내하는 그녀가,
> 그녀의 코 곡선에서,
> 그녀의 이마 위에서,
> 그녀의 귓불에서, 공간을
> 내게 제공했다. 그래서
> 그녀가 내 발등 위를 대기로 입맞춤하면
> 나는 그녀의 숨결을 느낄 수 있다.
> 내 심장의 오므린 손 안에
> 보살핌과 함께 놓인 선물.

시인의 맨발의 감각이 행에서 흘러나온다. 각 행의 간결함은 멋스럽고, 둘리가 느끼는 대지를 향한 경외감을 전달한다.

연습
행 나누기와 행 길이 사용하기

> 울타리에서 잠든 고양이는 새들에게 유명하다.
> 새 집에서 그를 살피고 있는 새들에게.
>
> **나오미 시합 나이**

- 이 장에 있는 예들을 몇 가지 시도하며 여러 가지 행 나누기와 행 길이를 연습해 본다.

- 시행에 다른 감정을 넣어 보는 실험을 한다. 분노, 기쁨, 슬픔 등은 종이 위에서 어떻게 보이는가? 한 가지 감정 또는 그 감정이 일으킨 사건에 초점을 맞춰 문단 형식으로 자유롭게 글을 써 본다. 당신이 쓰고 있는 글의 내용에 대해 너무 많이 생각하지 않는다. 다음에는 자유로운 글의 조각들을 슬픔 형태로 나누고 느낌에 초점을 맞춘다. 시행에 슬픔을 나타내는 형태는 무엇인가? 어떻게 움직이는가? 어디에서 행을 나누는가? 적절한 형태를 찾으면, 당신이 느끼는 시의 내용으로 돌아가 이를 발전시킨다.

- 여러 시인들의 시를 큰 소리로 많이 읽어 본다. 그리고 각 행들의 느낌과 감동에 주목하자. 당신 자신의 글에서 발견한 것을 적용해 보자.

단어의 선택 : 좋은 단어 놓치지 않기

　행 길이는 시의 구조적인 요소다. 그것은 시에 형태를 부여한다. 그러나 시어의 선택은 이미지를 구체화한다. 당신이 선택한 단어는 시에서 이미지에 맞는 독특한 짜임새를 만든다. 적절한 시어를 찾는 것은 시 초고를 몇 번 써 본 후에 자연스럽게 익힐 수 있다. 이 과정을 글쓰기에 대한 '교정'으로 생각하기보다는 시어 탐색의 '진보'로 생각하라.

　당신의 시에 가장 좋은 시어를 찾는 것은 시를 쓰는 신나는 과정 가운데 하나이며, 당신을 감상과 즐거움으로 이끈다. 당신이 선택한 단어에 주의를 기울이며 그것들을 어떻게 결합할지 생각하는 것은 치유의 힘을 지닌 시적 언어를 사용하는 또 하나의 방법이다.

　　시에 쓰인 시어는 귀로 듣거나 마음으로 느끼기에도 유쾌해야 한다.
　　메리앤 무어

　생기발랄한 단어, 경이로운 단어들은 시를 힘 있게 만든다. '정곡을 찌르는 단어'는 시의 문맥에서 우리의 관심을 끈다. 그러나 중요한 것은 각 단어가 충격적일 필요도, 그럴 가치도 없다는 것이다. 단순한 시어는 진실하게 울린다. 시의 특정 위치에 에너지를 주려고 올바른 단어를 찾는 과정은 테니스공에 정확한 스핀을 넣거나 노래할 때 음절에 감정을 싣는 것과 같다.

　몇 가지 간단한 지침이 도움이 될 것이다. 당신의 시를 큰 소리로 읽어라. 단어, 절, 행이 어떻게 들리는가? 단어, 절, 행을 말할 때 당신의 입 모양은 어떠한가? 그 단어와 행을 들을 때 어떤 느낌이 드는가? 의미를 넘어 그 시어가 지닌 율동성과 형태, 짜임새, 음색을 받아들이자. 잘 사용하지 않는 단어들을 시험해 보자. 당신의 시를 살아 있게 하는 단어는 어떤 것인가?

제인 허쉬필드의 시「선물」에서 발췌한 다음 내용은 배를 먹는 말을 보고, 이를 적당하게 묘사할 시어를 찾는 과정을 보여 준다.

…… 그리고 그는 조심스럽다 못해
탐욕스럽기까지 하다.

심지어 우둔함으로 품위 없기까지 하다—
아니 진실하게 말해야겠지—
완전히 얼빠진 숭배
그리고 길게 내뻗은 혀의 경배,
배라는 것을 그가 알았을 때,
손이 무엇인지 알았을 때,
그가 내 얼굴에서 보았을 때
그때 그는 씹으며 과즙으로
군침을 흘리면서 지나가 버린
행복만큼이나 투명한 거품을
내 발 위에, 내 소매 위에…….

허쉬필드는 탐욕에서 품위 없음과 우둔함으로, 마침내는 얼빠짐으로 이동한다. 각 단어들은 그녀가 의미하는 바에 조금씩 다가가는 것이었지만, 그녀가 완전한 시어를 찾아냈다는 것을 알 수 있는 부분은 "완전히 얼빠진 숭배"이다. 말을 얼빠진 생물로 보는 신념으로 이동하고 있지만, 시 자체에서 그 단어를 사용하게 한다.

'진실을 가리키는' 시어를 찾는 것 말고도 시에서 단어 선택을 할 때 생각해야 할 점이 있다.

- 단어나 소리의 반복
- 어떤 단어와 다른 단어와의 연결 방식
- 생생함, 신선함, 흐름

소리, 단어, 시구의 반복은 감정 충격을 강화한다. 반복은 시에서 다른 시어들을 만드는 기초가 되기도 한다. 그것은 마치 노래의 멜로디를 지원하는 베이스 음표를 듣는 것과 같다.

사무엘 테일러 콜리지의 「옛 선원의 시」는 시구와 단어를 다양하게 반복하면서 최면 이야기를 강화한다.

그 얼음은 여기에 있었고, 그 얼음은 거기에 있었다.
그 얼음은 도처에 있었다.
그것은 갈라지면서, 으르렁거렸고, 고함쳤고, 아우성쳤다.
무감각한 소리처럼!

그리고

홀로, 홀로, 완전히, 완전히 홀로,
광활하고 광활한 바다에서 홀로!

우리는 딜런 토머스의 시 「펀 힐」에서 소리의 반복이 행의 흐름에 어떤 영향을 주는지 볼 수 있다. 한 시어가 다른 시어와 어떻게 연결되는지, 그리고 신선함이 그 행에서 어떻게 작용하는지 보게 될 것이다.

> 그리고 안식일은 느리게 울린다.
> 신성한 시내의 조약돌 속에서.

토머스의 단어 선택은 논리를 넘어 "안식일" 같은 무생물의 개념에 "울린다"라는 소리의 속성과 "느리게"라는 동작의 속성을 스며들게 한다. 안식일은 그냥 날이 아니라 종을 울리는 능력을 가진 날이다. "안식일은 느리게 울린다"처럼 말이다. 그리고 토머스는 "신성한 시내"라는 구절을 사용해 어떻게 "신성한"과 "시내"가 서로 연결될 수 있는지, 예상치 못했던 느낌으로 우리를 놀라게 한다.

> 당신이 보고 듣기 시작하면 언어의 생명에 불이 붙는다. 그러면 거의 모든 것이 시로써 당신을 감동하게 한다. 불꽃이 일면 빛이 빛나고 언어가 소리를 낸다. M. C. 리처드

연습
좋은 단어 놓치지 않기

> 만일 당신이 하나의 언어를 찬미한다면, 그 언어는 한 편의 시로 변한다.
> **캐이트랜 외버**

- 좋아하는 단어들을 종이에 나열해 목록으로 보관한다.

- 내 친구 수잔 피터만은 자기 시를 행별로 거꾸로 읽기를 좋아한다. 그녀는 시가 의미하는 바를 경험하고 싶은 것이 아니라 의미와는 별도로 단어·행이 어떻게 들리는지 경험하고 싶어 한다. 각 행의 소리는 도드라지고, 그녀는 시에서 그 소리가 어떻게 울려 퍼지는지 경험한다. 당신의 시에서도 이를 시도해 보자.

- 당신이 선택한 단어에 자음이 많이 들어간다면 시의 짜임새가 경직될 수 있다. 자음은 진술을 하는 것이다. 그것은 고무공 위의 고양이 같은 사물을 떠올린다. 반면에 모음은 시에서 문을 열거나 숨 쉴 공간을 만드는 것과 같다. 단어에서 강한 모음은 개방적이고 무언가 일어날 듯한 느낌을 줄 수 있다. 다음은 자음과 모음이 강한 단어 목록이다. 이 단어들을 사용해 자유롭게 글을 쓰고 시에서 어떻게 사용할 수 있을지 살펴보자.

무지개, 검정, 열매, 불, 황동(黃銅)
지방, 냄새, 건조한, 연약한, 씹어 먹다
얼다, 기쁨, 흔적, 산마루, 저수지

확언

> 시는 우리 모두에게 가능하며, 그것은 우리 모두에게서 공상가 기질을 끌어 낼 수 있다. 에리카 종

확언은 성장을 거부하는 무의식에 단단하게 압축된 토양을 풀어 준다. 당신의 마음을 정원처럼 그려 보자. 확언은 정원의 식물이 아니라, 토양을 위한 '토양개량제' 역할을 한다. 정원사는 새로운 성장을 위해 토양을 재조정할 수 있는 개량제를 제공한다.

> 미래에는 시적 감흥의 정신이 모든 곳에 퍼져서 많은 시인들이 활기를 띠고 쾌활해질 것이다. 그레고리 코르소

확언은 의도의 말, 행동의 말, 신념의 말이다. 확언으로 '긍정적인 사고'를 형성하는 것이 아니라, 당신 속의 무언가를 더 신비롭고 현명하게 만드는 촉매제로 사용하자. 이러한 확언을 스스로 큰 소리로 말하되 천천히, 세심히 하자.

나의 창조적 상상력 이용하기…….
나는 창조적이다.
나는 언어가 가진 치유의 힘을 높이 산다.
나는 용기와 마음으로 글을 쓴다.

나는 익살과 감수성을 믿는다.

나는 내 감정의 언어를 존중한다.

나는 나의 거칠고 유쾌한 부분에 대해 소리 내어 말한다.

나는 나의 격정적이고 슬픈 부분에 대해 소리 내어 말한다.

나는 자신에 대해 자비롭다.

나는 내 인생에 신비롭고 창조적인 장소를 만든다.

나는 사랑스러운 내 자신에게 친밀하다.

종이 위에 글을 쓰는 것이 편하다.

내 집을 글을 쓸 장소로 만든다.

당신이 가장 좋아하는 확언의 글을 커다란 카드에 쓰고 즐겨 읽을 수 있는 곳에 놓아둔다. 창조적 상상력의 가치에 대해 자신만의 확언의 글을 써 보자. 당신의 진실을 말할 때는 자신만의 단어를 사용하는 것이 좋다.

시를 쓴다는 것은 살아 있다는 것이다. 라이너 마리아 릴케

4장

상처받기 쉬운 섬세한 관계

부모와 자녀 사이의 고통과 사랑

어린이들은 이미지―그 자체가 지닌 세상의 다양한 장면에서 얻은―를 받아들이고
싶어 하는 갈망이 있다.
그러나 그들은 적극적인 수용자들이기 때문에,
그들의 이미지를 세상에 투영하거나 불러일으키고 싶어 한다.
그들의 이미지에 대한 재능을 인정해 주고,
이미지 자체만으로 대화할 수 있다는
믿음을 줄 누군가와 만나 마음속 장면들을 전달하고 싶어 한다.
왜냐하면 이미지는 그 세상에서 나왔으며,
그 세상에 속해 있고,
완전함을 만들고 취한다는 것을 알기 때문이다.

리처드 루이스

우리는 결국 전체로 남아 있지 못했다.
우리는 나무들처럼 잎들을 잃어버렸다.
부러진 나무들
그리고 다시 시작한다.
거대한 뿌리에서 올라오며.

로버트 블라이

우리 아이가 그렇게 생각했는지 몰랐어요

> 아, 엄마 제발 일 분만 나를 바라봐 주세요. 정말로 나를 본 것처럼.
> 에밀리

어린이의 시를 상담하는 일은 매력적이다. 그것은 어른과 치료 상담을 할 때도 많은 가르침을 준다. 어린이들이 본능적으로 알고 있는 수많은 창조적 표현들을 우리는 어른으로서 재발견하려고 노력한다.

어린이들은 종종 모임에 따라오는 부모들에게 시를 읽어 준다. 몇몇 부모는 나중에 이렇게 말한다. "우리 아이가 그렇게 생각했는지 몰랐어요." 이것은 부모가 할 수 있는 강력한 진술이다. 나는 부모들을 초대해 그들의 딸과 아들에게 말하도록 한다. 부모들이 진지하게 경청하는 것을 느낀 어린이들은 스스로 확신을 갖는다. 부모의 인정은 동의하는 것 이상이다. 그것은 아이의 신비로움을 인식하는 것이다.

> 어린이는 자신에게 말을 거는 법을 배우는 우주의 비밀이다.
> 리처드 루이스

시 쓰기는 어린이들이 그들의 상상력과 언어 기술을 잘 섞어 이 두 가지가 꽃피울 수 있도록 돕는다. 그들의 감수성은 종종 성장 과정에서 방치된 것을 탐색하고 이를 명료하게 만든다. 그리고 시는 언어 형식으로 어린이들의 호기심을 자연스럽게 이끈다.

만일 좀 더 많은 사람들이 어린이들의 시를 듣는다면 문제투성이인 세상의 해독제가 될 것이다. 어린이들의 시는 어른들에게 이미 잊어버린 기억을 상기하게 한다. 우리가 다시 느끼고 싶은 상상력 넘치는 참신한 시각을 되살린다.

비눗방울 안에
꽃잎의 바다와
물의 바람이 있다.
그레타 와이스, 1학년

줄서기

어두운 모퉁이에
당신이 다다른 소리가 들리면,
불안을 걷어 내라.
당신의 생각이
마치 줄을 서서 기다리는 것처럼
들고 나는 소리가 들리면.
항상 당신의 귀가 듣는 것은 아니다.
그것은 당신의 두뇌일 수도, 당신의

손가락일 수도, 발가락일 수도 있다.

어디에서든 들을 수 있다.

당신의 정신은 가기를 원하지 않을지도 모른다.

당신이 들을 수 있다면 당신이

알지 못하는 문제의 해답을 찾을 수 있다.

당신이 들었다면, 진정

들었다면, 당신은 자신이 외롭지 않다는 것을

알게 될 것이다.

닉 페냐, 5학년

애인

바람이 속삭인다.

라벤더, 향나무,

재스민, 치자꽃.

대지의 흙,

바다에 대한 달의 인력.

베로니카 파스 오랄라, 11학년

    많은 부모들이 시적 언어로 자녀의 상상력, 통찰력, 독특한 '개별성'을 깨닫는다. 어린이의 본질에 대한 놀라움을 수용한다면 추측과 고정관념에서 자유로울 수 있다. 감동은 아이들이 자신만의 모험을 하고 있으며, 그 여정을 말하고 있다는 점을 부모가 스스로 일깨우는 통로다. 누군가 자신을 순수하게 보고 듣고 있다는 사실은 아이들에게 무엇보다 큰 선물이다. 부모들은 다른 수준의 의사소통 능력으로 자녀가 빛나는 모습을 보며 만족한다.

>나는 모든 것을 알 만큼 이제 어리지 않다. J. M. 배리

당신의 자녀가 무엇을 생각하고 느끼는지 이해하려는 태도는 자녀를 창조적인 개별 인간으로 인정하겠다는 의지를 나타내는 것이다. 이것이 바로 우리가 자신을 위해 원하는 바다. "우리 아이가 그렇게 생각했는지 몰랐어요"라는 진술은 많은 어른들이 자신의 부모에게 듣고 싶었지만 듣지 못한 바로 그 말이다.

>나는 테이블에서 자기 손을 빨고 있는 아이를 보자마자 내 컵을 던져 버렸다. 디오게네스

워크숍에 참가한 어른들은 시 쓰기를 시작하며 같은 이야기를 할 것이다. '나는 내가 그렇게 생각하는지 몰랐다'라고. 이처럼 신선하고 놀라운 감각을 자녀가 어릴 때만 느낄 필요는 없다. 자신만의 시적 목소리를 발견하는 한, 일생 동안 계속될 수도 있다.

>젊어지는 데는 긴 시간이 필요하다. 파블로 피카소

E. E. 커밍스의 시는 어른들 안에도 천진난만한 놀라움이 존재한다는 것을 보여 준다. 그것은 타고난 경외의 감각으로 우리 내면의 시인을 이끌어 내는 것이다.

너는 누구니, 작은 나야······.

(다섯 살 또는 여섯 살의)

약간 높은 창문에서

응시하고 있는 너는.

11월 해질녘의 황금빛 속에서

(그리고 느낌 : 낮이 밤이

되어야 한다면

이것은 아름다운 방법이다.)

| 연습
자녀의 방식으로 마음 열기

당신의 자녀가 자신만의 독특함을 표현하는 말에 주목하자. 특히 비언어적인 내용에 주목하자. 자녀가 자신의 세계를 어떻게 창조하고 탐색하는지 관찰하자. 자녀의 즐거움, 슬픔, 호기심, 관심사를 관찰하자. 자신의 경험을 느끼듯이 자녀의 경험도 느낄 수 있는지 확인하자. 아이에 대한 편견을 버리고 바라보자. 보이는 대로 평가하는 방식에는 신경 쓰지 않아야 한다. 비판적인 부모가 되지 말자! 물론 자녀에게 좌절하거나 자녀를 진심으로 걱정할 수도 있겠지만, 이 연습에서는 당신의 삶에 사랑하는 자녀가 존재한다는 사실에만 집중하자.

자신에게 질문해 보자. 내가 자녀를 신선한 눈으로 바라보고 있는가? 당신을 감동하도록 내버려 두자! 당신의 자녀에 대해 깨달은 사실을 자유롭게 써 본다(만약 부모가 아니라면, 당신이 가깝게 느끼는 아이를 한 명 선택한다).

당신이 자유롭게 쓴 내용 중에서, 자녀에 대한 두세 가지 특별한 특징들, 중심이 되는 단일한 이미지나 행동을 골라 압축하고 추출해 본다. 이미지, 행동, 특성과 관련된 내용들을 포함시킨다. 다음은 한 여성이 자신의 여섯 살 난 아들 아담에 대해 쓴 시다.

러그에 붙어 있는 테이프 조각,
마분지 조각, 연필들, 가위들
비행의 여파로 어지럽게 놓여 있다.

아담은 새 비행기를 집어 들고,
그의 눈에 비친 가능성이란 날개폭.
나의 관심이라는 활주로에 자리 잡은
그는 비행기 이륙을 준비하고 있다.

텅 빈 대기의 몸체에 쌓인,
이 놀라운 마분지와 외침과 믿음이
대기의 쿠션과 목적을 발견한다.
어두운 기분이란 엔진을 달고 착륙한

나는 놀라운 비행거리에 웃고 있는

아담을 바라본다.

자녀를 가장 잘 알 수 있는 방법은 자녀가 자유로이 대답할 수 있는 질문을 하는 것이다. 자녀와 생각을 나누기 위해 다른 아이들을 초대해야 하고, 당신의 질문에 옳거나 틀린 대답이란 없다. 당신의 질문은 아이들의 느낌, 그들의 생각, 자연, 삶에서 매일 일어나는 일들이어야 한다. 무언가를 함께하자는 제안일 수도 있다. 당신의 자녀에게 다음 질문들을 해 보거나 스스로 자문해 보자.

- 너는 별들이 우리를 내려다볼 때, 별을 바라보면서 무엇을 생각하니?
- 풀을 자라게 하는 것은 무엇일까?
- 오늘 학교에서, 그리고 운동장에서 가장 흥미로웠던 점은 무엇이니?
- 어떤 상상 속 이야기를 쓰거나 말하고 싶니?
- 오늘 가장 기분 좋은 일은 무엇이었니?
- 앞으로 이십 분간 너는 우리와 무엇을 함께하고 싶니?

당신의 자녀에게 이 질문에 대답하게 한다. 그리고 자녀가 말한 것에 대한 당신의 생각을 한 편의 시로 함축해 보자.

부모에 대한 시 : 좌절, 분노, 그리고 결단

아무것도 기대하지 않는 것과 모든 것을 원하는 것 사이에는 분명히 섬세한 다리가 있다. 짐 해리슨

우리는 어른이 되어서도 부모와의 관계에서 희망과 좌절, 사랑과 분노 사이를 넘나들며 상처받기 쉽다. 부모가 이번에는 자신을 달리 대해 주기를 바라지만 휴일에 부모의 집을 방문했을 때, 그들의 반응에 대한 기대를 접을 수도 있다. 또는 가족 간의 불화가 다 끝난 것처럼 느낄 수도 있다. 그러나 우리가 어느 정도 부모와 시간을 보내다 보면, 과거의 무게가 밀려오기 시작한다.

가족사와 개인사는 이러한 긴장감, 기대에 대한 포기와 사랑에 대한 갈구를 오가는 다리로 연결되어 우리 삶의 풍경을 이룬다. 내용과 상황이 좋든 나쁘든, 긴밀하게 결속하든 헤어지든, 당신이 그 이야기 속에 녹아든다면 시 쓰기의 소재를 찾을 수 있다.

어려움과 도전의 시절, 사랑을 표현하던 시절, 돌과 같은 침묵의 시절, 부모가 당신의 창의성에 반응하던 방식, 당신이 쓴 시를 어머니에게 드렸을 때 그녀가 오직 철자법만을 지적했던 시절, 아버지가 당신의 이야기에 귀를 기울이지 않던 시절, 부모가 당신을 돌보던 시절, 또는 당신이 그들을 돌보던 시절, 아무도 다른 사람이 어떻게 느끼는지 관심이 없던 시절, 불신이 믿음보다 더 큰 힘을 발휘하던 시절, 질병, 죽음, 그 밖의 재난의 충격, 아무도 통제할 수 없는 것에 대한 충격, 인생에 대한 새로운 이해를 깨우쳤지만 그 변

화를 부모가 깨닫지 못하던 시절, 부모가 일을 처리하는 방식을 이해하지 못해 몹시 성내던 시절······.

당신이 찾으려는 것은 분노와 사랑을 일정한 경계 속에 담아 둘 언어이자, 자기모순을 저장할 공간이다. 당신은 붙들어 두고 말하지 않은 채 마음 한 구석으로 치워 둔 감정들을 전달하고 싶어 한다.

> 구속과 자유를 주고, 안전에 위험을 더하는 것은 쉽지 않다.
> 플로리다 스캇 맥스웰

당신의 느낌을 시로 표현하는 것은 감정이 진실해질 수 있는 기회이며 시의 이면을 반추하거나 그러한 느낌을 멀리서 조망할 수도 있다. 또한 당신의 경험과 느낌에 특별한 형태를 부여한 시를 쓰면 그것을 좀 더 깊이 이해할 수 있다.

부모와 성장 과정에 관련된 이야기들은 이미지, 감각의 인상, 느낌과 기억의 풍경으로 아른거린다. 단 하나의 실마리를 따라 부모와의 관계에 대한 시를 쓸 수 있다. 지금 당신에게 떠오르는 가장 강한 느낌과 이미지는 무엇인가?

> 시는 우리 문화에서 얻지 못한 것을 말하도록 허락한다.
> 린다 맥캐리스톤

불쾌하고 가혹했던 일을 써도 좋다. 다 괜찮다. 당신이 쓴 시를 읽거나 듣고 부모가 상처받으리라는 생각이 들 수도 있다. 그러나 그건 그런 시를 쓰지 말아야 할 이유는 아니다. 부모가 그 시를 꼭 읽을 필요도 없다.

데이비드 버드빌은 목격자로서 부모와 아이를 지켜보던 불안한 장면을 시로 썼다.

할인점에서 내가 들은 것

거기에 손대지 마. 그리고 징징거리지 마.
그만해. 진짜야. 내 말 알지.
그만두지 않으면 더 혼날 줄 알아.
내가 못할 거라 생각하지 마.

그리고 그녀는 그렇게 했다. 그녀는 아이의 뺨을 때렸다.
상점 중간쯤에서 살과 살이 부딪치는 소리가 들렸다.
그러자 아이는 더 이상 징징대지 않았다.
대신에 울었다. 작은 몸을 들썩이며, 떨면서, 울고 있었다.
아이는 일곱이나 여덟 살이었다.
그녀는 서른쯤이었다.
그녀의 왼쪽 가슴에 보호자라는 핀이 꽂혀 있다.

이제 그들은 손을 잡고
테니스 운동화와 속옷과
플라스틱 양말 가방이 쌓인
탁자 사이의 복도를 걸어가고 있다.

내가 그렇게 하겠다고 말했지?
내가 그럴 거란 걸 알고 있었잖아.

나한테는 그런 방법이 통하지 않아.

너도 알지?

넌 학교에 있는 게 아냐.

넌 지금 네 엄마랑 있는 거야.

거기에선 무슨 짓을 해도 괜찮겠지만

나한테는 그런 게 안 통해.

내가 울지 말라고 했지? 안 그러면

지난번처럼 혼날 줄 알아.

이제 그만 울어. 그만 우는 게 좋을 거야.

좀 나아졌군. 훨씬 좋아.

나한테는 안 통한다는 걸 알겠지?

넌 지금 네 엄마랑 있는 거라고.

   당신이 말하고 싶은 것을 글로 써 보자. 그것을 비난할 필요는 없다. 분노와 상처를, 무슨 일이 있었는지 말해 보자. 그런 시는 당신이 마지막으로 하고 싶은 말이 치유의 여정을 시작할 수 있도록 '독창성'이라는 연료에 불을 붙일 것이다.

   내가 어렸을 때, 언어로 어떤 것을 만드는 것, 한 편의 시, 당시의 나를 나타내는 한 편의 시를 만드는 것, 그것은 세상에서 가장 멋진 일처럼 보였다.
시어도어 로스케

당신은 자신을 제외한 누구와도 그 시를 공유하지 않을 수도 있고, 신뢰하는 절친한 친구와 공유할 수도 있다. 당신이 공유하든 안 하든, 우선 자신을 위한 글을 써 보자. 예상치 못했던 일이 일어나게 하라. 그 기회를 잡아 당신의 목소리가 터져 나오게 하라.

우리 내면에 위축되어 있는, 돌멩이들이
목구멍에서 덜그럭거리며
나이 들어간다는 말만 한다.

그러나 눈은 원한다, 손가락,
입의 빈 공간은
무언가를 말하고 싶어 한다.
잃어버린 입의 뿔나팔과 예측할 수 없는 대답을.
샤나 블로흐

엘자 와이너는 스물두 살이고 열다섯 살 때부터 시를 썼다. 엘자는 어머니와의 관계 개선에 노력해 왔지만 더 이상 소용없다고 느꼈다. 그녀는 혼자서 글을 쓸 때면 더 온전한 느낌을 간직할 수 있다고 한다. 시는 그녀에게 자신만의 방향을 설정하는 방법을 찾아 주었다. 그녀의 시에는 열망과 분노, 상처와 해결 등이 담겨 있다.

엄마―눈을 내리깔다

당신은 그렇게 부끄러워해서는 안 된다.

당신은 나를 포용해야 한다.

나는 당신이 포용해야 할 몫이다.

나는 당신의 맏이다.

나는 당신의 따뜻한 응시를 느끼고 싶다.

당신이 살아 있다는 것을 알고 싶다.

나는 당신의 손바닥이

내 옆구리 주위를 감싸고

성소나 동물을 잡듯

그 작은 곳을 잡아 주었으면 한다.

당신은 모자를 쓰고,

자리에서 안절부절못하며

내게서 떠나고 싶어 한다.

잃어버린 순간들은 문간에 쌓이고 있다.

당신이 저 문을 통해 걸어가든지,

내가 걸어가든지 할 것이다.

누가 떠나는가는 중요하지 않다.

침묵은 차라리 견디기 쉽다.

당신이 하는 이중적인 신랄한 말들보다

당신의 결점들보다.

나는 보상을 원하지 않는다.

나는 용서나 사과를 기대하지 않는다.

나는 믿을 수 있는 사람을 찾고 있는 중이다.

나는 사랑만큼 크게 말하고

느려지지 않는 행위를,

떠났다가 다시 돌아오는 일이 없는,

결코 멈추지 않는 행위를 갈구한다.

엘자는 그녀의 신성한 옆구리 주변을 어머니의 손길이 닿길 바라는 공간으로 말한다. 그곳은 만남이 없었던 문간의 장소, 누구도 받아들인 적 없는 빈 공간이다.

나는 처음에 어머니에 대한 시를 쓰기가 불편했다. 그 시는 노여움에 관한 시이고 어머니에게 상처를 줄 감정들이 들어 있었기 때문이다. 어쨌든 나는 모두 써내려갔다. 그리고 분노를 여유롭게 다룰 수 있었다. 또한 새로운 느낌들에 귀를 기울일 수 있는 능력을 얻었다. 나는 분노를 명확히 함으로써, 그 분노에 집착하거나 분노에서 자유로워지고 싶었다. 나는 이 시와 다른 시를 쓰면서 분노를 다루기 시작했다. 그 결과, 감정에 너무 의존하지 않고 어머니와 새로운 방식으로 교류하게 되었다.

내 목소리는 점점 더 강해진다. 나는 내가 쓴 글 때문에 어머니와 더 거리가 생겼다고 생각한다. 이 시는 내 욕구의 초점을 분명하게 해 준다. 나는 알고 싶다. 내가 원하는 것은 무엇인가? 사람들은 나의 성장에 어떤 도움이 되는가? 또는 도움이 되지 않는가? 누구를 들여보내고, 누구를 들여보내지 말아야 할까? 그것을 어떻게 결정해야 할까? 시는 내가 믿을 수 있는 사람을 원하고 있다고 말한다. 나에게 스스로 증명하는 사람들. 정말로 싫고 불쾌할 때가 있는가 하면, 빛나는 때도 있다. 나는 두 가지 경우를 함께할 사람이기를 바란다. 내 시는 신뢰를 배우는 것이다.

분노의 시는 수용의 시가 될 수 있다. 하지만 스스로 부모와의 어려운 관계를 수용하도록 강요할 수는 없다. 당신이 할 수 있는 일은 집중하는 것이다. 글쓰기는 당신에게 가능한 것이 무엇인지를 알려 준다. 아버지나 어머니가 살아 계시는 동안 의사소통이 더 나아질 수도 있고, 이런 상호작용으로 새로운 통찰력을 키울 수도 있다. 부모의 죽음이 당신을 수용의 방향으로 이끌 수도 있다. 부모와의 관계를 위한 당신의 치유 작업은 슬픔, 버림받음, 스스로 더 진실해져야 할 필요성, 더 깊은 유대감으로 그들을 알고자 하는 욕구를 만족시킨다.

의식(儀式)

어머니가 돌아가신 지 이레 동안
어머니의 침대에서 자고, 어머니의 와인을 홀짝거렸다.
어머니의 긴 검정색 드레스는 나에게 잘 맞았고, 그래서 그걸 입었다.

어머니의 화장품으로 내 볼을 두드리고,
내 입에 빨간색 립스틱을 칠했다.
마치 가장놀이를 하는 아이처럼.

이레 후, 나는 어머니의 재를 뿌리고
집으로 돌아온 후,

내 거울 속 어머니의 얼굴에 놀랐다.

도나 케네디

이러한 치유 과정과 수용은 남자에게 좀 더 어렵다. 마크 헨리는 마흔두 살로 삼십 대 중반부터 시를 쓰기 시작했다. 그는 수년 전 내가 개최한 워크숍에 참가했다. 워크숍 기간 동안, 그리고 이후 얼마간 마크는 아버지에 관한 분노의 시들을 썼다. 그 시들은 카타르시스에 매우 유용했지만 그의 내면의 갈등을 끝내지는 못했다. 그는 더 끈기 있게 해결책을 찾을 수 있었고, 그의 감정 처리 방법에 비판적 자세보다는 진심 어린 지원을 보낸 마크의 아내도 해결책을 찾았다. 최근 마크는 내게 이런 시를 보내 왔다. 이 시는 큰 발전을 보여 준다.

두 번째 기념일

나는 당신에게
쏟아 냈고 당신은
내게 쏟아 냈습니다.
나는 오늘이
예수 탄생과 유년의 해인지
궁금했습니다.
웃음과 질병,
결핵과 바순 밴드,
여행하는 조용한 남자,
대머리, 배불뚝이의

멋없는 원래 마른 남자.

야구 코치, 선생,

순회하는 책 세일즈맨,

세계 백과사전의 왕,

《LA 타임스》독자와 행운을 좇는 자

당신의 따뜻하고 안락한 배와 심장 소리가

밤새 나의 폭풍을 잠재웁니다.

불탄 것은 시보레였던가요

아니면 포드였던가요?

VW 버스와 푸른색 밴,

픽업트럭과 소형 닛산.

산허리에서 사막까지 그리고 나라 전역,

학생들과 아들들의 선생님.

궤양, 암, 종양, 우울증, 고물 집.

잃어버린 사랑의 외침, 잃어버린 아내, 잃어버린 경이로움.

이 모든 분노의 세월을 쏟아 내며 건넸습니다.

두려움과 텔레비전이 생생한 결혼의 행복 속으로 합류했습니다.

당신은 나를 '얼간이'라고 불렀습니다.

나는 당신에게 화가 났습니다.

당신은 당신이 나를 사랑했다고 쏟아 냈습니다.

나는 내가 당신을 사랑했다고 쏟아 냈습니다.

당신은 이 년 전 오늘 돌아가셨습니다.

아버지.

뒹구는 소리와 이미지, 차량 종류, 직업과 질병, 구체적인 세부 내용과 정직한 감정, 이 모든 요소들은 마크의 아버지가 어떤 사람인지, 그들의 관계가 어떠했는지를 잘 나타낸다. 마크는 어린 시절 실제로 일어난 일을 기억하며 아버지의 생생한 표상을 만들었다.

이 시는 내게 아버지의 삶의 투쟁을 돌이켜 보고 인정함으로써, 내가 그를 인정하도록 만들었다. 아버지가 결핵과 그 외의 질병들을 어떻게 견뎌 냈는지, 암으로 아내(어머니)를 잃고 삼십삼 년 동안 우울증을 앓았던 일을 알고 있다. 나는 아버지가 나와 함께하지 못했던 것이, 그래서 수년 동안 나를 몹시 화나게 한 것이 바로 이런 이유들 때문이었음을 안다.
"밤새 나의 폭풍을 잠재웁니다"라는 구절은 며칠이든 몇 달이든 외로움으로 점철된 우리 사이에도 사랑의 순간이 잠깐 있었다는 것을 생각나게 한다. '자동차'는 우리가 미국 전역을 여행했었다는 것을 보여 준다. 아버지는 내가 나라와 환경, 역사를 사랑하기를 원했다. 아버지가 돌아가신 후 이 시를 쓴 것은 이런 일들에 대해 아버지와 대화하려는 시도였다. 이 시는 내가 아버지를 대하던 방식을 스스로 용서하려는 시다.

| 연습
욕구의 시와 수용의 시 쓰기

현재 부모와의 관계에 따라 다음 연습 문제를 둘 다 또는 하나만 탐색해 본다.

- 부모와의 관계에서 당신이 원했지만 얻지 못한 것을 목록으로 만든다. 또한 부모에게 물려받은 것 중 소중히 여기는 것을 목록으로 만든다. 두 목록 중에서 가장 중요한 것들을 골라 시로 써 본다.

- 부모와 부모의 삶이 어땠는지 생각해 본다. 그냥 사실이나 '기념일' 같은 것이 아니라 부모가 즐겼던 것, 부모가 이룬 것, 부모의 특이했던 점, 당신과의 관계, 당신을 가르치고 사랑했던 방법 등을 말이다. 개인사와 가족사 중에서 가장 중요해 보이는 특이점은 무엇인가? 구체적인 이미지를 사용해 부모가 실제 어떤 분들이었는지를 수용하는 시를 쓸 수 있다.

부모와 자녀, 시간의 경과

―

노트북에 이렇게 적자 : 모든 시는 특별한 시다.

엘렌 브리얀트 보이트

시간은 부모 자녀 관계와 밀접하다. 시간과 관계는 바람과 단풍나무의 관계와 같다. 바람을 눈으로 볼 수는 없지만, 바람이 없으면 단풍나무가 그렇게 아름답지 않을 것이다. 시간은 돈 이상이다. 시간은 이 사랑의 바람일 수도 있다. 시간을 잘 보내면 자녀의 독창성을 키울 수 있고, 자신에게도 역시 똑같은 힘을 발휘할 수 있다. 그러나 한 부모, 맞벌이 부모에게 생계를 꾸리고, 다른 책임을 완수하며, 개인적 취미를 살릴 수 있는 충분한 시간이 있을까? 무척 어려운 일이다!

어린이는 어떤 것이든 또 다른 어떤 것으로 변화시킬 줄 안다. 이런 면에서 우리는 그들을 타고난 신비로운 영혼의 연금술사라고 부른다. 그러나 그들은 이런 면보다 더한 게 있다 : 그들이 바로 가장 처음 생긴 진정한 발명가라는 것이다. 각각의 어린이는 이 세상이 아직 한 번도 만들어지지 않은 것인 양 스스로 다시 전부 만들어 나간다. 리처드 루이스

그들이 함께 보낸 시간을 돌이켜 보면, 부모와 자녀는 궁금해 할 것이다. '우리가 충분한 시간을 함께 보냈던가?' 어린 자녀를 둔 부모는 이렇게 물을지도 모른다. '나를 위한 시간이 있나?' '내 아이를 위한 시간이 있나?' 자녀

가 집이나 부모 곁을 떠날 때 그들은 이렇게 물을지도 모른다. '시간이 다 어디로 간 거야?'

베셀라 시믹은 활발한 세 살배기 딸의 엄마다. 그녀는 남편의 태양 에너지 시스템 창업을 돕고 있다. 낮이나 저녁에 글을 쓸 시간을 내는 것은 흔치 않은 사치다. 베셀라는 일기에 내면의 갈등, 자녀와 가족, 예상치 못했던 방식으로 흘러가는 세월, 글을 쓸 시간을 내고 싶은 바람 등을 썼다.

날마다 좋은 날이다. 좋은 기도. 어제 아침 나는 '글 쓸 시간이 없다'라고 생각했다. 재스민이 나와 함께 일어났다. 데이비드는 일하러 나갔다. 재스민에겐 아침 식사가 필요했다…… 버터를 바른 밀빵과 검은 딸기잼…… 그리고 우유. 나에겐 목욕이 필요했다. 재스민도 함께했다. 혼자 하는 샤워보다 시간이 더 걸렸다……. 내 머리와 재스민의 머리에 샴푸를 하면서 재스민 눈에 샴푸가 들어가지 않도록 주의하고, 조심스레 재스민의 머리를 긁지 않고 마사지하는 법을 가르쳤다. 몸에 비누칠을 하고…… 재스민에게 비누칠을 하고, 재스민이 비누 위에서 신나게 스케이트 놀이하는 것을 인내하며…… 재스민이 내 몸을 씻길 때까지 다시 기다렸다. 재스민의 손이 내 등과 팔, 가슴으로 부드럽게 미끄러졌고, 환한 미소 띤 얼굴을 내게 파묻었다. 글 쓸 시간이 없다. 재스민은 내가 글을 읽어 주길 바란다. 재스민의 이야기 속에서는 모든 일이 만사형통이다……. 내 이야기 속에서 나는 타성과 나를 감염시키는 무력증을 떨쳐 낼 수가 없다. 홀로 종이 위에서 자신과 대면할 시간이 없다. 저녁 식사용 페스토를 만들 수도, 지하실을 치울 수도, 정원을 정리할 수도 없었다. 데이비드가 집에 돌아와 이런 날도 있을 수 있다는 점을 이해해 주며, 우리를 중국 음식점에 데려가 주니 날마다 좋은 날이다. 심지어 내가 오래된 두부 요리를 주문하고 반쯤 먹다 그 맛에 질려 버리고는 '쿵파오 닭

요리를 시킬 걸'이라고 생각할 때, 재스민이 내게 말했다. "난 국수를 좋아해요. 아빠는 두부를 좋아해요. 엄마 음식이 마음에 들지 않는다고 저 사람에게 말해요." 그렇게 재스민과 데이비드가 내 배고픔을 해결해 주었다⋯⋯.
우리는 자러 간다. 재스민을 침대 가운데 눕힌다. 나는 따뜻하고 밤은 차며 바람이 분다. 글을 쓰지 못했다. 여전히 날마다 좋은 날이다.

베셀라의 부드러운 탄식은 글을 쓸 시간이 없다는 것이지만 일기는 그녀의 삶으로 채워져 있다. 그녀는 모든 세부 내용에 주목하고, 자신의 감정을 인정하고, 가족의 경험에 반응한다. 그녀는 단순한 일들 속에서 삶을 얼마나 많이 발견할 수 있는지 알고 있다. 토스트, 비누, 아이들 책, 묵은 두부 등에서 말이다. 일상의 삶에 개방적이고 민감하게 반응하다 보면 글을 쓸 수 없을 때조차도 우리의 감수성을 활짝 피울 수 있다.

아드리아나 파레데스는 멕시코시티에서 태어났다. 그녀는 몇 년 전 열두 살배기 아들 로드리고와 미국으로 이주했다. 모국을 떠나기가 쉽지 않았지만 시를 읽고 쓰며 문화적, 언어적 어려움을 돌파할 수 있었다. 아드리아나는 스페인어와 영어로 글을 쓰며, 그녀의 뿌리를 유지하면서도 새로운 땅에 자신을 접목했다. 그녀는 시가 장벽을 초월하는 언어라고 생각한다. 그 본질은 그녀의 아들과 연결되었다.

내 아들, 로드리고는 내 인생에 시를 가져다 준다. 아들을 임신한 순간부터 나는 아들의 존재를 느꼈다. 내 자각은 점점 더 명료해진다. 깊은 감정을 휘젓는 인생의 사건은 깊은 침묵이 된다. 이 침묵에서 종이 위에 태어나고 싶어 하는 맹렬한 아이 같은 어떤 것이 나온다.
「깨지지 않는 약속」은 내가 바쁜 사회 활동에 매여 아이를 볼 시간이 없던 시기에 쓴 시다. 어느 일요일 아침, 나는 거실로 나와 아들을 보았다. 내 아들은 텔레비전 앞에서 길고 가는 몸을 움츠리고 있었다. 어떤 생각이 떠올랐다. 아들은 삶의 모든 변화와 경험을 거친 후, 내가 얻은 가장 값진 선물이다. 시를 쓰는 것은 아들에게 내가 바쁘지만 이 약속만큼은 지킬 것이며, 약속이 깨지지 않을 것이라는 점을 알리기 위한 나만의 방법이다.

깨지지 않는 약속

내 삶의 모퉁이에서
놀고 있는 아들을 본다.
삶이 너무 빠듯하게 느껴져
지켜볼 시간이 없다.

나는 한숨지으며
사소한 일에 매달린다.

꽃이 무슨 색깔이지?
주소가 맞나?
바다와 맞닿은 곳이 어디지?
이 음악은 옛날 왈츠인가 느린 춤곡인가?

모든 창조물의 와중에서
나는 살 장소를 찾아야 한다.
그래야 숨을 쉰다.

왜냐면 아들을 위한 집이 필요하니까
아들이 나보다 더 크게 자랄 집이 필요하니까.

아들이 앉아서
더 깊은 도전과 새로운 세상으로 그를 이끄는
부호를 쓰며 놀고 있다.
나는 삶이 가져다주는
도전 주위를 맴돈다.

짧은 순간 동안
우리의 눈이 마주친다.
나는 가까이 가서 아들의 얼굴을 쓰다듬고
춤추고 있는 아들의 몸을 껴안는다.

내가 아들의 귀에
'나는 너를 사랑한다'라고 속삭이자
반항이 사라졌다.
그는 내 아이고, 나는 그의 엄마다.
내가 어떤 다른 노래를 부르든 그것은 중요치 않다.

자녀가 성장해 집을 떠나는 시기는 부모에게 전환의 시기다. 부모가 자녀와 함께 했던 과거를 반추하고 자녀가 집을 떠나 새로운 시작을 경험할 때, 시를 쓰면서 이런 어려움에 목소리를 부여할 수 있다.

시는 한 순간을 담아내는 방법 중 하나다. 니키 지오바니

로버트 에번스는 딸 피비를 혼자 키웠다. 시에서 묘사한 썰매 사건은 몇 년 전에 일어난 일로, 로버트가 시에 흥미를 느끼지 못하던 때였다. 그보다 훨씬 뒤, 그는 친구에게 태평양 북서부에서 경험했던 모험을 들려주면서 자기가 시를 쓰고 싶어 한다는 사실을 알아챘다. 피비는 그 시기에 대학에 갔고, 일상의 삶에서 딸이 사라지자 강한 감정적 효과가 그에게 나타나기 시작했다. 그리고 독창성과 자기표현이라는 취미에 집중하게 되었다.

로버트는 이 시기를 그의 삶에서 중요한 시기로 만들었다. 그는 지역 대학의 글쓰기 워크숍에 참가해 계속 글을 쓰고 있다. 그는 한 달에 한 번씩 지역 시인들이 모일 수 있는 자리를 마련했고, 십칠 년이 지난 지금까지도 왕성하게 활동하고 있다. 다음 시는 로버트가 초기에 쓴 시 중 하나다.

썰매의 날

내 딸이 두 살일 때
우리는 썰매를 타러 갔다.
딸이 작은 보따리처럼 보일 때까지
스웨터와 방한복을 껴 입혔다.
그리고 썰매 활주부의 녹을 모래로 닦았고
코코아 보온병을 들었다.

데드맨스 언덕의 꼭대기에서
나의 사랑스런 딸을 실었다. 꽉 잡아.

내가 말했다, 다리로 널 감싸 안을 테니
내 발을 가지고 조종해. 딸은 키득거렸다.

내가 부츠 끈을 매려고 엎드렸을 때,
썰매와 피비가 조용히 미끄러졌다.
딸에 대한 기억과 소망에 목이 메었다.
그곳에 꼼짝도 못하고 서서
딸이 내려가는 것을 보면서,
딸은 무서운 속도를 내며 하늘로 날아올랐다.
팔인용 터보건의 뱃머리를 휙 지나고
더 커다란 썰매를 스치듯 지나며,
결코 멈추지 않고, 결코 넘어지지 않고
작은 점처럼 작아지더니 마침내 조용해졌다.
그 다음 나는 딸에게 뛰어갈 수 있었다.

그녀는 잘 해냈다. 그리고 나도
아버지가 되는 일을 완수했다.
그러나 내가 앞으로 기억하게 될 것은
그녀가 미끄러지던 모습일 것이다.

이 시는 썰매의 날처럼 날카롭다. 우리는 그 언덕에서 일어난 일에 매우 익숙하다. 로버트는 자신의 시에 대해 이렇게 말한다.

나는 썰매 사건이 일어난 지 십육 년이 지나서 이 시를 썼고, 할 수 있는 한 정확하게 그 장면을 묘사했다. 나는 과거의 이미지를 떠올렸다. 그녀는 소리 없이 미끄러졌고, 나는 딸을 돕기에는 너무 먼 거리에 있었다.

나는 그 순간 내면에 무엇인가를 느꼈지만 곧바로 말로 표현할 수 없었다. 내 영혼은 통찰을 했지만 한동안 내 마음은 그것을 표현하고 이해하는 데 집중했다. 썰매 위의 피비는, 딸이 집을 떠났을 때 내가 느낀 이별에 대한 심오한 은유였다.

나는 딸과의 관계에서 중요한 전환점으로 이 시를 썼다. 대학 때문에 LA로 가는 딸과 그녀의 물건들을 낡은 스테이션왜건으로 실어다 주었다. 딸의 물건을 내려놓고 우리는 작별했다. 갑자기 눈물이 솟구쳤다. 나는 보았다. 썰매가 정말로 그녀를 싣고 미끄러지는 것을.

피비는 혼자서 살아가려고 노력했다. 딸이 걷기 시작한 날부터 그녀가 실패하지 않도록 손을 뻗는 것은 내 본능이었다. 그러나 딸은 스스로 걸어가려 했기 때문에 나는 물러나야 했다. 당신이 함께하지 못할 때, 자녀가 스스로 자기가 할 일을 결정할 때, 아이들이 위험에 빠질까봐 두려워하는 것은 부모가 겪는 지독한 현실이다. 피비는 해냈다. 언덕을 타고 내려오던 때처럼 딸은 조용히, 그리고 아주 빠르게 자란 것 같다.

연습
부모 자녀 관계에 관한 시 쓰기, 자녀에게 시 쓰기, 자녀와 함께 시 쓰기

- 당신은 자녀와 함께 보낸 시간을 어떻게 느끼는가? 흡족한 시간이었는가? 자녀가 얼마나 자랐는지 깨달을 시간이 있는가? 자녀와의 관계는 어떻게 변하고 있는가? 이에 관한 시를 써 보고, 자신을 위한 시간을 만들어 어떻게 그 시간을 보낼 것인지도 써 보자.

- 잠시 하던 일을 멈출 시간을 갖고 자녀에게 주고 싶은 것이 무엇인지 생각해 보자. 자녀에게 약속이나 사랑의 시를 써 주자.

- 자녀와 함께 시를 써보자! '단어 접시'를 함께 만드는 것부터 시작할 수도 있다. 자녀와 함께 단어들을 생각해 보자. 책이나 잡지에서 모으거나 머릿속에서 끄집어내자. 자녀와 함께 시간을 보내고, 드라이브를 하고, 집에 있는 동안 그렇게 하자. 종이 위에 단어들을 쓴 후, 접시에 담는다. 접시에서 단어 스무 개를 고른 후 시로 써 본다. 자신만의 방법으로 시를 함께 만들고 즐기자! 이 책에 실린 연습들이나 『잃어버리지 않은 것 찾기』를 당신의 필요에 맞게 변형하자. 자녀를 위한 시 쓰기에 관해 내가 추천한 다른 책들을 찾아보자.

어린 시절 학대의 상처와 치유

아이들은 훌륭한 상상력을 지니고 있어서, 자신이 겪은 고통이나 문제점을 솔직하게 쓰기도 한다. 아이들은 어른들이 무시하거나 존재하지 않는다고 하는 것을 주의 깊게 듣는다. 아이들이 고통스러운 일에 대해 썼을 때, 아이들의 말에 귀를 기울이는 것이 중요하다. 고등학교 수업 중에 한 소녀가 나에게 이 시를 건네주었다.

끔찍스럽게 커다란 비명 소리가 집안을 깨웠다

그는 왜 그토록 잔인했을까?
그녀는 밤이면 밤마다 기다리곤 했다.
그의 얼굴이나 전화를 기다리며.
반쯤 잠든 채 걱정스레 침대에 있으면, 열쇠로 문이 열리곤 했다.
그녀는 성난 소리를 지르며 현관으로 달려가곤 했다.
몇 시간 빨리 잠들었던 아이들은 무시무시한 말싸움에 깨어나곤 했다.
문이 쾅 닫히고, 컵은 산산이 부서지고
끔찍스럽게 커다란 비명 소리가 집안을 깨웠다.
그녀의 눈물이 그녀의 분노를 대신한다.
그는 소파에서 잠이 든다.
그녀는 그녀의 방으로 달려가서 잠들 때까지 운다.
아이들은 위안을 찾아 서로를 꼭 끌어안는다. 그리고

그들도 또한 잠들 때까지 눈물을 흘린다.

리사, 11학년

   리사의 시가 주는 충격은 강력하고 적나라하다. 그녀는 자신의 깨어진 가정환경을 명확하게 썼다. 그녀는 '느낌으로 생각하기'를 배우고 있다. 그녀가 쓴 '그녀의 눈물이 그녀의 분노를 대신한다' '그는 소파에서 잠이 든다'라는 시구에는 어머니와 아버지를 향한 연민이 나타난다. 내가 그녀의 시를 받아 그 시에 귀를 기울이는 것만으로도 그녀가 자신의 삶을 진실하게 쓸 수 있는 용기를 준다. 그녀는 자신의 삶에서 어떤 선택을 할 때 이러한 느낌과 통찰력을 불러올 수 있다.

   아이가 학대를 당하거나 폭력의 목격자가 되면, 그것은 아이의 삶에서 선으로 가는 출구를 잠그는 자물쇠 역할을 할 수도 있다. 그 출구 너머에 자리한 유년의 정원에는 잡초만 무성하게 자랄 것이다. 어린 시절에 자신만의 정원에 방문한 적이 없는 어른들은 자주 그 자물쇠를 지니고 있다가 불행하게도 자신의 아이들에게 그것을 부여한다. 종이 위에 강력한 느낌들을 적는 것은 그 출구를 열도록 도와주며, 당신의 정원을 다시 만개하도록, 심지어 생전 처음 만개하는 기회를 만들 수도 있다. 폭력과 학대의 자물쇠를 진실로 부수면 현재의 관계와 상황들이 점차 건강한 땅에 뿌리내리게 될 것이며, 그러면 당신은 로버트 블라이가 말한 자신만의 "거대한 뿌리"에서 성장할 수 있다.

   학대 가정의 이야기를 시로 쓴다고 과거가 마법처럼 치유되지는 않는다. 아픔을 겉으로 드러내고, 그것과 싸우고, 유년의 정원에서 잡초들을 골라내기까지 시간이 걸린다. 시 쓰기는 신체적, 정신적으로 스스로를 돌보는 방법을 배우는 회복의 한 과정이다.

당신은 오로지 고통스러운 부분들, 강렬한 일기 작성, 감정 분출을 위한 거칠고 성난 폭언들을 쓸 수도 있다. 당신은 이러한 해로운 시들을 불태우거나 자기 방식대로 그 시들을 묻어버리기를 원할지도 모른다. 반면에 자신의 진실한 고백을 칭찬하며, 더 이상 자신을 잃지 않도록 가끔 그 시들을 들여다보려고 보관하고 싶어 할 수도 있다. 이 어려운 시들은 당신의 이해를 촉구하며, 당신이 어떻게 자랐는지 일깨워준다. 가장 훌륭한 접근은 스스로 경험하고 느껴 보는 것이다. 시는 당신의 느낌과 통찰력을 담는 그릇이 될 것이다.

특히 치료사와 집단에서 시를 공유하거나 그것을 큰 소리로 말할 때 중요한 것은 시를 쓰는 '행위'다. 다른 사람과 함께 당신의 학대 경험을 쓰거나 목소리를 내는 것은 이런 문제들에 감춰진 것을 걷어 낸다. 당신의 진실을 어떤 사람에게 들려주는 행위만으로도 치유의 과정과 자신이나 타인에게 더 이상 상처주지 않으려는 노력에 도움을 준다.

이러한 문제를 다루는 글들은 보람이 있다. 어떤 시들은 치유의 돌파구가 되고, 고통스러운 경험의 핵심을 건드리기도 한다.

다음 시는 엘렌 그레이스 오브라이언이 아버지에 대한 분노와 그의 학대, 어린아이일 때 그것을 어떻게 견뎌냈는지, 어른이 된 지금은 그녀에게 어떤 의미인지 쓴 것이다. 엘렌의 단어들은 천진난만함과 경험에서 나온다. 그녀는 어린아이였을 때의 행동과 느낌을 기억하고 있다. 그렇지만 그녀는 어른이 되어 얻은 통찰력을 사용한다. 이 시에 주의 깊게 귀를 기울이면 배신당한 유년의 외롭고 순수한 소리와, 치료 과정에 불가결한 자신에 대한 사랑의 소리가 언어 너머로 들릴 것이다.

깊이 간직한 유년의 상처는 어른이 된 현재 삶의 모든 요소들과 서로 연관되어 있다는 사실을 분명히 보여 준다. 학대에 관한 시를 쓰는 과정이 종종 과거에서 해방되는 데 초점을 맞추기는 하지만, 글쓰기는 당신과 현재의 관계를 이해하는 가교 역할을 한다.

우리는 의식적으로 현재에 과거를 이야기하면서 당시에 일어났던 일이 무의식적으로 반복되지 않게 할 수 있다. 현재와 미래에 우리의 그림자를 깨달을 수 있도록, 그래서 잘못된 방향으로 인도되지 않도록 시를 쓴다.「황금 묻기」는 한 아내가 남편에게 보내는 선물이다. 그녀는 무서웠던 어린 시절의 한 부분을 그에게 알린다.

엘렌은 캘리포니아 주 산호세 정신건강센터의 상급 책임자다. 그녀는 아들 하나, 딸 하나를 둔 어머니로서 남편, 의붓딸과 함께 산타크루스에서 살고 있다.

황금 묻기—나의 남편을 위한 이야기

술에 취한 아버지 때문에 잠이 깬
작은 소녀는
그날 밤, 이것을 배웠다.
그녀는 이길 수 없다는 것을.
아버지는 거칠었다.
지난 분노에 거칠어져
부엌을
통해 집으로 왔다.
거기엔 아버지가 좋아하지 않는,
어떤 느낌이 있었다.
아마도 소리였을 것이다.
누군가 바닥에 주스를 쏟았는데

바로 치우지 않았다.

찌꺼기가 남아 있었다.

끈적끈적한 어떤 흔적.

그것이 그를 멈추게 했다.

그가 한밤중에

집에 왔을 때.

아마 그 끈적끈적한 느낌이 그에게

뭐라고 말했는지 모른다.

"여긴 완전히 엉망이야!" 또는

"신경 쓰는 사람은 아무도 없어!"라고.

누가 알겠는가.

벽들이 정말로 그런 말을 했는지.

항상 거기서

그러나 그는 크게 음악을 틀었다.

밤에 집에 왔을 때

그래서 그는 그 소리를 듣지 못했다.

아마도 그 끈적끈적한 흔적이

그에게 상상하지 못하게 한 것일지도 모른다.

아버지가 잠에 취해 조용히 지나쳐 갔던

그런 밤에는.

그녀는 오래 전부터

한쪽 눈을 뜨고 자는 법을 배웠다.

아버지가 돌아오는지

시야를 살피며.

그는 진실을 원한다고 말했다.

그 진실은 그렇게 중요한 것이곤 했다.

네가 했니?

그녀가 아니라고 말하면

그는 밤새 그녀를 재우지 않고 심문할 것이다.

그녀가 그렇다고 말하면

그는 그녀를 때릴 것이다.

그녀는 아니라고 말했다. 그리곤

너무 피곤해졌을 때

그렇다고 말했다.

그렇다고 말할 때

그녀는 남아 있는 마지막 힘을 내서 말했다.

마치 하늘에서 희미한 별이 떨어지듯이

그녀는 속으로 감정을 갖지 않겠노라고 말했다.

그리고 그렇게 했다.

아버지의 손이 그녀의 맨살에 주는

아픔은 둔했고, 거기엔

소리가 없었다.

소리도 없고, 감정도 없었다.

안으로 떨어지는 듯 감각만이

슬로모션으로 있었다.

모든 일이 끝나자

그녀는 자기 방으로 걸어갔다.

거기에는 눈물이 없었다.

턱에 약간의 떨림과

안으로의 무너짐, 그리고

그녀가 그의 딸이라는 나름의 깨달음이 있을 뿐이었다.

다음날 아침 그녀는

자기가 가장 아끼는 것을

챙기기 시작했다.

버려두고 떠나기 싫어서

작은 인형 유모차에

두 개의 아기 인형과 옷을 넣었다.

그녀는 그곳에 그들을 두고 떠나지 않았다.

들판 여행에서 챙겨 온 기념품들을

잃어버린 황금 광산으로 가져갔다.

물이 든 작은 유리병과 조그만 금 조각들

그녀는 황금이 귀하다는 것을

알고 있었다.

그리고 그 집에서는 안전하지 않다는 것을

알고 있었다.

그녀가 알지 못했던 것은

그것이 분실된 것이라는 점이었다.

그녀는 유모차와 인형들과 옷

그리고 유리병을 밀며 걸어갔다.

그녀는 거리의 집들을 모두 지나쳐 걸어갔다.

학교도 지나쳐 걸어갔다.

가끔 사탕을 사 먹던 날은

가혹한 날이 되었던 가게 모퉁이를 지나

그녀는 과수원으로 걸어갔다.

그녀가 알고 있는 가장자리로.

그녀는 인형들과 곤경에 관해 의논하지는 않았다.

그들을 걱정시키고 싶지 않아서.

그녀는 자기가 무엇을 할지 모르는 체했다.

그녀가 선택할 수 있는 것처럼 행동했다.

돌아오기 전에

그녀는 과수원에 구멍을 파서

황금을 묻었다.

그녀는 때가 되면 황금을 찾으러 돌아올 계획이었다.

그녀는 정말로 황금에 대해 생각하지 못했다.

트랙터가 새 집을 짓기 위해

낡은 과수원 땅을 파던 날까지도.

인형의 머리카락과 팔다리가 이름이 잊히듯이

빠져 버린 지 오래되었다.

나무는 지금 쓰러져 있고

과수원은 변했고

두려움에 떨기에는

그녀는 너무 나이가 들었다.

되찾을 수 없는 무언가를 잃었다.
여기에는 생생한 고통이 없다.
그 고통은 오래 전에
잘려 나간 빈 공간에
신호를 보내는 환지통 같은 것이었다.

그리고 나는 당신에게 그녀를 위해
이 이야기를 들려준다.
왜냐하면 당신이 알아야 한다고 생각하기 때문이다.
당신이 그녀의 생일날 황금 목걸이를 선물했을 때
밸런타인데이에 팔찌를 선물했을 때,
결혼식에서 반지를 선물했을 때,
여전히 한쪽 눈을 뜨고 자는
작은 소녀는
들여다보며 알고 싶어 한다.
황금이 돌아온 것일까? 하고……

창조성이라는 치유의 힘은 어린아이로서 엘렌에게 살아 있다. 인형들, 황금 조각이 든 유리병, 사과 과수원 등은 그녀가 폭력의 와중에서도 의미를 만든 방식이다. 이 시는 인형에 대한 그녀의 보살핌과 고통의 결과로 인한 감정이입을 보여 준다. 그녀는 본능적으로 과수원이라는 자연의 세계가 안전한 장소라는 것을 알고 있다. 엘렌이 자신에게 귀중한 물건을 보호하려 했던 것은 아버지의 분노에 대해 그녀의 심리학적 면역 체계가 어떻게 반응하는지를 상징적으로 표현한다. 우리의 심리학적 면역 체계의 'T세포'는 상징과 이미지, 리듬과 느낌이라는 시 치료제로 나타난다.

결론부에서 엘렌이 '여전히 한쪽 눈을 뜨고 자는 작은 소녀'가 지금도 그녀 안에 살아 있음을 알고 있다는 사실 때문에 이 시는 더 강력해진다. 고통스러운 과거의 경험을 치료하는 것은 공포나 상처가 사라진다는 의미가 아니다. 전면에 희미하게 나타나거나 현재의 삶에서 경험하지 않도록 막아 주는 대신에 그러한 공포와 상처는 더 나은 정황 속, 즉 우리 삶의 '이야기'의 한 부분으로 자리 잡는다. 당신을 사랑하는 다른 사람에 대한 이해는 당신이 이를 떠올리도록 도와준다. 엘렌은 자신의 시에 대해 이렇게 말한다.

시는 황금 유리병의 이미지로 시작했다. 나는 이 시를 밸런타인데이에 남편인 마이클에게 줄 선물로 썼다. 하루 종일 시에 매달렸고, 마이클에게 시를 전달한 때는 완전히 어두워진 다음이었다. 그는 저녁 식사를 하지 못했지만, 시를 받았다. 이것은 사랑의 시다. 내가 마이클에게 시를 건네자, 그는 울었다. 우리는 함께 울었다. 우리는 섬세한 유대감을 느꼈고, 그는 시를 아름답게 여겼다.

나는 아버지에게 그 시를 읽을 생각이 있는지 물었다. 그는 대답했다. "그래"라고. 그 경험은 한 번도 가져 본 적이 없던 내 유년과 대화의 길을 열었다. 나는 아버지에게 그 시를 읽어 보길 권하기 전에, 혼자서 상당한 치유의 작업을 거쳤고 치료를 했다. 나는 아버지와의 관계 회복을 원했지만 내가 가진 진실을 완전히, 솔직하게 드러내려는 의지가 부족했다. 나는 이 시를 쓰면서 매우 불편한 일을 말할 수 있었다. 이 시가 우리 둘 다에게 경험을 완화하는 방법으로 말할 수 있도록 해 주었다. 시에 앞서 그것은 매우 색다른 경험이었다. 저항이라는 단단한 벽을 날려 버렸기 때문이다.

아버지가 시를 읽었을 때, 나는 그가 내 유년의 현실을 느꼈음을 알았다.

그는 내게 말했다. "그래, 내가 네겐 도깨비 같았겠구나?" 나는 "그랬어요"라고 답했다. 그는 내 현실을 부정하지도 부인하지도 않았다. 그는 사실 자신이 취했던 적이 많았고, 그럴 때는 무슨 짓을 하는지 알지 못했노라고 인정했다.

이 시를 아버지와 공유한 것은 아버지와의 관계를 회복하거나 이를 포기하려는 강한 의도에서 시작되었다. 내가 매우 사랑하는 사람과 계속 표면적으로만 이야기하기란 불가능했다. 나는 유년의 현실을 말할 수도, 들을 수도 없었기 때문에 노여움과 분노를 지니고 있었다. 그래서 나는 아버지를 도깨비로 볼 수밖에 없었다. 나는 시를 통해 아버지의 힘과 재능을 볼 수 있는 축복을 누렸다.

이 시를 통해 내 안의 약한 부분을 남편에게 알리면서 우리 관계가 더 깊어졌다. 나는 나의 내면에 존재한다고 생각하는 것을 그에게 알리고 싶었다. 그 아이를 알리고, 그 아이를 위한 방을 만들어 주는 것이 우리의 사랑과 관계에 중요하다.

나는 오직 어린아이의 목소리를 내 마음에 담았을 때, 비로소 참됨과 창조성을 느낀다. 엘리스 밀러

| 연습
유년의 특별한 물건과 장소 찾기

　엘렌 그레이스 오브라이언에게 황금 조각이 든 유리병과 인형은 유년 시절 중요했던 물건으로서, 자신을 보호하고 사랑하려는 그녀의 바람과 관계를 상징한다. 이것들은 부적이다. 그녀의 시와 치료 과정의 촉매제다. 과수원은 그녀에게 안전한 장소였다. 유년 시절, 당신에게 위로를 주거나 중요했던 물건과 장소를 생각해 보자. 유년 시절의 폭풍을 달래 준 특별한 물건이 있었는가? 장난감, 솜을 채운 동물, 글러브와 야구공, 모자, 집안의 물건들, 애완동물 등 어떤 것이라도 좋다. 당신이 안전하다고 느낀 장소는 어디였는가? 밖이 내다보이는 창문이나 자연 속의 한 지점, 구조물이나 집이 아닌 건물이었는가? 엘렌은 "내가 황금 유리병에 대해 쓰기 전에는 그 의미를 알지 못했다"라고 말한다. 유년의 기억에 떠오르는 물건들을 찾아 그 안에 담긴 의미를 생각해 보자. 그 물건을 아직도 가지고 있다면, 손에 쥐어 보자. 아니면 그 물건을 기록한 옛날 사진을 찾아보자. 유년의 기억으로 그것들을 느껴 보라.

| 연습
어린 시절의 목소리와 특징 찾기

　적극적인 파트너나 친한 친구의 도움을 받아 다음 연습을 해 본다. 당신에게 어린아이 같은 특징이 있는지 친구에게 물어 본다. 그가 당신의 어린 자아를 나타내는 몸짓 언어, 비언어적 단서, 분위기 등 미묘한 변화를 알고 있는지도 모른다. 그에게 그 아이에 대해 말해 보라고 요청한다. 어떤 상황에서 그 아이가 자주 나타나는가? 단 한순간이라도 말이다. 이 정보는 '비판적인 부모'의 의견이 아닌 '사랑하는 친구'의 의견에 근거를 둔다. 그 아이의 얼굴에서 무엇이 보이는가? 당신의 친구가 구체적인 정보, 느낌, 인상 등을 제시하면, 이를 기록하고 스스로 관찰해 본다. 몇 주에 걸쳐 관찰하면서 당신의 어린 자아가 등장하는 순간에 집중할 시간을 갖는다. 이 아이가 당신에게 하려는 말은 무엇인가? 당신이 받은 인상을 적은 후 시로 써 본다.

5장

관계의 전망

친밀감, 결혼, 열망에 대한 반영

사랑에 대한 열의를 높이는 훈련 방법은 여러 가지가 있다. 여기에는 모든 강점이 필요하다. 또한 모든 약점도 필요하다. 때로는 강점이라 불리는 것을 깨뜨려야 충분히 약해지거나 강해져서 양보도 할 수 있다. 강점이나 약점이 아닌 우아함, 개인, 개인화된 에너지에 가까운 자연의 힘이 필요하다. 강점과 약점, 남성성과 여성성, 공격성과 순종성에 대해 말하지 말라. 이 꽃들을 보라, 이 아이를 보라. 이끼 낀 이 돌을 보라. 내가 던진 빵 조각을 게걸스럽게 받아먹기 위해, 바람을 가르며 내려오는 갈매기가 내는 소리를 들어 보라. 너희의 짐을 서로 지라, 주께서 말씀하시니 그의 말이 법이니라.

사랑은 교리가 아니며 평화는 국제적인 조약이 아니다.
사랑과 평화는 우리 안에서 가능성으로 살아가는 존재다.

M. C. 리처드

친밀감의 계발 : 놀라움, 발견, 애정

> 마음은 부드러움이 머무는 곳이다. 세련된 마음은 부드러움으로 강해진다.
> 로버트 블라이

결혼 생활이나 다른 중요한 인간관계의 개선 방법을 알려 주는 책과 교사는 무수히 많다. 이 책과 교사들은 다양한 가치 시스템이나 유용한 사실, 독창적 선택 등을 가르치며 인간관계의 정신적, 심리적, 감정적인 부분을 다양한 수준에서 강조한다. 또한 우리가 어디에 와 있고, 어디로 가고 싶어 하는지에 대한 이해를 돕는 훌륭한 길잡이 역할을 한다.

이러한 지도는 좋은 길잡이 역할을 할 수 있지만, 당신의 삶과 인간관계에 맞는 고유의 교훈을 당신에게 알려 주지 못할 수도 있다. 한 가지 확실한 것은 남자는 화성에서 왔고, 여자는 금성에서 왔다지만 당신이 지구에 도착한 이후로, 세계 역사 속에서 한 번도 들어 본 적이 없는 자신의 목소리를 개척할 용기가 있는가 하는 점이다.

이 목소리로 배우자에게 말을 걸어 본 적이 있는가? 당신만이 쓸 수 있는 시를 써 본 적이 있는가? 당신의 삶을 다른 이의 삶에 합류하는 과정에서 당신이 느낀 두려움, 좌절, 기쁨을 표현하는 시를 써 본 적이 있는가? 교사나 심리학자의 통찰력은 인간관계의 완성도를 높이고 충실히 하는 노력에 도움을 줄 수 있지만, 자신만의 독창적인 자원을 이끌어 내는 것이 무엇보다 효과적이다. 자신의 시적 목소리를 사용하면 자신과 배우자의 관계를 이해할 수 있다.

시 쓰기는 배우자와의 의사소통에서 차이점을 줄이는 방법이 될 수 있으며 지극히 사적인 것이 될 수도 있다. 우리는 '다른 행성'에서 온 남자와 여자로서 시를 쓰는 것이 아니다. 발생 기원이 매우 복잡하고 아직 목적지를 모르는 개별 인간으로서 시를 쓴다. 시 쓰기는 대개 예전에 몰랐던 사실을 보여 주기 때문에, 인간관계에 관한 시는 우리가 배우자와 함께하는 삶에 관한 놀라운 진실을 드러낸다.

시 쓰기로 자신을 표현할 때 느끼는 자아 발견과 놀라움은 당신이 진정 어떤 사람인지를 나타내는 시의 결과물이다. 이것은 시를 쓴 후 갑작스럽게 깨닫는 것이다. '그래, 이게 진정한 나야'라고 말이다. 당신은 자신을 향한 고정적이고 진부한 시각을 벗어던져 당신의 마음과 정신의 본질을 다시 획득했다는 느낌을 받는다.

자아 발견의 감각은 당신의 인간관계에서 보다 진정한 자신의 모습으로, 배우자에 대한 보다 진실한 감정으로, 타인에 대한 열린 마음을 이끈다. 가까운 사람에게 개방성과 놀라움과 변화의 능력으로 말할 수 있다면 그것은 인간관계에 신선함을 불어넣는다.

마지 피어시의 시 「붙잡지 않고 가지는 법」은 인간관계에 강렬함과 개방성을 주는 것이 무엇인지를 표현했다. 개방성 안에서는 우리가 원하거나 정의한 상대방의 모습이 아닌 그의 본연의 모습을 바라보는 기회가 생긴다. 아무것도 어려운 것은 없다! 다음 시는 그 시의 첫 번째 연이다.

다른 방식으로 사랑하는 것을 배우는 것은 어렵다.

두 팔을 크게 벌린 사랑, 문 경첩에

소리가 나는 사랑

찻장 선반은 잘 잠겨 있고, 방 안을

포효하고 채찍질하는 바람은

마치 손바닥을 때리는 고무 밴드처럼

바람은 홑이불을 흔들고, 블라인드를 움직인다.

가까운 사람에게 감정을 솔직하게 표현하는 것은 어렵다. 특히 남자들은 더 큰 어려움을 느낀다. 그러나 남자들이 배우자와의 관계에 독창성을 부여한다면 그 관계는 변화할 수 있다.

남자들은 가끔 시가 비현실적이라는 그릇된 생각을 한다. 그것은 사실이 아니다. 시를 쓰는 것은 집을 짓는 것과 같다. 시는 당신의 생각과 느낌으로 종이 위에 짓는 건축물이다.

시는 당신에게 중요한 것이 무엇인지 파악하게 해 준다. 시를 쓰는 사람이 마음으로 느낀 점을 말하는 용기는 도전이다. 내면에서 오는 느낌이 편하지 않을 수도 있다. 꼭 대답을 얻으려는 것이 아니라, 변화하는 마음을 갖도록 노력하는 데는 시간이 걸린다. 마음은 사물을 확실히 분류해 알고 싶어 한다. 그러나 당신이 사물에 대해 확신한다고 해서 어떤 것이 자아의 본질을 드러내고, 친밀해진다고 할 수는 없다.

잭 윙클은 마흔 살이며 결혼 십 년 차다. 그는 독서를 하며 자신의 감정에 솔직해지는 특별한 훈련을 했다. 잭은 자신이 그다지 많이 발전했다고 생각하지 않았다. 그런데 어느 날 퇴근길 기차 안에서 이 시가 흘러나왔다고 한다.

이야기를 들려주오, 나도 이야기를 들려줄 테니

상처 난 고양이 이야기를,

땅 속의 두더지 이야기를.

진실을 말해 주오—

내가 본 적 있는 수 마일의 서류에 관한,

물건들의 의미에 관한

진실은 어디에 있는가?

그래, 나는 거짓말을 했소, 그것은 사실이 아니었소.

맹세컨대, 나는 정말 지친 곰이오.

제기랄, 내가 바로 그렇다니까!

당신은 나를 남자로, 아주 멋진 남자로 생각했겠지.

나는 사기 치는 법, 계획하는 법,

빠져나오는 법, 숨기는 법을 배웠소.

나는 보이는 것보다 더 어둡소.

더럽고, 끈끈하고, 은폐물로 가득 찬 가방을 든

볕에 그을린 것이 아닌, 그림자—

내 짐을 보고, 당신은 달아날 거요?

달아나시오.

당신을 탓하진 않겠소.

나는 너무 두렵소.

그 이야기는 다른 날 해도 되오.

"나는 보이는 것보다 더 어둡소/볕에 그을린 것이 아닌, 그림자"는 잭이 자신을 용기 있게 나타낸 이미지다. 잭은 시를 쓰는 동안 창의성의 문이 자신에게 열렸고, 그로 인해 엄격한 자기분석이 가능했다고 말한다.

> 나는 이 시를 쓰면서 매우 행복했다. 어두운 주제였지만 연필로 써내려갔고 별로 망치지도 않았다. 나는 그런 창의적인 활력의 흐름에 익숙하지 않다. 아찔한 현기증도 느꼈다. 나는 이 시를 나를 위해 썼지만, 아내에게 들려주고 남자들의 모임에서도 들려주었다. 모두들 훌륭한 시라고 말했다. 나는 그 시가 모임의 깊이를 더했다고 생각한다.
> 비이성적으로 말하는 것은 매우 자유로웠다. 나는 시의 마지막을 좀 더 멋지게 쓰고 싶었지만, 중요한 게 아니었기 때문에 그렇게 하지 않았다. 이 시는 숨김에 관한 시다. 나는 내가 하는 것, 내가 숨기던 것을 감정적으로 말하고 싶었다.

기차를 타고 오면서, 잭은 새로운 감정의 영역으로 가는 길을 글로 썼다. 그것은 마치 오랫동안 고여 있던 썩은 물을 버리고, 새 물이 들어오도록 하는 것과 같다. 그는 개인적인 감정을 좀 더 잘 나타내기 위해 논리적 필터를 없애고 다른 시들을 더 썼다. 자신의 감정을 다 표출하면서, 잭은 자신의 어두운 면뿐만 아니라 자신이 가진 많은 강점들에 감사했다.

모든 결혼 생활은 복합적이다

―

수잔 디온은 『지금 써라 : 집에 틀어박혀 아플 때 창의적 정신을 유지하는 방법』이라는 훌륭한 책의 저자다. 그녀는 한때 매우 활동적인 역사학 교수이자 교직원이었지만 1989년부터 만성 허약증으로 고생했다. 그녀는 가족생활에 대한 글을 계속 썼다. 다음 시는 십이 년 전 그녀가 재혼을 고려할 당시에 쓴 것이다.

모든 결혼 생활은 복합적이다

인종

계급

교육 수준

종교

나이

지난 결혼 생활

먼저 낳은 아이들

이런 차이만을 고려하지 마라.

두 사람을 두고 심사숙고하라.

한 여자

한 남자

유일한 이해로
이미 굳어진 습관
복잡한 비전, 느낌, 그리고 이성
개인의 역사와 문화

여러 가지 목소리
친밀감, 사랑의
자발적 연대를 시도하며
일상생활의 찌꺼기와 함께
아침에는 입 냄새를 맡는 것
욕조에서 나오며 머리를 긁고
쓰레기를 처리한다.

한 여자, 한 남자
약하디약한 실험을 유지하려는 그들은
분명히 알고 있다.

결혼은 다 복합적이라는 것을.

수잔은 자신의 해결책을 찾는 대신, 두 사람이 삶을 합칠 때 생길 수 있는 복잡한 상황들을 말한다. 그녀는 간단하고 직접적인 방식으로 이 복잡한 상황들을 함께 엮었다. 결혼의 면모를 밝히려 하거나, 안식처에서 끌어내지 않고 모든 것을 시에 담았다.

수잔은 인간관계를 깨뜨리거나 유지하는 데 필요한 축복, 불확실성, 통찰력, 압박을 다룬다. 이 모든 것이 테이블 앞과 뒤에 등장한다. 시의 짜임새는 이 별개의 부분을 함께 엮어 결혼 생활의 다양한 요소들을 보여 준다. 시의 마지막 부분에서 우리는 결혼이라는 "약하디약한 실험"이 가치 있으며, 마음을 열고 적극적으로 행동한다면 성공할 수 있다는 느낌을 받는다.

수잔은 결혼이 "친밀감, 사랑의/자발적 연대를 시도하며/일상생활의 찌꺼기와 함께/아침에는 입 냄새를 맡는 것"이라고 썼다. 이 시구에서 어떤 단어가 당신에게 강한 인상을 주는가? 나는 "자발적 연대" "친밀감" "일상의 찌꺼기"라는 소리에 강한 인상을 받았다. 결혼이라는 상황 속에서―시 쓰기에서 수잔의 실험 능력으로 밝혀진―그들은 서로 관계를 정립할 수 있는 기회를 갖게 된다.

결혼과 그 밖의 친밀한 관계는 당신이 누구인지 깨닫고, 당신이 배우고 성장할 수 있는 과정에 대한 많은 틀을 만들 수 있는 장소다. 생각해 보자. 이 "자발적 연대"라는 인간관계에서 배우자의 갈망과 필요에 당신은 어떻게 반응할 것이며, 당신이 오랫동안 친밀감을 유지하는 데 필요한 공간과 사고를 어떻게 요청할 것인가?

개인의 성장과 배우자와의 친밀감 모두를 양성할 수 있도록, 관계가 덫이 아닌 기회가 되려면 어떻게 해야 할까? 친밀한 관계는 어떻게 해야 항상 신선하고 진정한 것이 될 수 있을까? 어떻게 하면 기대나 소유로 변하지 않고, 자발적인 즐거운 의무를 뒤엎지 않게 할 수 있을까?

오랫동안 지속된 모든 친밀한 관계에서, "침밀감"은 "일상의 찌꺼기(지저분한 접시, 입 냄새, 중간부터 눌러 쓴 치약 등)"와 공존한다는 것을 배워야 한다. 어떤 점에서 우리 대부분은 처음 시작할 때 이 "자발적 연대"가 과연 좋은 생각인지 의구심을 갖는다.

결혼 생활과 두 사람의 관계에 다양한 요소들을 배치하는 방법에 관한 숙고는―수잔이 그녀의 시에서 했듯이―누군가를 사랑한다는 것에 대해 우리가 더 깊이 이해할 수 있게 한다.

수잔은 자신의 시에 대해 이렇게 말한다.

이 시는 톰과 내가 참담했던 이전의 결혼 생활을 넘어서, 다시 결혼을 생각할 때 쓴 시다. 두 사람이 약속을 할 때 생기는 모든 복잡한 문제에 대해 내 눈은 훨씬 더 크게 뜨여 있었다. 나는 두 사람―한 남자와 한 여자―톰과 나를 들여다보며 우리가 져야 할 모든 짐들을 생각했다. 나는 마치 약속을 하듯, 용기와 배짱과 깊은 사랑을 생각하며 이 시를 썼다.

톰과 나는 1985년에 만나 사 년의 구애 기간을 거쳤는데, 그중 이 년은 필라델피아와 북위스콘신을 오가는 장거리 사랑이었다! 지금은 결혼한 지 팔 년, 가사 분담을 한 지는 십 년, 사랑한 지는 거의 십이 년째다.

이 시를 쓴 이유는 두 사람이 서로 매우 사랑할 때조차도 잠재적 고통과 오해가 발생할 수 있다는 점을 분명히 밝히려는 욕망 때문이었다. 나는 일상의 룸메이트에 관한 문제를 포함해 그저 산다는 것 말고는 이 모든 일을 머릿속으로만 이해하고 있었는지도 모른다.

짜증이나 화가 날 때, 우리의 차이점을 받아들이려고 자신과 무수히 많은 대화를 나누어야 했다. 우리는 성숙하게 성장하며 동지애, 친밀감, 성행위, 가족 부양 등의 의무를 다해야 했다. 이 모든 것이 성장의 한 부분이다.

내가 세 번째 약속을 할 배짱이 있는지는 잘 모르겠다. 그것은 진짜 기적일 것이다! 교정이라는 어마어마한 단어. 무언가 심오하고 새롭게 교정하는 것은 많은 시간과 노력이 필요한 일이다. 이미 예전에 경험한 것이라서 나는 멀리 떨어져 관찰하게 된다.

결혼에 대한 우리의 기대는 문화에 따라 동시대와 밀접한 관계를 맺는 것이며, 특히 이십 세기에는 그 기대치가 매우 높다. 글쓰기는 나와 남편의 관계를 더 큰 맥락 속에서 인식하게 만들었다.

시는 당신이 지금 어디에 있는지를 보여 주며, 시를 쓰는 과정은 당신이 무엇이 되려고 하는지를 발견하게 해 준다. 관계를 맺는다는 것이 무엇인가에 관한 인식은 시 쓰기를 통해 더 선명해진다. 시는 '관계'라는 공포, 불확실성, 기쁨, 온화함, 애매함, 역설 등을 표현하는 장소다. 그리고 이 모든 것을 배우는 과정이기도 하다.

연습
인간관계에서 별개의 요소들을 통합하기

결혼 생활이나 다른 친밀한 관계에서 충돌하는 요소들을 찾아본다. 과거, 현재의 관계를 생각하거나 미래의 관계를 상상해 본다. 단을 두 개로 나누어 하나는 '친밀감', 하나는 '일상의 문제들'이라고 제목을 붙인다. 당신의 경험, 태도, 느낌, 욕구 등을 자유롭게 써 본다.

- 인간관계에서 자발적인 측면은 어떤 것인가? 당신은 왜 결혼을 선택했는가? 그것을 위해서 무엇을 자발적으로 했는가? 쓰레기를 버리는 것…… 아이들 양육…… 예상하지 못한 일들을 처리하는 것…… 똑같은 명상 수업에 참석하는 것…… 문제들을 해결하는 것?

- 인간관계에서 친밀한 측면은 어떤 것인가? 당신에게 친밀감과 사랑은 어떤 의미인가? 성적 친밀감…… 조용히 함께하는 것…… 결점을 수용하는 능력…… 서로 믿고 나누는 것?

- 인간관계에서 일상의 문제들은 어떤 것인가? 고치지 않은 나쁜 습관들…… 지저분한 접시…… 잔소리? 친밀감과 일상의 찌꺼기는 별개의 것인가? 아니면 가끔은 서로 연관성이 있는가?

- 자신의 개인적 연대감에 관한 생각을 자유롭게 시로 써서 "모든 결혼 생활은 복합적이다"라는 특정 구절이 당신에게 어떤 의미인지 알아본다.

사랑하는 사람의 본질 알기

현명한 사랑은 서로를 신성하게 여긴다. 변함없는 존재라고 믿지 않으면 거울을 만들어 내고, 그 거울을 통해 연인이나 소중한 사람들은 일상에서 복제된 이미지를 본다. 왜냐하면 사랑 또한 가면을 만들어 내기 때문이다.

윌리엄 버틀러 예이츠

친밀한 관계에서 매일매일 일어나는 일들을 접하는 사람에게 '현명한 사랑'에 대한 예이츠의 충고는 비현실적으로 들릴지도 모른다. 소중한 사람의 가장 뛰어난 진가, '비밀스러운 자아'의 진가는 자신이 그 사람을 가장 사랑하는 부분이 무엇인지 떠올리게 하며, 관계에 대한 결론을 내리게 해 준다. 그 진가는 당신이 사랑에 빠진 원인일 수도, 훨씬 나중에 관계를 더 깊게 만든 것으로 알게 될 수도 있다.

배우자의 가장 뛰어난 진가에 집중하는 것은 감상적인 일이 아니라, 당신의 인간관계의 중심에 어떤 것을 신성하고 생생하게 자리매김하는 방식이다. 시 쓰기는 당신을 매혹하는 것, 당신이 사랑하는 것, 당신이 가장 친밀하게 느끼는 것, 자신의 배우자에게 감사하는 것, 소중히 여기는 것, 존경하는 것을 탐구하는 방법이다. 소중한 사람에 대한 인식을 시에 드러내는 것은 그 사람을 사랑하고 찬양하는 것이다.

당신은 자신의 시를 배우자와 공유할 수 있다. 당신의 시는 생일이나 기념일의 선물이 될 수도 있다. 시를 쓰고 공유하는 것은 배우자의 삶과 당신의 삶에서 특별한 날들을 기리는 행위가 될 것이다.

시를 쓰는 것은 배우자와 나누는 성적인 경험의 제식 행사가 될 수도 있다. 멋진 식탁에 촛불과 음악이 흐르는 훌륭한 저녁 식사를 위해 우리의 심미적 재능이 필요하듯이, 사랑을 나누는 일에는 기교와 독창성이 필요하다.

물론 사랑을 나누는 것과 같은 중요한 경험은 심사숙고할 필요가 있다. 우리는 사랑을 나누기 위해 미리 데이트를 계획하고 시도 쓴다. 사랑을 나누는 데이트의 한 과정으로 두 사람은 서로 시를 읽어 주기도 하고, 아주 특별한 장소에 당신이 쓴 시를 미리 남겨 두기도 한다. 서로 만나기 전에 그 시를 읽고 생각에 잠기기도 한다. 당신의 시가 연인의 식욕을 돋울 전채 요리가 될 수도 있고, 사랑을 강하게 만드는 영적인 연결을 촉발할 수도 있다.

사랑을 나누는 일이든 생일이든 시에는 영감이 되며, 배우자의 진정한 가치를 표현하는 것은 두 사람의 관계를 더욱 돈독히 만든다.

주디 그랜의 시 「파리스와 헬렌」은 사랑하는 두 사람이 서로를 어떻게 느끼는지 풍부하게 묘사했다. 이것은 어쩌면 자연의 찬양과도 같다. 세상이 일반적으로 인정하는 성취에 대한 찬양이 아니라, 한 개인의 충만함을 보여 주는 속성들에 대한 찬양이다.

파리스와 헬렌

그는 그녀를 황금의 새벽이라 불렀다.
그녀는 그를 바람 소리라 불렀다.
그는 그녀를 하늘의 심장이라 불렀다.
그녀는 그를 메시지 전달자라 불렀다.

그는 그녀를 진주의 어머니라고 불렀다.

보리의 여인, 쌀의 제공자,
방앗간 광주리, 곡물 아가씨,
아마 공주, 모든 것을 만드는 사람,
아내라고 불렀다.

그녀는 그를 새끼 사슴, 수노루,
수사슴, 용기, 우레 같은 사람,
초록, 산을 걷는 자,
숲을 지키는 사람, 사랑을 타는 자라고 불렀다.

그는 그녀를 나무라 불렀고,
그녀는 그를 춤추는 새라 불렀다.

그는 그녀를 서 있는 자,
예전에도 서 있었고, 앞으로도 서 있을 자라고 불렀다.
그녀는 그를 도착자라고 불렀다.

그는 그녀를 심장의 요람이라 불렀고,
그녀는 그를 내 심장에 꽂힌 화살이라고 불렀다.

배우자에 대한 찬양은 배우자가 당신의 삶과 세상에 가져다 준 것을 자연의 풍경, 영혼의 특징과 에로틱한 특징, 동물의 이름과 속성, 원형의 정체성 등으로 표현할 수 있다.
당신이 사랑하는 사람을 묘사할 은유를 찾기 위해 시간을 들여 그들의 행동, 특성, 관심, 재능, 책임 등을 생각해야 할지도 모른다. 이처럼 일상적인 것들의 뿌리를 자연이나 우주의 과정 속에서 찾아보라.

자신의 사고를 능숙하고 분명하게 표현하는 사람이라면 어떻게 할까? 자신의 감정에 열정적이고, 풍부하고 역동적인 사람이라면 어떻게 할까? 아마도 호수 위의 선명한 반사, 붉은 황혼의 신발을 신은 연인과 같은 이미지들을 만들어 낼 것이다.

주디는 시에서 "그"와 "그녀"를 앞뒤로 쓰면서, 둘 사이의 균형을 잘 맞추었다. 각 연의 은유는 서로 연결되어 있다.

> 그는 그녀를 나무라 불렀고,
> 그녀는 그를 춤추는 새라 불렀다.
>
> 그는 그녀를 서 있는 자,
> 예전에도 서 있었고, 앞으로도 서 있을 자라고 불렀다.
> 그녀는 그를 도착자라고 불렀다.

나무는 불변의 것으로서, 오랜 세월 동안 변함없이 서 있는 능력을 지녔다. 춤추는 새는 기쁨이며 새롭게 다가오는 무언가다.

당신이 수용적이고 주의 깊은 사람이라면 사랑하는 사람에 대한 찬양의 은유, 직유, 리듬, 시어, 이미지가 머물 장소는 당신의 상상력일 것이다. 이 과정은 당신의 관계가 어려운 시기를 거칠 때는 쉽지 않을 수 있다. '일상적인 자아'는 종종 과거를 되돌아보기 어렵게 한다.

배우자에 대한 찬양시를 쓰는 것은 관계가 어려운 때일지라도 충분히 가치 있다. 내가 시를 쓰라고 강조하는 것은 학대를 부정하거나 참을 수 없는 상황을 무시하거나, 어려운 결정이나 현실을 피하라는 것이 아니다. 찬양시를 쓰는 것은 결혼 생활이나 인간관계에서 벌어지는 혼란스러운 상황을 헤쳐 나가도록 돕는다는 의미다.

일이 잘 안 풀릴 때, 배우자가 엉망이 되어 당신의 기대에 부응하지 못하거나 당신의 바람을 실망시킬 때를 생각해 내는 것은 쉽다. 배우자의 좋은 점을 보는 대신 명백하게 보이는 실수를 비판하지 않으려 애쓰는 것이 더 어렵다. 시대에 따라 변하는 자아를 꿰뚫어 보는 것과 변하지 않는 타인의 영혼에 대한 특징을 알아보는 것은 어려운 일이다.

그러나 당신의 독창성은 찬양시를 쓸 때 꼭 필요하다. 당신이 배우자에 대해 확실히 알고 있는 것 하나를 택하자. 강건함이나 미적 감각일 수도 있다. 그것에 매달리자. 당신이 가진 핵심적 사고를 느껴 보자. 그 의미가 당신에게 말을 걸 때까지 기다려 보자. 그리고 시를 써 보자.

찬양시를 쓰다 보면 당신의 인간관계에 더 긴 리듬을 만들어 낼 수 있다. 그 시는 마치 강력한 폭풍이 지나고 나면 필연적으로 등장하는 태양과 같다. 어느 순간에 내리는 무자비한 폭우는 태양 속에서 빛나는 선명한 물방울이 되어 생생한 초록색으로 빛난다. 당신이 이 시를 쓰면, 시는 폭풍이 지나간 자리에 당신과 함께할 것이다. 시를 쓸 때는 상상하지 못한 방식으로 당신을 도울 것이다.

인간관계의 어려움과 도전은 겸손하지 않으면 아무 소용이 없다. 약속을 지키고 수년에 걸쳐 결실을 맺은 강력한 관계조차 갑자기 흔들리며 끝날 수 있다. 그 결과는 부서진 심장과 환멸일 수도 있다.

배우자의 약점 너머를 보려는 노력과 사랑의 감정을 기록하려는 노력은 이별이나 이혼으로 발생하는 아픔이나 상처를 예방한다. 사랑의 시가 당신을 치료하는 데에 미친 영향은 그러한 시를 쓰고 난 후 한참이 지난 후에야 분명해질 수도 있다.

  이런 일은 관계가 끝난 후에도 한동안 일어나지 않을 수 있다. 궁극적으로 당신의 시는 좋았던 일을 기억하도록 도울 것이다. 그리고 그것은 관계를 지속하고 진전시킨다.

  다음은 내가 아내에 대해 쓴 시다. 이 시는 이혼 후 상실, 혼란, 분노를 치료하고 내가 그녀의 충만함을 깊이 인식하는 계기가 되었다. 이런 인식은 현재 우리가 서로에게 갖는 호의와 존중과 직접 연결된다.

**사랑하는 사람이여, 노래하라,
그러면 깊은 강물이 굽어진다**
(수잔 모타나를 위해서)

사랑하는 사람이여, 노래하라,
그러면 깊은 강물이 굽어진다.
당신 안에 울려 퍼지는 그들의 소리를 듣기 위해서.

당신의 언어가 강바닥처럼 부드럽고
깨끗해진 것을 느껴 보라.
신중한 수호별에 의해
새롭게 만들어진다.

그들 간에 자유로이 말한다.
사랑을 속삭이는 오래된 언어와
꿈꾸지 않는 휴식을,

당신 삶의 깨어난 흐름이 어둡고 밝은

산의 고독으로

내려가는 것과 같은 평온,

외롭고 조용한 겨울 목소리와 합창 소리,

그것은 봄에 듣고는 듣지 못한

미소의 합창 노래.

이 시는 결혼 생활이 끝난 후에도 변함없는 수잔에 대한 나의 감사를 표현한 시다. 이 시는 인생에서 완성하지 못한 약속을 말하고 있기 때문에 내 안의 어떤 슬픔을 이끌어 내지만, 나를 절망하게 만들지는 않는다.

그런 찬양시는 타인을 깊이 있게 '보는' 감각이 주의력을 필요로 하는 재능이라는 생각, 그것이 단순히 생활의 결과가 아니라는 생각을 떨쳐 낸다.

나는 또 다른 어려운 시를, 특히 결혼 파경에 대한 시를 써야 했지만, 내가 수잔에게 감사하며 쓴 이 시도 나의 치료에 소중한 도움이 되었다.

| 연습
배우자의 본질 인식하기

　시간을 투자해서 당신의 남편, 아내, 연인, 당신이 사랑하는 누군가를 생각해 보자. 그 사람의 성격, 그 사람이 가장 좋아했던 것을 생각해 보자. 그 사람의 본래 성격과 재능이 당신의 관계에 어떤 영향을 미치는가? 당신의 삶과 경험에 그 사람의 존재가 어떤 영향을 주는가? 상상력을 발휘해 보다 넓고 은유적인 인식으로 그 사람을 묘사해 보자.

친밀감과 약점

> 인간은 상처 받기 쉬운 약점에 항복한다.
> 그것은 신이 개입하는 장소다.
> 신은 상처를 통과해 온다.
> 마리온 우드만

친밀감은 상대방의 약점을 깊게 사랑하고 감사는 일도 포함한다는 사실을 우리는 배우지 못했다. 약점이라고 생각하는 것을 인간관계 속에 포함하는 것은 용납할 수 없다고 생각할 수 있다. 왜냐하면 그것은 상대방이 상상 속의 완벽한 기준을 만족시키지 못한다는 것을 의미하기 때문이다.

우리는 인간관계에서 '가장 좋은 면'만을 보이려 노력하지만 오래가지 못한다. 어떤 배우자에게나 빛나는 '정오'의 가장 좋은 빛은 결국 기울어 풍경 속에 그림자를 드리운다. 상처의 약점이 발견되는 지점은 보통 이 그림자와 반쪽짜리 빛의 장소다.

우리는 그림자가 지는 장소에 대해 더 잘 알아야 한다. 또한 친밀감을 더 깊이 발전시키려면 배우자에게 이것을 알려야 한다. 빛과 그림자가 공존하는 풍경은 치료의 이미지와 은유를 이해하는 한 방법이다. 황혼과 새벽은 그림자의 길이가 늘어나는 때가 아니다. 변화하는 빛과, 반사, 실루엣의 미묘한 아름다움이 드러나는 때다.

친밀감은 무조건 '가장 좋은 면'만을 보여 주는 것이 아니다. 친밀감은 자신의 많은 부분을 공유하려는 의지다. 가수 조니 미첼의 유명한 노래 〈Both

Side Now〉는 한쪽 면만을 보여 주려는 어쩔 수 없는 가슴앓이를 표현하며, 더 이상 진실한 감정을 감추지 않으려는 바람을 "당신을 사랑한다고 크게 당당히 말하고 싶은 눈물과 두려움과 감정"이라는 가사로 표현한다.

미첼의 낭만적인 노래는 약점을 감추려는 젊은이의 자존심이 어떻게 친밀감을 방해하는지 보여 준다. '양쪽 면'을 공유하는 것에 대한 두려움은 결코 젊은 사람들에게만 해당되는 내용은 아니다!

당신이 누구인지 표현해야 할 필요성은 나이가 들수록 더 깊어진다. 나이가 들면 사랑과 친밀감 사이에 어떤 일이 벌어질까? 나이가 드는 것을 부정하는 것은 자기 존중, 독창성, 지혜, 삶의 힘 등을 부정하는 일이다. 노화에 대한 당신의 느낌을 담은 시를 써 보면 당신 안에 현실적인 어떤 것과 변함없는 어떤 것의 가치를 알 수 있고, 이를 통합할 수 있다. 당신의 시는 인간관계와 삶의 목적에 대한 당신의 이해에 본질적인 진실을 표현해 줄지도 모른다.

아름다움에 이르기

당신의 사랑이 식었어요.

당신은 내 눈가의 주름을 생각하며

그것을 잊으려 하고 있어요.

나는 벗겨질 거예요.

내 존재의 가을이 되면

내 일부는 날아가겠죠.

떨어져서 추위에 떠는 잎사귀처럼.

나는 그들이 지나가는 것을 후회하지 않아요.

나는 깨끗하고 완벽한 형태를

만들기 위해서 노력할 거예요.

연금술사인 나, 철학자의 돌인 나는

젊은 날의 군살과 시시함과 머리칼을 희생하고,

불 속으로 걸어 들어가, 어둠 속에서 뛰어오르며

내면의 강을 헤엄치고

우는 벽을 향해 기도할 거예요.

주름과 늘어진 살과 회색 머리칼을 얻었어요.

당신은 부서진 인형 앞에 아이처럼 탄식하고 있군요.

이 할멈의 속만은 언제나 진실이었어요.

히야신더 힐

    윌리엄 버틀러 예이츠는 말년의 시에서 노화, 인간관계에서의 열정, 자존심, 인생의 좋은 점과 나쁜 점을 함께 취하는 주제에 천착했다. 예이츠의 '미치광이 제인'이라는 캐릭터는 에로스라는 뿌리 깊은 에너지와 여전히 연결된 '현명한 노파'의 목소리를 낸다. 그녀는 외부의 어떠한 권위―시에서는 성직자―도 그의 진실을 더럽히거나, 나이에도 불구하고 그녀의 삶의 자양분인 에로틱한 뿌리를 거부하지 못하도록 한다. '미치광이 제인'은 사랑이 완벽한 표현을 찾기 위한 것이라면, 삶에는 혼란스럽고 천하고 어두운 부분이 있어야 된다는 것을 알고 있다.

미치광이 제인이 주교와 이야기하다

    나는 주교를 길에서 만났다.

그와 나는 많은 이야기를 했다.
"이 가슴들이 이제 평평하고 늘어졌어요.
이 혈관들은 이제 곧 마르겠지요.
천국의 집에서 사십시오.
더러운 짐승의 우리 안이 아닌."

"아름다움과 추함은 거의 같은 것.
아름다움에는 추함이 필요해요."
나는 소리쳤다.
내 친구들은 죽고 없지만
그게 진실이지요.
무덤도 침대도 부정하지 않아요.
육체의 비천함과 마음의 긍지에서 배웠지요.

사랑의 의지만 있다면
여자는 긍지를 갖고 굳건할 수 있어요.
그러나 사랑은 그의 집을 배설물이
가득한 곳에 던져 버렸습니다.
한 번도 빌린 적이 없는 것은
혼자일 수도, 전체일 수도 없으니까.

'미치광이 제인'은 죽음으로 밀려나기보다는 가능한 오래 살기를 주장한다. 그녀는 주교가 말하는 그녀의 나이에 적합한 행동을 거절한다. 그는 그녀의 이상함, 혼란함, 강한 목소리가 불편해 그런 제안을 한다.

예이츠 시의 마지막 네 행은 놀라울 만큼 영적이고 에로틱하다. 배설물 장소의 이미지를 아기 예수가 짐승들 사이에서 태어난 신성한 장소로 받아들이든, 인간의 성과 육체적 기능이 '아름다움과 추함'이 '동류'인 장소에서 일어나든, '미치광이 제인'의 메시지는 똑같다. 그녀는 그녀의 관계, 정직, 쇠약함, 황홀경 등을 통해 완전함과 영혼의 연결을 찾으리라는 것이다.

사랑은 우리가 완벽하거나 교리에 기초한 안전한 결정을 내렸다고 다가오는 것이 아니다. 우리의 나이와는 아무 상관없이, 사랑은 추하고 약하다고 생각하는 장소에 들어올 수도 있다.

치료의 손길이 필요한 것은 신체적 상처나 노화가 아니라 내면의 '결함'일 수도 있다. 듣는 귀가 필요한 것은 우리 안의 아름다움과 추함을 조화시키려는 노력이다. 우리는 필연적으로 우리 안에 상처 입은 어떤 것을 관계 속으로 끌어들이게 될 것이다.

우리는 시를 쓰면서 우리의 약점을 감수성 깊은 배우자와 공유할 수도 있고 '이해'라는 피난처를 찾을 수도 있다.

달빛

창백한 달빛이 우리를
우리의 밤 속 더욱 깊은 곳으로 이끄네.
조금씩,
조금씩,
우리는 후미진 곳에서
그리고 그 창백함 속에서
우리의 사랑을 발견한다.

내가 당신에게 짐이 되려 할 때

제발 날 떠나지 마세요.

나는 내 말을 들어줄 사람과 나를 사랑해 줄

사람이 필요해요.

내 옆에 머물러 내가 갖지 못했던 것을

내게 주세요.

엘리자베스 로버트

    사랑이라는 치료는 "우리의 밤 속" "후미진 곳에서" "창백함 속에서"라는 숨겨진 장소에서 이루어진다. 이 시는 자신이 필요한 것을 부탁하는 힘을 보여 주기 때문에 아름답다. 시적 언어는 다른 사람이 진실한 마음으로 들을 수 있도록 당신의 약점을 표현한다.

    행동하는 것보다 말하기가 더 쉬운 친밀감에 대해 생각해야 할 중요한 점이 있다. 우리가 다른 사람과 친밀해지기를 원한다면 거부도 받아들일 줄 알아야 한다. 배우자는 당신이 말하려는 것을 듣고 싶어 하지 않을 수도 있다. 그러나 배우자가 당신에 대한 새로운 사실을 알고 싶어 한다면, 배우자와 공유하기에 안전한 것 이상을 해야 한다.

    친밀감은 관계를 즐겁게 만들고, 삶을 확인하는 신성한 어떤 것으로 변화시키는 마법이다. 깊은 사랑은 우리의 상처를 쓰다듬고 우리를 변화시킨다.

    다음은 수잔 디온이 남편, 톰 프랜시스에 대해 쓴 시다. 수잔은 그들 육체의 약점을 사랑스럽게 바라보며 관계의 에로틱한 즐거움을 찬양했다.

6월의 열기

당신은 낮에 나에게 왔죠.
아이들은 없고,
공기는 무겁고 뜨거웠죠.

은색이 섞인 검은 머리칼이
당신의 강하고 넓고 단단한 가슴을 덮는군요.

깎인 구멍에는 자국들이 남아 있고
목뼈와 목 사이에는
오래된 구멍과 수술 자국
그리고 닳아 해진 자리가 있군요.

그런 가슴 튜브 자국 같은
손가락 크기만 한 자국들은
연인을 위해 가려졌지요.

작은 상처들을 따라 중앙의
커다란 수술 자국, 복개된 심장,
이끌고, 박동하고, 속삭이고,
믿음직스럽고, 기쁨을 주는.

창백하고 가는 다리의 적갈색 피부,

팔, 손가락, 금발과 얽혀요.

찬양할 이유가 있지요.
아이들은 가고,
공기는 무겁고 뜨거워요.

「6월의 열기」는 상처의 위치나 두 육체의 역사 이상을 보여 준다. 연인이 서로에게 표현하는 수용은 사랑의 윤곽을 드러내며, 질병이나 신체적 결함에도 불구하고 성적 욕망이 있다는 것을 보여 준다. 수잔은 다음과 같이 말한다.

> 톰은 우리가 서로를 알기 시작한 때부터 그의 심장 수술에 대해 솔직하고 정직했다. 그는 이십대 때 아프리카의 서부 평화부대에서 근무했고 심하게 앓았다. 그는 지중해성 기생충에 매우 심하게 감염되었다. 모든 신체 기능이 떨어졌고 목숨만 부지할 정도였다. 삼십대 때, 이 기생충 질병은 충혈성 심장 문제로 발전했고 그는 심장 복개 수술을 받아야 했다. 그는 심장박동 조절장치를 달았다. 가슴의 튜브가 그런 종류의 상처를 만들리라고는 생각하지 못했다. 나는 그의 몸속에 달린 심장박동 조절장치를 느낄 수 있다. 그것은 그의 생명의 일부이고 우리의 친밀감의 고리다. 나는 이 시에서 과거의 상처를 서로에 대한 현재의 사랑으로 인식할 수 있었다.
>
> 이 시는 톰에 대한 사랑의 시지만 나도 이 시 안에 있다.

창백하고 가는 다리,
팔, 손가락, 금발······.

나는 1989년 이후 건강상 여러 가지 이유로 아팠다. 나는 통증을 증오한다. 덜 아플 때도 있고 평소에는 증상이 없다. 그렇지만 운동, 아주 약간의 운동이라도 하면 피로, 고통, 쇠약의 강도가 배가된다. 이런 힘든 조건이기에, 나는 사랑스런 배우자와 성적 욕망을 관리하기로 했다. 사실 내 인생의 중요한 부분을 망친 고통에도 불구하고, 나는 우리의 사랑과 성적 친밀감에서 많은 것을 얻었다.

약점과 친밀감에 대해 당신이 쓰고 싶은 것은 신체적 문제나 질병이 아닐 수도 있다. 그것은 당신이 스스로 받아들이기 어렵거나 사랑하는 사람과 공유하기 어려운 것일 수도 있다. 당신의 단어가 눈에 잘 안 보이는 상처들을 쓰다듬도록 하자. 당신의 단어로 무엇이 진실인지를 말하고, 수용이라는 변신의 마술을 보여 주자.

| 연습
글쓰기와 의식 – 상처에 연고 바르기

1장에서 나는 오른쪽 다리를 잃은 고통을 치유하는 방법으로 '의족 위로 흩날리는 장미 꽃잎'에 대해 말했다. 당신 자신을 위한 그런 의식을 만들어 보라. 신체적 상처나 감정적 상처를 위한 것일 수도 있다. 당신의 상처는 아마도 깨어진 관계에서 나올 것이다. '정상적인' 사람과 비교해 자신을 제약하는 것은 보다 눈에 띄는 신체적 장애다. 당신의 의식에 특별히 준비한 목욕을 즐기는 것, 자연에서 즐겨 찾는 곳, 의식을 통해 영혼을 치료하는 것을 포함시킬 수도 있다. 아마 당신은 방치되거나 사랑받지 못한 불완전성을 사랑하게 되거나, 의식적으로 주목하거나, 이를 포함하게 될 것이다. 이런 경험들이 당신에게 스며들도록 두고, 때가 되면 그 경험들을 반추할 수 있는 시를 써 보자.

| 연습
말하지 않은 약점에 대해 생각하기

당신이 배우자에게 아직 밝히지 않은 것을 말해야 될 때를 생각해 보자. 그것은 약점이나 불안, 사랑의 손길을 바라는 필사적인 갈구를 표현하는 일이다. 당신의 숨죽인 목소리와 갈팡질팡하는 마음이 자신의 부드럽고, 유순하고, 나약하고, 소중한 부분을, 그러나 남에게 보이기 너무 부끄럽거나 하찮아 내버린 그 부분을 찬양하는 시의 씨앗이 되게 하자.

| 연습
나이 든 모습을 상상하기

당신이 더 나이가 들었을 때의 모습을 상상해 본다. 여든 살에서 아흔 살, 백 살로 가는 여정에 대해 시를 써 본다. 어떻게 그 나이를 맞이할 것인가? 어떻게 친밀감을 당신 모습의 일부로 만들 것인가? 그 여정에서 접하게 될 장애물은 무엇인가? 그 여정과 당신의 관계를 어떤 의미와 마법으로 풍요롭게 할 것인가?

| 연습
사랑과 나눔의 시 쓰기

사랑과 나눔의 친밀한 경험을 생각해 보고 이를 시로 써 본다. 모든 범위의 느낌, 감각을 포함시킨다. 수잔 디온의 시처럼 세심한 사랑을 표현한다. '미치광이 제인'처럼 대담해져 보자. 사랑하는 사람의 육체와 마음을 당신의 시에 가져오자. 자신의 것도 역시 가져와 본다.

결혼의 계절

날씨, 환경, 재해, 계절로 인해 변화하는 자연의 풍경처럼, 연인의 관계는 끊임없는 변화를 겪는다. 변화는 오랜 기간에 걸쳐 일어나기도 하고, 하루나 한 순간에 일어날 때도 있다.

폭풍과 맑은 날씨는 일 년 주기라는 좀 더 긴 리듬으로 서로 다른 계절에 일어날 수도 있다. 이런 변화는 우리의 신체적, 정신적, 영적 삶을 반영한다. 비를 맞아 뼛속까지 젖거나 태양 아래 최고의 휴양을 하며, 우리는 현재 일어나고 있는 일이 앞으로 어떻게 변할지를 잊어버릴 수도 있다.

인간관계라는 계절은 서로 다른 방식으로 다가오기 때문에 더 큰 맥락에서 인식할 때만 우리는 이를 더 잘 이해할 수 있다. 특히 시인은 사랑하는 두 사람이 서로 간직한 사랑이 그들을 보편적인 어떤 것과 연결한다는 사실을 알고 있다.

아름다운 여인과 그녀의 기사를 노래하라.
두 명의 친구, 형제, 연인을 노래하라.
맹세를 지키는 그들을.
그리고 찬양하라, 찬양하라,
남자와 여자
벌거벗은 채 약혼한 그들을
대지에 초록을 주고
그들의 사랑으로

한낮의 빛을 떠오르게 하는 그들을!

이것들은 우리가

처음으로 아름답게 노래 부른 것들

11월의 불에 덴 잎과 5월의 초록

일 년의 변화

달의 회전

우리는 우리의 박자로 노래하고

우리의 운율로 화답한다.

우리의 여인이 차고 기운다.

조앤이 우울해 하고

조앤이 기뻐한다.

11월의 불에 덴 잎과 5월의 초록

빛의 원천과

함께 지키는 우리의 맹세에서

우리가 하는 일은 다시 채우는 일과 놀이

그것은 옳고도 옳다.

마치 궤도 속 별들이

어둠과 결속하듯이.

우리의 주인이

우리의 심장을 깨운다.

존은 슬픔을 알고 있었다.

그리고 존은 기쁨도 알고 있었다.

11월의 불에 덴 잎과

5월의 초록

로버트 덩컨, 「옛 질서의 노래」 중에서

로버트 덩컨의 시(실제는 노래)는 우주의 과정과 관계 사이의 자연의 조화를 보여 준다. 우리는 우리에게 어떤 계절이 맞을지 예측할 수 없지만, 우리가 더 큰 패턴과 더 긴 리듬의 한 부분이라는 것을 알 수 있다. 글쓰기는 이런 긴 리듬을 기록하고 인식하는 방법이다.

로렐과 피트 라고니는 둘 다 아이오와에서 자랐다. 그들은 아이오와주립대학교에서 신입생 때 만났고 데이트를 시작했다. 그들은 4학년이 되자마자 결혼했다.

삼 년이 흐르자 상황이 나빠졌다. 그들은 싸웠다. 서로 목적과 방향을 찾으려 애썼다. 그들은 술에 취해 파괴적으로 행동했다. 둘 다 환멸을 느꼈다. 다음은 로렐이 결혼 초기의 문제에 대해 쓴 글이다.

> 피트와 나는 스물한 살에 결혼했다. 우리는 어렸고, 초기 몇 년간 여러 가지 문제가 많았다. 불행하게도, 우리는 건강한 방법으로 문제를 해결하지 못했다. 인생에서 진정 원하는 것을 생각해 보는 건설적인 이별의 시간보다는 파괴적인 다툼을 반복하다가 외도, 술, 별거 등의 문제가 생겼다.

로렐이 결혼 초기에 쓴 시는 사랑과 충돌을 묘사한다.

결혼

자는 것은 닿는 것.
마치 쟁반 위 포크처럼 우리는 열을
맞춘다.
당신의 굽은 다리가 내 무릎에 닿고
당신의 엉덩이가 내 골반을 누르고
올가미에 걸린 목처럼 나의 팔이 당신의
팔에 걸린다.

그리고 우리는 한 개의 베개를 쓴다.
내 볼을 당신 목의 움푹한 곳에 누이고,
나의 금발이 당신 갈색 머리칼과 엉킨다.
한 개의 베개 위에서 우리의 꿈이 얽힌다.
친밀감이 공동의 공포로 우리를 깨웠다.

우리는 다시 잠들려 했다.
시에스타 시간의 멕시코처럼
어깨를 맞대고, 척추를 맞추고
다리를 감고서,
그러나 올가미가 조여 오자
나는 나만의 꿈을 꾸기 위해 다시
침대를 떠났다.

이 시에는 그들의 관계의 밀고 당김, 불안, 달콤한 전주곡, 끈질긴 속박, 친밀감으로부터의 파괴적 철수 등이 들어 있다. 로렐은 이 시에서 얻은 통찰력에 관해 이렇게 말했다.

> 우리의 결혼 — 좀 더 정확하게 말하면 결혼 생활 이외의 관계 — 에 관해 내가 초기에 쓴 시를 읽었을 때, 나는 슬픔을 느꼈다. 현재 우리가 알고 있는 것을 당시 피트와 내가 알고 있었다면 좋았으리라고 생각한다. 그러나 그 나날이 우리에게 현재 결혼 생활을 가져다주었다. 우리는 우리가 가진 것이 얼마나 좋은 것인지 안다. 왜냐하면 얼마나 더 나빠질 수 있는지를 잘 알고 있기 때문이다. 지금 우리는 서로의 개성을 빈정거리고 비꼬았던 것을 나무라기보다 감사하고 있다.

로렐은 결혼한 지 이십 년 후에 다음 시를 썼다. 초기의 시와 비교해 이미지와 구조가 통합되고 포괄적인 특징에 주목하자. 보다 즐겁고 명확한 것이 그녀와 피트의 관계를 묘사하는 자연 풍경의 이미지 속에 잘 녹아 있다.

폭포

넓고 경사진 산으로 돌진하는 폭포의
물이 퍼진다.
마치 레이스 달린,
하얗고 긴 웨딩 가운처럼
그녀라는 폭포는
영혼의 의식이라는 가운을 입고

스스로 계속해서

그녀 밑의 어둡고 거대한 화강암과

결혼한다.

삼십 년 동안 오십 번 방문하면서

그들은 거의 같다.

좁고 새로운 보조적인,

두 개의 완전히 자란

나무들이 그들 옆에 있다. 그러나

그―바위―는 머물러 그녀를 보조하고

그녀―폭포―는 그의 위에서 춤추고,

뛰어오르고, 부산하다.

모든 영원, 신부를 위해.

    나는 한결같은 피트가 지루했다. 나는 그것이 우리 관계의 문제라고 생각했다. 나는 폭포와 같다. 나는 빠르게 변화했고, 그를 불안하게 만들었다. 우리는 끊임없이 충돌했다. 그러나 치료 과정과 인내의 시간을 거친 후, 그는 내가 그를 긴장하게 만드는 것을 좋아하게 되었고, 나는 그의 한결같은 점과 문제의 핵심을 파고드는 점에 감사했다.

    내가 초기에 쓴 시를 읽으며 우리가 얼마나 고통스러웠는지 깨달았다. 나는 초기의 시와 지금의 시를 모두 볼 수 있어 감사하다. 왜냐하면 우리가 걸어온 길이 얼마나 길었는지 극명하게 보여 주기 때문이다. 우리는 우리가 예전에 어떠했는지 알고 있으며 서로의 부끄러운 비밀도 알고 있다. 오래된 친구처럼, 우리는 서로에게서 위안을 얻고, 순수한 기쁨을 발견한다.

    우리는 겉모습에 미묘한 변화가 있었고, 아이들이 우리 삶의 '풍경'을 확실히 바꾸어 놓았다. 그러나 피트—바위—는 일관성과 안정을 제공하고, 나—폭포—는 삶 속에서 돌진하고 춤추며 계속 변화한다. 그러나 지금의 변화는 내게 익숙한 강바닥이라는 상황에서의 변화다.

| 연습
사랑의 계절 묘사하기

    로렐과 피트의 관계 변화는 이십 년에 걸친 시 속에 기록되어 있다. 그러나 결혼이나 친밀한 관계에서는 이보다 짧은 기간 안에 변화가 일어난다. 관계는 삼 개월 안에도 극적으로 변할 수 있다. 특히 초기 삼 개월 안에 말이다. 변화는 시시각각 일어난다. 관계는 자신만의 계절을 가지고 있다. 당신의 관계를 어떻게 묘사할 것인가? 어떤 경험이 봄, 여름, 가을, 겨울의 이미지에 해당하는가? 관계에서 새로운 것은 무엇인가? 초록과 번성은 무엇인가? 시간이 흐르도록 두어야 할 것은 무엇인가? 무엇이 차갑고, 무엇이 고독과 기다림을 부르는가? 관계의 서로 다른 계절을 나타내는 소재들을 말로 표현하고 시로 써 보자.

열망의 마음 : 자신으로 돌아가기

당신의 배우자는 당신이 공유하기를 바라는 수준에 감정적으로 맞지 않을 수도 있다. 그래서 배우자에게 아무것도 바라지 않을 수도 있다. 그러나 이것은 매우 고통스러운 일이다. 배우자는 당신의 말을 듣지 않을 수도, 당신의 변화나 진화를 인식하지 못할 수도, 습관보다는 진실과 살고 싶은 당신의 욕망을 반기지 않을 수도 있다.

당신의 관계에서 의사소통을 바라는 비틀린 욕망이 당신을 절망이나 분노로 이끌 수도, 소로가 말한 "조용한 절망의 삶"을 살도록 포기하게 할 수도 있다. 아니면 의사소통의 결핍이 당신 안에 더 많은 어떤 것을 갈구하게 만들 수도 있다.

다음 두 편의 시는 서로 다른 종류의 열망을 묘사한다. 둘 다 관계 속의 의미와 관련이 있다. '열망'이라는 단어를 '뻗어 나감'의 함축으로 생각해 보라. 우리가 무언가를 열망할 때, 그것은 우리가 무언가를 향해 뻗어 나가려는 의지를 나타낸다. 감정적인 뻗어 나감은 긴장을 완화하거나, 일시적인 긴장을 야기하기도 하고, 과거의 제약으로 이끌거나, 왜 우리가 함께하는 선택을 해야 하는지를 시험할 수도 있다. 열망은 나쁜 것이 아니다. 삶의 한 부분이다. 우리는 뻗어 나가야 한다. 열망은 우리의 인식을 넓히고, 우리의 마음을 채운다.

열망은 우리의 관심을 매달린 당근에 쏠리게 한다. 그것은 우리가 갖지 못한 관계일 수도, 우리의 관계를 치료하려는 욕구일 수도 있다. 마음의 욕구를 해소하는 데 필수적인 부분일 수도 있다. 열망은 당신 자신에 대해 무엇을 가르쳐 주는가? 당신은 열망과 어떻게 살아가는가? 열망은 당신에게 어떤 의미이며, 당신은 열망으로 무슨 일을 할 것인가?

당신에게 중요한 일을 나타내는 단어, 즉 당신이 바라는 바를 단어로 쓰는 것은 의식적으로 당신의 삶을 배려하는 책임일 수 있다. 건강한 열망은 수동적으로 바라기보다 능동적으로 나서는 것이다. 우리는 열망하는 것을 얻지 못할 수도 있지만, 글쓰기는 열망의 장소로 뛰어들어 그 열망에 목소리를 부여한다. 우리는 조용한 절망 속에 빠져 있을 필요가 없다. 우리의 열망을 쓰고 이를 통합할 시간을 갖는다면 자신에 대해 더 많은 것을 알게 될 것이며, 우리가 믿는 것을 위해 더 잘 살 수 있고, 더 잘 말할 수 있게 될 것이다.

오니 크리글러는 건강한 관계를 위해서는 사랑에 관심을 쏟아야 한다고 썼다. 오니는 그녀의 육체 깊숙한 곳에서 단어를 찾는다. 그녀는 유기적 생물과 마찬가지로 내면의 깊숙한 곳이 숨 쉬지 않으면 생명이 썩는다는 사실을 알고 있다.

희미한 호흡

방치된 채 떠나 버린 사랑에는 마술적인 것은
아무것도 없다.
그것은 저장고 바닥에 남은
채소 쪼가리처럼 썩는다.
그 맛도 모른 채 소비한 지 몇 년이
지난 후 갑자기 잊힌다.
형태에서 벗어나—어떤 것에 실체가 없다—

라는 말은 액체에 흐느적거린다고 말하는 것과
비슷하다.
그리고 다시 시작하라고 말한다.

마술은 미지의 조용하지 않은 장소와
조용한 장소 사이에서 만들어진다.
신선한 형태와 목소리로 만들어지며,
그곳에 갈 수 있는 당신의 용기 모두를
빼앗아간다.

돌보지 않는 사랑은 비겁한 행동의 극치
인간의 모든 실패가 열을 지어
안전이란 성가를 부른다.
육신에 매여 희미하게 숨을 내쉬며,
불완전하고 부서진 심장을 부여잡는다.
마음의 형태는 원형의 춤 위에
이성이라는 격자를 쌓고
단단히 부여잡은 채, 우리는 쉴 곳을
찾아 나갈 길을 눈이 먼 채 찾는다.
도로시처럼 제단마다 기도하며 집에
가게 해달라고 기원한다.
두 발로 갈 수 있는 기회만 빼고.

오니는 자신의 두 발로 서려고 노력하며, 여전히 그녀가 원하는 관계의 특징을 분명한 어조로 말한다. 그녀는 자신의 시에 대해 이렇게 말한다.

우리는 관계에서 두려움과 습관 때문에 스스로 실패하거나 서로 실패하는 듯하다. 나는 여자와 남자 모두 일어나지 않은 일에 대해 서로를 비난하고 있다고 생각한다. 나는 자신에게 묻는다. 내가 관계로 나아갈 때 나만의 자원을 가지고 접촉하고 있는 것일까? 나는 관계에 무엇을 가져와야 할까? 내 사랑의 능력을 가져오지 않는다면, 자신을 사랑하는 일에 당연히 뒤따르는 일은 일어나지 않을 것이다.

또한 이 시에는 좌절이 표현되어 있다. 나는 당신이 어디에 있는지 묻고 있다. 이 사랑이 자란다면 거기에는 의식적인 보살핌이 필요하다고 말하고 있다.

많은 것들이 관계를 유지하고 추구하는 데 도움이 되겠지만, 그것은 배우자가 당신의 의도를 공유할 때처럼 도움을 주지 못한다. 당신은 자신을 포기하지 않고, 생명력을 잃지 않기 위해 다양한 전략과 자기 배려의 선택을 구사해야 한다. 당신 안의 시 치료제와 직관적 치료책은 포기와 슬픔을 자기 신뢰의 에너지와 독창적 기회로 바꾸는 힘을 지녔다.

열망은 더 이상 변할 것 같지 않은 관계에서도 당신을 변하게 할 수 있다. 이러한 열망은 다른 사람의 변화를 바라는 마음에 근거한 것이 아니라 자신에게 맞는 용기에 근거한다. 그리고 용기는 자신의 독창성과 건강한 행위를 뒤섞는 섬광으로서 분노와 좌절을 표출한다.

당신의 용기와 독창적 행위는 다른 사람을 비난하는 일과는 관계가 없다. 그 대신 당신에게 맞는 내용을 써야 한다. 자신의 상처를 부정할 필요가 없다. 더 많은 선택을 찾고 인식할 수 있는 능력을 기르면서 자신을 존경하는 마음을 글로 써 보자. 배우자가 똑같이 공유하지 않는다고 해서 아름다움이 당신을 치료하고 고무시키는 방법에 대한 당신의 열정을, 버릴 필요는 없다.

새의 노래

여기서 당신이
다시 치솟는다.
마치 작은 새가 공기를 연주하여
음악을 만드는 것처럼
새는 공중을 맴돌며 날갯짓하며.
내가 다가가자 천천히 그 눈으로
나를 바라보며 거의 숨조차 쉬지 않는다.
자 여기, 한 손에는 쌍안경이 있고.
당신 팔 아래에는 새에 관한 책이 있다.
당신은 책에서 새의 빨간 목구멍을
발견한다.
초록색 목은 절대로 당신 마음으로 가는
길을 발견할 수 없을 것이다.
말로는 표현할 수 없는 무지갯빛 속에서—
제트 얼룩의 반사,
또는 작은 초록의 깃털이 붉은색과
섞이고 합치는 색깔.

당신은 당신 영역 안에 들어온,
모든 소유물의 명칭에 사로잡혀 있다.
당신은 나를 게으르다고 생각하며,
내가 보듯이 그저 쳐다볼 것이 틀림없다.
만족스럽지만 익숙하지 않은 노래
처음으로 가락을 듣기 기대하며
내 귓가에서 사나운 날개들에 몸을 떤다.

나는 보고 또 보았다.
어떻게 당신이 그 새들을 지배하는지
개똥지빠귀와 참새, 종달새와 박새
어떻게 당신이 창공에서 새들을
납작 엎드리게 하는
눈으로 두근거리는 것보다는
혀에서 더 맛있다.

당신은 나의 팔이 예지력이 있다는 것을 아는가?
나의 입맞춤은 종에 따라 다르다는 것을 아는가?
당신은 내 머리카락의 색상에 맞는
이름을 하나 가지고 있는가?
내 마음속 야생의 노래를 가지고 있는가?

마리는 자신의 시에 대해 이렇게 말한다.

「새의 노래」는 황홀경과 고뇌가 함께하는 긴 관계에서 실제의 시간과 실제의 장소를 가졌다. 나는 「새의 노래」와 같은 시를 대담하게 쓴다. 황홀경이 나를 덮쳐 시로 쏟아져 나오는 동안, 고뇌는 스스로 어떤 것에 접합하려 한다. 자신보다 더 크고 더 강력한 존재인 시에 붙으려 한다. 그 시는 고뇌가 아니라 그 이상, 그 이하의 것이다. 그것은 누군가 들어주길 바라는 열망의 목소리를 위한 장소다. 동시에 그것은 내가 그냥 노래나 구슬픈 노래로 흘러나오는, 또는 새에게서 흘러나올 수도 있는, 힘차고 아름다운 언어로 스스로를 새롭게 바꾸는 방법이다.

|연습
열망의 시 쓰기

- 당신이 관계에서 열망하는 것을 시로 쓴다. 아마도 당신은 배우자와 이야기할 시간이나 자연 속에서 함께 보낼 시간, 혼자 있을 시간이 더 필요하거나, 육체적 친밀감이나 애정이 필요할 수도 있다. 이런 것들이 왜 필요한가? 이것이 당신의 열망을 어떻게 깨우고 있나? 열망을 인생의 한 부분으로 만들 경우, 그 경험은 어떨 것 같은가?

- 당신의 동료나 사랑하는 친구에게 열망에 관한 시를 써 준다. 안전하고 적절하지 않다면, 공유하지 않아도 좋다. 이 시에서만큼은 완벽하게 진실해지자. 당신의 열망에 필요한 방을 모두 만들어라. 당신의 삶에서, 배우자나 친구와의 관계에서, 세상과의 관계에서 당신이 열망하는 것은 무엇인가? 스스로 가장 듣고 싶은 말을 해 본다.

> 깊은 가을 떨어지는 낙엽들의 첼로 소리를
> 들어 보라.
> 마치 연인들이 미지 속으로 내려가는 것
> 같다.
> 다채로운 모든 방법과
> 슬픈 이별로, 그들은 그렇게 느리게
> 내려간다. 마치
> 땅을 밀어내려는 것처럼
> 그러나 아니다.
> 그들은 홀로, 황량하게 눕는다.
> 겨울의 어두운 면을 따라
> 내 다음의 숨결을 찾을
> 유일한 장소,
> 유연하고
> 플루트 같은 봄의 젖은 소리를
> 다시 시작하기 위한 것.
> **존 폭스**

6장

신이 탄식할 때

상실, 질병, 죽음에 대한 애도

시는 상실을 예방하기 위해 손에 손을 잡는 것과
또 누구든지 잃을 수 있다는 것을 공유할 수 있도록
우리 자신의 잃어버린 것에 대해 규정한다.

도널드 홀

슬픔의 겨울 정원에 대한 글쓰기

> 과거의 전통적인 여러 의술들이 보여 주듯이 질병은 심상으로 치료할 수 있다. 환자는 어떤 고뇌에 빠진 사람이 그 욕구불만에 대한 이야기와 이미지를 찾아보듯이 그를 치유하는 심상을 볼 필요가 있다. 하지만 그 이미지들은 쉽게 깨질 수 있으므로 너무 개인적으로 보거나 가깝게 생각하면 안 된다. 우리는 시를 통해서만 신들에게 접근할 수 있고, 만약 그 질병들이 심상의 변형이라면 우리의 의술은 예술과 심상으로 가득 찰 것이다.
> 토머스 모어

이 장의 이야기와 시는 내면의 깊은 장소에 닿는 경험에 관한 것이다. 우리는 작은 불빛에 의지해 위기의 여정을 거쳐야 할 때가 있다. 시 쓰기는 이 어려운 여정에 위안과 양식을 주며 슬픔, 삶의 전환기, 질병을 헤쳐 나갈 수 있도록 돕는다.

어떤 사람들은 질병에 걸리거나 깊은 슬픔에 빠져 있는 동안 글을 쓰는 일이 불가능하다고 생각할지 모른다. 그러나 또 다른 사람들은 시 쓰기가 생활 속에서 위대한 도전과 스트레스를 이겨내고 획득한, 자연스럽고 본질적인 부분으로 여긴다. 만일 지금 바로 글을 쓰는 것이 불가능하다면, 시를 읽는 것만으로도 어려운 시기에 큰 위안이 된다. 사람들은 나에게 시를 읽는 것이 슬픔을 극복하기 위해 할 수 있었던 유일한 일이었다고 말한다. 한 여인은 오직 시만이 그녀를 순수하게 위로해 주었다고 한다. 당신이 시 읽기를 즐긴다면 시간이 무르익었을 때 자신만의 글을 쓰는 데 필요한 씨를 뿌려 두는 셈이다.

또한 당신이 상실과 슬픔을 겪을 때 글쓰기가 필요할 수도 있다. 육체와 영혼 속에 있는 감정의 우물에서 끌어올린 시어들은 당신이 일상생활을 견뎌내도록 돕기 때문이다. 당신은 글쓰기를 통해 예전에는 몰랐던 민감함과 연민이 드러나는 것을 발견할 수도 있다. 바위 표면을 부드럽게 다듬는 바람처럼, 당신의 진실과 상실을 자신만의 언어로 기록할 수 있다.

데디 리그는 미국 동북부의 코네티컷 주에서 개업한 심리치료사다. 그녀는 자신의 '시적 영감'을 표현하기 위한 워크숍에서 콜라주 가면을 만들었고, 그녀의 콜라주는 스물세 살에 자동차 사고로 죽은 아들 타일러의 죽음에 대한 슬픔을 조망했다. 데디는 자신의 콜라주 가면에 관한 시를 이렇게 썼다.

가면

어둠이 아래로 내려온다, 떨어진다.
당신은 진정한 나 자신인가?
당신의 어두운 형상 속에
부드럽고 편안한
어떤 것, 무엇이라도 있는가?
꽃은 아마도, 삶의 여섯 꽃잎
한가운데에…….
그러나 아니다.
숨죽이며 흰 장미가 말한다.
현실성 있게 맹렬해지라고…….
나의 코는 부러졌다.
그것은 별도 없는 밤에

산산이 부서진 나의 심장.

아마도 그것은 나의 차가운

눈초리 밑에서 춤추는 음악

또는 선율 속에서 날아온 연.

트럼펫의 시끄러운 소리…….

너에게는 신성한 것.

나무는 구부러지고

입은 외치고

붉은 잎은 나무에서 시든다.

여기저기 파편이 되어 갈라진다.

    콜라주는 데디의 개인적인 상징들과 연상 이미지들을 한 장소에 모일 수 있도록 했다. 데디는 비언어적 이미지를 시로 승화했다. 그녀는 시를 쓴 과정에 대해 이렇게 말한다.

    어둠이 나의 머리 꼭대기에서 아래로 내려온다. 이것이 지금 내가 검은 이유다. 이 어둠 속에서 부드럽거나 편안하게 느낄 만한 것이 무엇일까? 나는 꽃을 사랑하기 때문에 꽃을 그렸다. 그리고 나는 지금 막 한가운데에 여섯 개의 화판이 있는 샤르트르 대성당을 본뜬 미로를 걸었다. 그러나 아니다. 그것은 부드럽지 않았다. 대신에 꽃들은 맹렬했다. 치료사이자 소설가인 플로리다 스코트 맥스웰은 현실적으로 맹렬해지는 것은 평생이 걸리는 일이라고 말한다. 내가 느낌을 표현하지 않을 때는 자신에 대해 무감각해지는 경향이 있다. 나는 가면을 쓴다. 이러한 말들을 써내리는 것이 괴롭지만, 나에게는 선택의 여지가 없다.

내가 만든 가면은 맹렬함으로 소용돌이친다. 나무에서 시들어 가는 붉은 잎들은 피고 입은 소리친다. 차 사고로 코가 부러졌고, 여러 조각으로 부서졌지만 이 역시 나의 얼굴이다. 이 시는 산산이 부서지는 것에 관한 시다. 타일러가 차 사고로 죽은 1996년 3월 2일 새벽 세 시 삼십 분, 별도 없는 밤에 관한 시다. 내 차가운 눈초리 아래에서 춤추는 음악, 트럼펫의 시끄러운 소리는 그 악기 연주를 즐기고 듣는 것을 좋아했던 타일러이다.

당신이 쓴 많은 시들은 아마 슬픔과 분노로 가득 찬 당신의 부서진 가슴에서 곧바로 나온 것일지도 모른다. 몇몇 시들은 당신의 마음이 열리도록 부서뜨린 것인지도 모른다. 당신은 시에서 희망과 신념을 주는 무언가를 발견할 수도 있다. 시 쓰기는 슬픔과 질병의 시간에 당신이 쉴 장소를 주며, 당신 자신을 이해하고 위로하게 한다. 짧은 휴식을 취하는 것일 수도, 상처나 질병 이외의 장소를 방문해 보는 것일 수도 있다. 그 장소는 아주 잠깐 동안이라도 당신의 짐을 덜어 줄 것이다.

이 쉼터에서 글을 쓰면 당신의 부서진 마음으로 어떤 자양분이 흘러들어 올 수 있다. 당신의 상처 난 마음을 달래는 것이 무엇이라고 생각하는가?

데디는 조카 손자와의 경험에 관한 시를 쓰면서 희망의 속삭임을 접했다.

아이작을 위해

나는 주전자 소리를 들었다.
너는 그것이 소리가 난다고 말했다.
너의 분홍색 손가락이 가리켰다―
라인골드, 세테벨로, 오리엔트 특급열차

나는 안디아모 세테벨로를 말했다.

너는 안디아모 디이드를 말했다.

너는 나의 희망이다.

나마스테.

주전자 소리는 기차의 이름과 소리 놀이를 연상시킨다. 데디는 작은 소년의 달콤함 속에서 기뻐하며, 희망의 영혼 속에 그와 함께한다. 그것은 희망 이상의 것이다. 데디는 시를 끝내는 말로 한 영혼이 다른 영혼과 하나 됨을 기리는 산스크리트어 "나마스테"라는 말을 한다. 그녀는 아이작의 목소리와 기차에 대한 사랑에 반응한다. 데디는 그들의 애정 어린 관계를 부드럽게 종이 위에 옮겼다. 이것은 쉼터이며 그녀의 삶에 희망을 주는 중요한 일이다. 그녀가 살아가면서 슬픔의 "겨울 정원"을 쓴 것처럼, 이 애정은 데디의 애도 과정의 일부다.

타일러를 위한 겨울 정원

침묵으로 둘러싸여, 나는 홀로 앉아 있다.

어떤 창백한 겨울 불빛도

나의 창문에 어리지 않는다.

벌거벗은 나뭇가지에는 하얀 추위의

어떤 반짝임도 없다.

눈 덮인 원추형의 형상에 어떤 햇살도

마법을 불어넣지 못한다.

세 왕의 계절에, 나는 겨울 정원을

응시한다.

모든 계절 동안, 나의 눈은 한 나무만을
바라본다.
일본식으로 쪼개진 잎의 줄기는
우아하게 구부러지고
너의 차가운 화강암 무덤 너머로
눈물을 흘리는 증조할머니,
속삭이는 시간과 회고와 애도,
벌거벗은 나무줄기
너의 어두운 정원의 신성한 닻
그리고 나의 것, 그것의 지혜
내 음산한 여행의 말할 수 없이 먼 곳의
목소리.

이번 겨울, 나의 추운 정원은 구릿빛 세계.
회백색 초록으로 덮인,
잡초 무성한 수풀과 다년생식물들이
뒤덮은 대지
이름 없는 꽃줄기는 장난감 보초병처럼
서 있다.
체리의 얇고 질긴 나무껍질이 벗겨지기
시작한다.
정원만이 순간의 자기 성찰을

멈추었다.
그것은 움직이지 않는 나의 백랍 같은
영혼이다.

나는 내 주방 안을 바라본다.
겨울 정원처럼, 슬픔이 그 벌거벗은
골격을 드러낸다.
혹독한 추위를 향해서…….
진실은 땅 아래 묻혀 있다.
비가 내리기 시작한다.

물기 젖은 리본이 나의 창문에 늘어졌다.
(나는 아카시아 딜바타와 거대하고 아름다운
나무와 겨울 막바지의 꽃들을 이야기했고
따뜻한 날에는 향기를 맡았다.)

겨울 정원과는 달리,
나는 봄을 볼 수가 없다.
마비된 나의 심장만이 오직 견디고 있다.
바람이 나의 몸을 관통한다.
이것이 내 삶의 온도다.

이러한 시를 쓴 사람에게는 대체로 아무 말도 필요 없다. 우리가 할 수 있는 것은 그것을 받아들이고 깊이 있게 듣는 것이다. 우리가 이러한 시를 쓸 때, 우리 역시 자신의 말들을 깊이 있게 듣게 된다. 그 말들은 우리가 우울한 시간을 견딜 수 있도록 도와 줄 것이다.

빛이 주는 것은 불타는 것에 대한 인내다. 빅토르 프랑클

슬픔 속에서 신비한 느낌 : 떨어지는 모든 것을 붙잡는 사람

상실감으로 살아가는 시간은 우리를 냉소적으로 만든다. 냉소는 우리의 신비감을 뒤흔든다. 냉소적 행동은 우리가 치유되도록 돕는 희망이나 상상력보다는 쓰디쓴 사실과 의심이 삶의 진실에 더 가깝다고 생각하게 만든다. 냉소는 불확실성을 약점으로 파악하고, 무자비한 심판의 갑옷으로 무장한다. 그러나 신비감과 불확실성은 우리가 아직 알지 못하는 무언가—민감함, 치유, 신성함—를 향해 마음을 열게 한다. 시 쓰기는 냉소의 좋은 해독제다.

가을

나뭇잎이 떨어진다, 저 멀리 떨어진다.
과수들이 저 높은 곳에서 죽어 가는 것처럼
나뭇잎들이 "아니"라고 몸짓하는 것처럼
잎들이 하나씩 떨어진다.

그리고 오늘 밤 무거운 지구가 떨어진다.
외로움 속에 모든 다른 별들로부터.

우리는 모두 떨어진다. 여기 있는 이 손이 떨어진다.
그리고 다른 손을 바라보라……
그것은 모두 그 안에 있다.

그리고 한없이 고요하고,
떨어지는 모든 것을 붙잡는 손을 가진
누군가가 아직 여기 있다.

라이너 마리아 릴케

    의심과 믿음의 방을 만들기 위한 자신만의 글쓰기를 통해 길을 발견하는 것은 당신이 인생에서 상실의 시간을 잘 보낼 수 있도록 도와준다.

| 연습
감정을 드러내는 콜라주 창조하기

크리스 하스는 캘리포니아 주에 있는 병원의 행동치료센터 치료사로 일한다. 크리스는 환자들이 슬픔이나 희망을 묘사하도록 돕기 위해, 또는 그 두 가지를 조화롭게 하기 위해 다음 콜라주 실습을 제안한다. 당신에게 맞는 속도로 연습해 본다. 당신이 편안하게 느낄 때까지 진행한다.

- 먼저 당신의 마음속에서 창조적이고 편안하다고 느끼는 장소로 이동한다. 이 장소에서 잠시 휴식을 취하고, 고통을 상징하는 당신의 이미지들과 함께 가장 강력한 느낌이 떠오르도록 내버려 둔다.

- 이용할 수 있는 잡지는 뭐든 이용해 보자. 사진을 찢어 보자. 당신의 관심을 사로잡는 부정적인 이미지들을 모으자. 사진, 모양, 색깔, 문구 등 무엇이든 좋다.

- 그만둘 준비가 될 때까지 콜라주 이미지들을 모은다. 이미지들을 다 모으는데 십오 분이 걸릴지, 며칠이 걸릴지도 모른다. 거기에 대해서는 신경 쓰지 말자. 이 과정을 식사처럼 생각해 보자. 배가 부르면 멈추면 된다.

- 당신에게 맞는 방식으로 커다란 종이 위에 이미지들을 배열한다. 열려 있는 종이 가방, 포장지, 신문 등 그에 관한 콜라주를 붙여 본다. 콜라주를 붙이기 위해 풀이나 테이프를 사용한다. 이 연습은 예술적인 것이 아니다. 당신의 고통, 슬픔, 희망을 표현하는 것이다. 당신은 느낌을 표현할 수 있고, 표현했던 것을 변경할 수 있으며, 그 과정에서 배울 수도 있다.

| 연습
슬픔, 고통, 희망의 이미지 찾기

    콜라주를 완성한 뒤, 한동안 그 콜라주와 함께 시간을 보낸다. 눈에 잘 띄는 장소에 콜라주를 놓아둔다. 한동안 주변 여기저기에 놓아둔다. 그것을 다른 각도에서 바라본다. 단어는 찾지 말고, 당신이 콜라주를 만든 감각적인 경험과 그것을 응시했을 때 떠오른 느낌 속에 머물러 보자. 콜라주가 이야기하는 것처럼, 당신의 경험과 느낌이 언어로 자연스럽게 떠오르도록 내버려 둔다.

| 연습
치유 여정에서 시 발견하기

    스스로 악전고투 속에서도 쉴 수 있는 기회를 주자. 평화롭고 긴장을 완화하는 장소를 떠올리며, 마음속으로 그곳을 향한다. 또 당신을 달래 줄 자연 속 실제 장소를 찾아보자. 삶에 대해 당신에게 말을 거는 간단하면서도 기적적인 것들을 관찰하자. 어디에서든 그것을 찾을 수 있다. 데디 리그와 그녀의 조카 손자가 주전자 소리에서 그것을 찾았듯이 말이다.

| 연습
위안과 영적 지원에 마음 열기

    릴케는 그의 시 「가을」에서 상실의 분위기를 나타내기 위해 나뭇잎이 떨어지는 이미지로 시작했다. 그리고 나뭇잎을 지구가 떨어지고 있는 것으로 연결했다. 이것은 다시 손을 떨구는 인간의 이미지가 되었다. "그리고 한없이 고요하고/떨어지는 모든 것을 붙잡는 손을 가진/누군가가 아직 여기 있다"라는 부분을 제외하고 손은 시에서 연결된 의미로 반복되어 나타난다. 당신이 느낀 상실감에 대해 시를 써 본다. 그러나 '한없이 고요한 손'이 무엇인가를 붙잡도록 내버려 두자. 당신이 그런 상상을 경험할 수 없다 해도, 그것을 묘사할 수 있지 않을까?

치유의 돌파구 : 시 쓰기의 은총

빌 스티븐슨은 노스캐롤라이나의 작가이자 한때는 교수였다. 나는 빌에게 개인적으로 그에게 중요한 것, 그가 '신성한 사물'로 여긴 어떤 것에 집중하라는 제안을 했다. 그는 나의 제안이 시를 어느 순간 존재하게 만들 수 있다는 것을 알고 놀라워했다. 빌이 골랐던 사물은 작은 정사각형의 검은 상자였다. 그 상자는 아내의 유품이었다. 빌은 다음과 같이 말했다.

> 오두막에서 나와 글쓰기 워크숍이 열리는 장소로 걸어갈 때, 시가 갑자기 내 머릿속에 떠올랐다.

정사각형 검은 상자

> 정사각형 검은 상자, 작고, 뚜껑이 덮인,
> 텅 빈 상자,
> 오랜 동반자인, 내 주머니 속
> 딱딱한 테두리의 상자,
> 그것을 전해 주고 죽은 나의 아내가 남긴 선물,
> 뚜껑이 긁혀서 희미해진 오랜 동반자
> 내 목소리를 듣는, 유물과 유물함,
> 지금도 그녀의 기억을 지니고 있는 것,
> 나의 신성한 그릇이 된 상자.

네 안에 나의 내면의 공허를 잡아 두는 상자

너의 어둠으로부터 공허가

진정 무한의 공간이라는 드넓은 시야가 보인다.

모든 것이 가능한 곳.

상처 나고 시든 꽃들

꽃 덤불이 다시 환해지는 곳,

잃어버린 사랑을 다시 발견하고

그리고 안전하고 긴밀하게 그것이 한 번에

꽉 잡히는 곳

마치 내 손가락이

너의 네 모서리를 꽉 붙잡듯이.

  이 시는 빌에게 예기치 않은 선물처럼 떠올랐다. 그가 아내에게 받은 유품을 향해 '말할' 때, 그의 어조는 강하고 분명했다. 그러한 연결 고리를 만드는 동안 무엇인가 되살아났다. '붙잡다'와 '잡히다'라는 단어의 반복은 아내를 향한 빌의 사랑이 불변함을 강조한다. 빌은 자신의 시에 대해 이렇게 말한다.

  이십일 년간의 결혼 생활 뒤에, 아내는 갑작스럽고 심각하며 기이한 병에 걸렸고, 그 질병을 결국 이겨 내지 못했다. 그녀의 죽음은 나를 상실감과 부정의 황폐함 속에 남겨 놓았다. 그러나 칠 년이 지난 뒤 이 시를 쓰면서, 오랫동안 지니고 있던 이해할 수 없는 것을 한데 모아둔 작은 검은 상자가 갑자기 떠올랐다. 그 어두운 내부를 들여다보는 것은 그녀를 잃은 어둠 속으로 들어가는 것이었고, 내가 아직도 그녀를 잊지 못하는 것을 깨달았다. 상상 속에서 상자 뚜껑의 꽃 색깔이 본래의 색을 되찾은 그때, 희미한 기억이 갑자기 생생하게 되살아났다. 오직 고통과 슬픔만이 존재한다고 생각했던 심연에서 사랑의 행복한 기억이 홍수처럼 밀려왔다. 시는 그 선물로 멈추지 않고, 나의 노트 위로 자연스레 흘러넘쳤다.

당신이 사랑했던 누군가의 죽음을 수용하는 것은 애도와, 그 사람에 대한 사랑을 간직하겠다는 다짐을 포함한다. 시는 이 두 가지를 모두 담아낼 수 있다. 그것은 '강렬한 기억'뿐만 아니라 '고통과 슬픔'의 목소리다. 도리안 코틀러가 쓴 다음 시는, 시가 죽은 사람과 계속 사랑의 접촉을 하는 방법이 될 수 있음을 보여 준다.

목록
(나의 아버지를 위하여)

당신이 죽은 후에 나는 우연히
당신이 흥미로워했던 것을 발견했습니다.

사이언티픽 아메리칸의 기사
언어에 관한 그 기사가
이름 없는 어둠 속에서 어떻게 진화했는지에 관한 기사.

당신의 차 속에 있는
커피를 만드는 도구.

얼음의 갈라진 틈처럼 울리는

어떤 시 구절

    3월의 연못 위에서,
    당신이 했던 것처럼

    비발디 곡의 연주회
    이번 금요일.

    목록은 점점 더 길어질 것입니다.
    내가 그것을 가지고 있는 한
    여기 나의 테이블에 있습니다.
    슬픔의 긴 물렛가락을 돌리며.

 사랑했던 사람의 죽음을 수용하는 것은 '왜?'라며 반문하기를 포기하고, 과거를 흘려보내며 상실을 받아들이는 과정이다. '왜?'라는 말은 세월을 거치면서 날카로운 의문이 되어, 당신에게 죽은 자와의 깊고 변함없는 관계를 이어 준다. 그런 관계가 본질적으로 당신에게 어떤 의미가 있었는가? 우리가 사랑하는 사람에게 집착한다고 그 사랑이 지속될 수 있을까?

    겨울 고독―세상에서 한 가지 색상의 바람 소리. 바쇼

 캐서린 퍼포는 캘리포니아 주 오클랜드의 예술가이자 명상지도자로서, 아버지의 죽음을 수용한 기억을 시로 썼다. 캐서린의 시는 슬픔과 치유에 관한 명시 선집에 「슬퍼하는 마음의 목소리」라는 제목으로 소개되었다.

안달루시안 나무

모아 놓았던 한 편의 서류 일부분은
나를 위한 기억으로 남겨졌다.
슬픔을 덜기 위해 기도자들을 인쇄한
신성한 카드,
안달루시안 나무로 만든 상자 안쪽에
오려 둔 신문
오래 전 여기에 기억을 담아 둔 이래로
오래 전 내가 회복될 때 새로운 삶에서
벌어지는 삶의 형태를 이 상자에
담아 둔 이래로
나는 궁금하다.
사랑했던 자들의 영혼에 매달려야 하는지
나는 궁금하다.
그들을 이승에 묶어 두고 가지 못하게
해야 하는 건지
아니면 종잇조각을 계속 쥐고 있는 것이
인간의 속성인지
기억과 팔의 유효기간이 더 이상
우리를 찰나의 무도회에
묶어 두지 않을 때도 말이다.
나는 궁금하다.
우리가 그렇게 꽉 매달릴 만큼 스스로를

믿지 못하는 것인지

마치 누군가 우리 영혼의 남은 불씨를

지울 수 있는 것처럼 말이다.

캐서린은 그녀의 아버지, 기억의 탐험, 그리고 이 시에 대해 이렇게 말한다.

아버지는 뇌종양 진단을 받고 두 달 만에 돌아가셨다. 그것은 회오리바람 같았고 도무지 현실 같지 않았다. 멋지고 건강하던 남자가 단 몇 주 만에 가능한 모든 방법을 동원해 전적으로 보살핌을 받아야 할 사람으로 변해 버렸다.

나는 두 달 전에 아버지와 어머니를 모시고 은행에 간 적이 있었다. 늘 그렇듯, 어머니는 은행에서 까다로운 문제들 때문에 화가 나 있었다. 아버지와 나는 같이 앉아 있었다. 그는 나에게 시선을 돌려 물었다. "다른 쪽 세상은 어떨까?" 나는 울음을 터뜨렸다. 나는 그때 아버지가 다가오는 죽음에 대해 말하는 것을 지켜본 유일한 사람이었다. 그는 내가 그를 도와줄 수 있는지 알고 싶어 했다. 그 순간 나는 어찌할 바를 몰랐다. 나는 아버지가 저 세상에 가면 할머니처럼 사랑하는 사람이 그와 함께하리라고 말했다. 아버지는 케네디 대통령을 좋아했는데, 그곳에도 케네디가 있을지 묻자 나는 그럴 것이라고 대답했다. 아버지의 삶이 점점 쇠약해지면서 그의 순수함과 경이로운 충만함에 열려 있는 마음을 알 수 있었다.

나는 이십사 년 전에 스페인에서 안달루시안 나무로 만든 상자를 가져왔다. 뚜껑 아랫부분의 거울 주변 안쪽으로 빨간색 코드가 있었다. 상자 내부는 빨간색이다. 그 상자는 십칠 년이 지나서 중요한 사람을 위한 기억을 담은 의식의 용기가 되었고, 내 삶의 전환점이 되었다. 그곳은 다양한 보물을 보관하는 곳이자 나와 아버지를 연결해 주는 장소다. 아버지는 독실한 천주교 신자였는데, 어느 날 나는 성 프랜시스의 기도하는 사람을 그린 장례식 그림이 박힌 신성한 카드를 보고 있었다. 나는 그의 사진을 들여다보았고 그것은 완전히 새로운 의미로 다가왔다. 그때 나는 상자에 목소리가 있다는 것을 깨닫고 많은 질문을 시작했고, 시를 쓰게 되었다.

떠나보내는 것은 어려운 일이었다. 그러나 제식 행사를 만들면 그 과정에 도움이 된다. 아버지의 생일에 나무를 심는 일, 포모 인디언 원형 집에서 주술과 영가 부르기, 상자 보관하기. 시 쓰기는 기억에 목소리를 부여한다.

| 연습
신성한 물건, 특별한 목록, 기억의 그릇 느끼기

- 당신의 삶에서 죽거나 사라져 버린 사람을 생각나게 하는 물건을 손에 쥐어 보자. 자신에게 그 물건을 느낄 시간을 준다. 그것의 무게를 느껴 보고 무엇과 닮았는지, 그 역사와 본질을 생각해 보자. 빌 스티븐슨처럼 그것에 말을 걸고, 시로 써 보자.

- 사랑했던 사람이 생전에 좋아하던 것이나 특별한 것을 모아 놓은 목록에서 아이디어를 떠올려 본다. "슬픔의 긴 물렛가락"에 덧붙일 것을 시로 표현해 보자.

- 죽은 사람에게 특별했던 것, 그 사람을 의미하는 어떤 것을 담을 상자나 그릇을 찾는다. 그것은 그 사람의 사진이나 편지일 수도 있다. 시간이 지나면 당신의 삶에서 중요한 의미를 가질 것을 상자나 그릇에 담아 보자.

죽음 너머 보기

누군가는 사람이 죽고 나서도 영혼이 남는다는 것을 확신한다. 이것은 대상이 동물일 때도 가능한 일이다. 여덟 살인 메건 슐츠는 죽은 개에 대한 시를 썼다. 메건의 어머니 리사는 그녀가 시를 쓴 과정에 대해 이렇게 말한다.

> 우리는 일 년 전에 캘리포니아 주에서 추위와 굶주림에 시달리던 날쌘 써니를 구조했다. 써니는 프린스턴에서 차에 치였다. 우리는 상실감과 정신적 공황에 휩싸였다. 써니는 우리 생활의 중요한 일부였다. 메건이 써니의 사진을 가지고 다녀서 써니는 항상 곁에 있는 것 같았다.
> 지난 밤 그녀는 부엌 마당에 앉아 써니에 대한 이야기를 하면서 그 사진을 쥐고 있었다. 나는 그녀에게 써니에 대한 시를 쓰라고 제안했고, 그녀는 이 놀라운 작품을 만들어 냈다.
> 시는 상실을 애도하는 것과 동시에 써니를 잊지 않는 방법이었다. 그녀는 시어와 구절을 크게 소리 내어 읽었고, 두운법을 다루고 있었다. 그녀의 눈은 이미지 속을 유영하는 듯 움직이였다.
> 시는 아이들이 스스로를 달래는 좋은 방법이다. 자신의 목소리가 주는 좋은 느낌을 즐기고, 시어와 이미지를 통해 사랑했던 써니와 함께하는 재미를 느끼면서 말이다.

다음은 메건의 시다.

그 검은 개의 영혼

그녀는 밤에 그녀의 모든 별들을 보여 주는
검은 하늘이다.
아침이 오면 달과 함께 진다.
그녀는 검은 영혼이다.
야생의 검은 거위들과 함께
남쪽으로 날아가는
그녀는 두려운 네 바퀴의 창조물로부터
숨는다.
어느 날 네 바퀴의 창조물 중 하나가
다가왔다.
그곳에.
그녀는 무서운 회색 오솔길의 검은 개
검은 창조물이 떠났을 때,
그녀는 누웠고, 검은 개는 죽었다.
그러나 개만 죽은 것일 뿐
야생의 위대하고 강한 영혼은 죽지 않았다.
그녀의 영혼은 우리에게 영원히 남아 있다.
매일 아침 그녀는 달과 함께 진다.
매일 밤 그녀는 여전히 빛난다.

| 연습
영혼의 본질을 상상하기

사랑하는 사람이 죽은 후, 상실의 슬픔 대신 영혼의 깊고 아름다운 본질이라 표현하는 신념의 빛이 있다고 상상해 보자. 당신에게 떠오른 그 본질의 이미지는 어떤 것인가? 죽은 후에 어떤 일이 벌어질까? 상실의 느낌과 영혼의 본질에 관한 이미지를 둘 다 시로 써 보자.

시 쓰기, 질병, 치유의 환경

우리가 심하게 앓을 때 나약함은 여러 가지 방법으로 확연히 드러난다. 그러나 나약함에 대한 현대 보건 시스템의 대비는 부족하다. 기술로 무장한 병원 분위기는 인간적인 요구에는 종종 맞지 않다. 인간관계와 공동체 의식을 단절하는 병원 시스템은 기계와 약에 너무 의존하고 있으므로, 시 쓰기야말로 우리가 살과 피로 이루어진 인간임을 상기하는 방법이 될 수 있다.

로베르타 드 케이는 악성 종양을 공격하는 화학치료 요법을 받는 동안 자신의 인간성을 지키기 위해 시를 썼다.

암 병동―1990

간호사의 그림자가 병원 벽을 따라간다.
그들은 단호한 사랑으로
우리에게 서둘러 온다.
죽음이 지나가는 것을 볼 수 있는 이들은
여전히
구토 억제제와 고무관 주사 처방을 한다.

복도를 오가는 개구기(開口器)의 소리가
그들의 그림자를 망친다.
왜냐하면 약이나 주사조차도

이런 처방과 독에서 자유로워지려는

우리 육신의 몸부림을 멈추게 할 수

없으니까.

우리 방에서,

우리는 느린 빗방울처럼

한 방울씩 떨어지는 플라스틱 튜브를

바라본다.

열린 혈관에 꽂힌 주사 바늘을 통해 아래로,

누구도

세지 않고, 오랫동안 바라보지 않는다.

우리는 곧 배웠다.

그 주머니가 거의 비어 있다고

상상하는 법을

우리 삶이 다시 꿈이나, 머리 이상의 것이

되리라고

상상하는 법을

그들이 머리카락을 날리며

이 시간에 여기 있다면

우리는 우리 몸이 마비되어, 몸에서 나와

눈물이나 깊은 잠이나

심지어 평화 속에서

은혜로이 수영하는 것일지도 모른다.

그것은 기도자의 불꽃 안에 사는 것,

열렬한 기도자는 불을 붙일 것이다.

아, 경이 중의 경이,

우리의 다음 삶.

로베르타의 시는 상황의 사실뿐 아니라, 암 병동의 환자와 간호사 속에 살아 있는 복잡한 인간의 희망과 경험을 보여 준다.

나는 앞으로 달라질지 모른다는 희망을 메시지로 남기고 싶었다. 나는 더 많은 것을 담기 위해 이 시를 다시 썼다. 초기에 쓴 시는 간호사들의 헌신을 완전히 보여 주지 못했다. 나는 심오한 침묵의 기도자가 되었다는 것을 나중에 알았다. 이제 화학치료로 인한 구토는 거의 극복했고, 부작용의 억제는 훨씬 더 나아졌다. 여전히 진이 빠지는 경험이긴 하지만 나를 살아 있게 하고 의식적인 방법으로 내 에너지를 사용하게 만드는 경험이었다.

로베르타는 칠십 대 중반에 글쓰기 프로그램 졸업 과정을 마쳤으나 수년 동안 불규칙적으로 글을 썼다. 암이 처음으로 재발해 화학치료 요법을 일 년 내내 받으면서 찬송가에 대한 스티븐 미첼의 구절을 읽는 동안, 그녀는 치유의 과정으로 글을 규칙적으로 쓰겠다고 다짐했다.

눈물은 내가 들어갈 수 있는 출입구다. 마더 미라

로베르타는 데이비드의 찬송가가 자신의 열정을 울부짖게 한다고 느꼈다. 그녀는 자신의 질병에 대한 감정적, 영적 문제를 다루는 자신만의 성가를 쓰기 시작했다.

성가 13

오 하느님, 당신이 저를 잊었을 때
저는 절망 속으로 가라앉고 있습니다.

얼마나 오랫동안 제 마음이 혼란스럽고
슬픔에 잠겨야 합니까?

저를 보아 주세요. 자애로운 치유자여,
빛을 가져다주세요. 나의 심장이
닫히기 전에 절망에서 벗어날 수 있도록.

신의 치유의 손을 부드럽게 제 마음으로
가져와 주세요.
내가 자신에 대해 알기 전부터
필요했던 것을.

당신의 자비가 나의 마음을 열 것을
믿습니다.
그리고 나는 다시
당신의 은총을 알게 됩니다.

저는 풍요롭고 새롭게 되었고

당신의 자비는 나의 절망보다 깊습니다.

성가를 쓴 후, 로베르타는 암 이외의 주제와 경험을 쓰기 시작했다. 시를 쓰는 것은 그녀가 질병보다 중요한 사람이라는 것을 알려 주었다. 또한 아름다움에 대한 그녀의 사랑과 삶에 대한 강렬한 인식이 정말 그녀가 누구인지, 그녀가 세상에 무엇을 주고 있는지를 정확하게 보여 주는 방법이었다.

앨라마키 아침에

앨라마키 아침에,

여전히 어두운 언덕에서 개 한 마리가

짖는다.

기차는 휘파람을 불며

빨간 벨벳 공기를 찢는다.

수탉이 운다.

나의 오빠가 갔다.

프렌치맨 만에 숨은

교활한 송어를 잡으러.

나는 그를 사랑한다.

로베르타의 두 번째 작업은 암이 전이된 1994년 6월에 갑자기 끝났다. 그녀가 자신의 시를 모아 『별을 먹는 늑대』라는 책으로 엮은 것은 바로 이때였다. 그녀는 이 시들을 아들에게 크리스마스 선물로 주고 싶었다. 로베르타는 이 시들이 자신의 본질을 담고 있는 중요한 발견물이라고 생각했다. 의도적으로 시들을 모으는 과정에서 독창성이라는 일상의 경험은 점점 친밀해졌다. 그녀는 독창성을 생각하기보다는 그것과 함께 살아가기 시작했다.

내가 죽은 뒤에 누군가 나의 시들이 가치가 있는지 없는지를 평가할까? 나는 마침내 자신에게 자유로이 말할 수 있는 권한을 주었다. 너무나 조용한 장소에 들어가 내가 루미 옆에 서 있음을 느낄 수도 있었고, 그의 말에 대답할 수도 있었다. 마음속 시어가 종이 위로 흘러넘쳤다.

꽃의 혀

"하얀 꽃은 고요 속에 자란다.
당신의 혀가 그 꽃이 되게 두라."
루미

밤새도록 나는 달을 숨 쉬며
내 뿌리로 흡수하고,
중심으로 발산한다.
새벽에, 나의 잎들을 통해서,
나는 구름의 장밋빛 재를 유혹한다.
내 존재를 어르기 위해—
고요 속에서 희미한 분홍 그늘이
어떻게 보이는지 본다.

춤추는 다섯째 날에

빛의 애무와 함께

나는 백색의 비밀을 폭로하기 시작한다.

들어라! 들어라! 그것은 당신 자신의

숨결 속에 있다!

두 번째 작업은 로베르타의 내면 탐구를 강화했다. 그녀와 퇴임한 감리교 목사인 남편 에크포드는, 자신들의 삶을 존재 이상의 것으로 사는 일과 치유의 진정한 의미를 찾는 일에 몰두했다.

암이 전이되었을 때, 나는 더 이상 어떠한 희망을 가져야 하는지 몰랐다. 내 영혼의 조언자는 내가 새로운 것—이전에는 알지 못했던 어떤 것—을 희망해야 한다고 말했다.

그 새로운 것은 슬픔과 분노와 두려움을 겪은 후에 천천히 다가왔다. 나는 암 치료에 너무 지쳤다. 나는 그렇게 살고 싶지 않았다. 나의 삶은 검사 보고서를 기다리는 일과 그들이 내게 할 말에 두려움을 갖는 일 이상의 어떤 것이어야 했다. 권태는 열린 마음을 지니게 했고, 이것은 내 필요에 따라 선택을 하는 일이었다. 내가 육체 이상의 것임을 깨닫기 시작한 것은 이 과정을 통해서였다.

암은 나를 천천히 쇠퇴시키고 제압했다. 나는 그 한계를 걷어찰 수도 있지만, 에너지만 낭비하는 일이다. 한계를 수용하자, 내가 무엇을 하며 살기보다는 존재의 의미로 살아갈 수 있었다. 내면이 점점 고요해지자 스스로를 훨씬 더 많이 도울 수 있었다.

나는 항상 밖에서 일을 성취하려고 했다. 나는 테니스를 치면 이기고 싶어

했다. 나는 학교에서 학점 4.0을 받으려고 노력했다. 그러나 나는 열정적으로 어려운 질문을 시작했다. 나는 저 너머에 무엇이 있을지를 생각하기 시작했다.

아마도

아마도 우리는 이 고상한 장소에서 춤을 추겠지
그날의 마지막 무렵, 낡은 작업복 같은
상처받기 쉬운 육신을 버리고.

아마도 본질은 공기 중으로 날아 들어가
마치 이동 중인 제왕처럼 나무의 요정보다
더 나이든 장미와 강을 지나갔겠지.

아마도 뜻과 마법은
여름 번개처럼 신성한 순간을 위해
풍경에 맞서겠지!

모든 질문에는 답이 있고
모든 여정에는 고향이 있고
모든 생명에는 손 안에 꽉 쥔 돌과 같은
따뜻함과 둥그스름함이 있다.

또는 아마도 네 살짜리처럼 우리는 모든 것을

떨어뜨리고

단순히 앞으로 현혹되어 달려 나가겠지!

로베르타는 이 시를 이렇게 회상한다.

중서부 지방의 폭풍우는 온통 어두운 세상을 '번쩍' 비춘다. 당신은 암흑 속에 앉아 있으니 이 풍경을 이해할 수 없다. 심지어 익숙한 풍경이라도 말이다. 그리고 갑자기! 나는 지금 죽어 가면서 그것이 내 삶 속으로 들어올 때마다 거기에는 아직도 발견할 만한 의미들이 더 있으리라고 상상해 본다. 이것은 논리적인 의미가 아니라 신비함을 지닌 것이다.

돌보는 이들을 위한 시 쓰기

당신이 누군가를 돌보는 역할을 할 때 시 쓰기는 스스로를 돌보는 방법이 된다. 질병과 치료의 여정이 병원에서 이루어지든 집에서 이루어지든, 창조성은 자신과 타인의 연결을 공고히 한다. 창조적 표현은 모든 돌보는 이들에게 유용하다. 이를테면 의사, 간호사, 치료사, 가족, 친구 등이다. 당신이 무력감, 슬픔, 사랑, 힘에 대한 느낌을 종이 위에 쓰면 당신의 감정에 목소리를 부여하고 치료의 연결 고리를 엮을 수 있다.

소니아 유사치는 지난 십팔 년 동안 정신병을 앓은 아들의 간병인이자 후원자였다. 그녀의 아들은 이스트 햄프턴의 존 드류 극장에서 연기를 공부하고 있었다. 그런데 열일곱 살이 되던 해에 갑자기 정신병이 발병했고 그는 예전과는 전혀 다른 사람이 되어 집으로 돌아왔다. 소니아는 의사의 진단을 받고 불신, 죄책감, 부끄러움, 원망스러운 마음이 들었다. 아들의 질병이 악화되자 두려움과 좌절이 밀려왔다. 그는 정신병원에서 오 년을 보낸 적도 있다. 그녀는 아들이 병원 치료를 받으며 보낸 삼 년에 대해 시를 썼다.

양파

다섯 시에
나는 부엌에서
가족의 저녁 식사를
준비하느라

서 있었다.

양파의 원이
도마 위에 그림들처럼
놓여 있다.

갑자기 그리고 고집스레
내 아들 같은 이미지가

슬픔 가득한 남자의 모습으로
긴 라인의 끝에 질질 끌며.
정신병원의
식당에서 저녁 식사를 기다리는
모습으로 나타난다.

내 눈물이 양파 때문이라고
비난할 수 있을까?

소니아는 자신의 시에 대해 이렇게 말한다.

  나는 아들의 식사를 준비하지 못할 때도 나머지 다른 가족을 위해 음식을 준비해야 했다. 심지어 그가 외로운 환경에 놓여 있다는 상상을 할 때조차도 말이다. 이 시는 왜 특별한 식사에서는 나오지 않았을까? 내가 다시 한 번 자신을 크게 비난하는 심오한 문제에 접근했기 때문이라고 생각한다. 나는 무언가 불길한 일이 일어날 것 같은 예감이 들었다. 내가 놓친 것이 있었을까? 내 아이와 나에게 왜 이런 일이 일어난 것일까?

시적 언어는 불가능한 일에 대한 대답을 찾도록 해 주었다. 시를 쓰면 식사가 아닌, 창조성 그 자체가 치유할 수 있는 힘을 준다는 것을 깨달았다.

나는 도마 위에 양파를 썰고 있었다. 당신은 어떤 큰 일이 닥쳐오는 것을 알았으나 그것을 멈추게 할 수 없다는 것도 알 것이다. 그래서 나는 시를 쓰기 시작했다. 양파는 내 심장에 쌓인 감정의 촉매제였다. 시에 쓴 "질질 끌며"는 여러 가지 면에서 적절한 시어였다. 음식은 육체의 연료이며 그것은 에너지를 만들어 내야 한다. 병원의 음식에는 에너지가 없다. 풍미도 기호도 없다. 그런 분위기가 당신을 '질질 끌게' 할 수 있다. 시를 쓰는 것은 이런 '질질 끌림'에 대한 나의 방어책이다.

소니아의 아들은 병원에서 몇 년을 보낸 후 지금은 회복 중에 있다. 그녀는 에너지를 회복했고, 자신의 임무를 끝냈다는 사실을 자랑스러워한다. 그녀는 여전히 아들의 후원자이지만 그녀의 삶 역시 바뀌었다는 사실도 알고 있다. 그의 '후원자'이자 '어머니'라는 틀 안에서 '자신'일 수 있다는 점을 느낀 것이다.

나는 탓해서도 안 되고, 탓하는 것은 도움이 안 된다는 것을 알았다. 내가 사랑해야 하는 사람 중 하나는 나 자신이었다. 매번 문제가 생길 때마다 종이 위에 고통을 풀어놓을 때까지 내 안에 고통이 계속되었다. 시는 내가 얼굴을 묻고 울 수 있는 베개다.

다음은 소니아가 최근에 쓴 시로, 치료자로서 시의 장점을 아름답게 그리고 있다.

노란 뜨개실

당신과 나는 마주 앉아
태양처럼
노란 뜨개실을
당신의 쭉 뻗은 팔에
계속 감는다.

리듬은 호수의 물처럼 출렁거린다.
완성된다.

눈을 감고
그때로 돌아가면
그 나선형의 뜨개실은
마치 훨훨 나는
아기처럼
완벽한 원형을 이루고 있다.

그리고 그 아기는 당신

동시에 엉킨 실타래를 풀면서 움직인다.

갑자기, 흐름이 중단되며
뜨개실이 점점 가늘어지고
낡아지더니 끊어진다.

나는 눈을 떠 당신을 쓰다듬는다.
당신 전체를 다시 오가며.

소니아는 사실상 의사소통이 멈추어 버린 곳에서 뜨개실을 은유로 사용해 상황이 뜨개실처럼 닳고 해져도 치료할 수 있다는 희망을 아들에게 보여 주었다.

나는 너무 얇아 끊어지는 질병과 같이 그 뜨개실도 다시 엮을 수 있으며, 사랑과 희망과 지지가 그를 다시 회복하게 만들 수 있다는 점을 설명할 수 있었다.

무엇이 그가 놓인 처지나 그의 마음의 시금석인가? 그리고 무엇이 시금석이나 그의 마음의 상태를 말하는가? 무엇이 그의 마음의 상태를 말하지만 그의 본성을 강화하거나 개선하는 것인가? 그리고 무엇이 변경된 본성이나 그의 영혼인 것인가? 존 키츠

생활의 상실 : 어린 시절의 깨진 꿈들, 직업의 변화, 만성질환

슬픔은 죽음뿐만 아니라 우리 삶에서 중요한 상실과 연관된 것일 수도 있다. 좋은 직업을 놓친 경험이나 만성질환으로 인한 고통 등이 바로 그것이다.

우리의 경험을 드러내는 상실에 대해 글을 쓰면 절망에서 벗어날 수 있고, 냉소로부터 우리를 지킬 수 있으며, 우리의 애정을 돈독하게 만드는 방향과 희망을 찾을 수 있다.

자디아 에쿤다요는 서른두 살이고 지난 육 년 동안 에이즈 바이러스를 견디며 지냈다. 그는 콜로라도 주 덴버에서 아프리카계 미국인 서점을 운영한다. 자디아는 지역 라디오 방송국에서 개인 방송을 하는 동시에, 지역 대학에서 정치 공학과 아프리카계 미국인에 대한 과목을 가르쳤다. 자디아는 육 년 동안 일기를 썼지만 그가 시를 탐구하기 시작한 것은 최근의 일이다. 내가 참가자들에게 '시치료'에 대한 글을 쓰게 한 워크숍에서 그는 다음 시를 썼다.

함께 잠자기

내가 원하는 것은
누군가와 같이 자는 것이다.
나의 발가락들을 따뜻하게 해 주고
내가 살아 있다는 것을 알게 해 줄 누군가와.

내가 원하는 것은

누군가와 같이 자는 것이다.

내가 읽어 주는 시와 단편에

귀를 기울여 줄 누군가와

내 호흡의 냄새를 맡고

나에게 말을 건넬 누군가와.

내가 원하는 것은

누군가와 같이 자는 것이다.

껴안아 주고 시트를 끌어당겨 줄 누군가와

등을 비비고 내 뺨에 키스할 누군가와

내가 '잘 자, 잘 잤니?'라고

말해 줄 수 있는 누군가와.

내가 원하는 것은

누군가와 같이 자는 것이다.

내 꿈에 대해 묻는 누군가와,

잘 잤는지 나에게 말해 줄 누군가와,

내 머리를 느끼고 내 다리와 엉킬

누군가와,

휴식의 수면을 취한 후 깨어나는 누군가와.

역시 내가 원하는 것은 언제나 누군가다.

자디아는 자신의 시에 대해 이렇게 말한다.

나는 매우 융통성이 없는 사람인데, 이 시는 내가 처음으로 쓴 시였다. 내가 이런 식으로 말하는 것은 마치 도약과 같다. 나는 어떤 감정에 빠져 있었다. 동경, 열망……. 그러나 그것은 나의 욕망을 축소해 명확히 한 것에 불과하다. 내 삶은 불필요한 모든 것을 깎아내리고 있었다.

내가 쓴 시는 섹스에 관한 것이 아니라 친밀감에 관한 것이다. 에이즈에 걸리면 모든 것이 훨씬 선명해진다. '섹스는 죽음과 같다'라는 등식이 성립하던 때가 있었다. 수년 동안 나는 누구와도 접촉하지 않았다. 나는 그럴 수 없었다. 가까워지고 싶은 사람에 대해 나는 이런 생각을 하곤 했다. 내가 그들을 너무 많이 사랑하면 그들을 죽이게 될 것이라고. 우리는 모두 사랑과 친밀감이 필요하다. 섹스는 무척이나 복잡한 것이다.

이 시는 친밀감을 갈구하는 시다. 친밀감은 내가 치료해야 할 전체가 되도록 해야 할 것이다. 나의 시는 친밀감에 대한 동경을 종이 위에 평범하게 쓰고 있다. 이 시는 내게 필요한 것을 말하고 있다. 나는 육체, 특정한 기관이나 그 밖의 것을 필요로 하지 않는다. 단지 누군가 나를 만져 주거나 그에게 안기기를 바라는 것뿐이다.

아이들은 안정된 가정환경을 빼앗기면 상실감을 느낀다. 가정 상실의 문제는 단어 콜라주 시에서도 기본적으로 다루고 있는 주제다. 다음은 팜 톨버트가 가족—팜, 팜의 어머니, 동생—의 해체와 가정의 부재에 대해 쓴 시다. 팜은 마치 카메라가 된 것처럼 다섯 살에서 아홉 살까지의 유년 시절에 잃어버린 이미지들을 즉석에서 스캔하며 이 시를 속성으로 작성했다.

**밸리타운의 먼지 낀
카메라 렌즈를 통해 본 것**

먼지투성이 뜨겁고 평범한 시내―일렬로

늘어선 지루한 주택들

맥주 캔과 담배들, 팔메이드에서 만들어 낸

반짝이는 검은 머리

세상을 구하는 마이티 마우스

다른 집, 내가 지금 있는 곳은

여전히 단조롭고 잡초, 먼지가 있다.

다른 학교

플라스틱 컵은 버려진 삽처럼

쓰레기 속에 던져졌다.

광맥

다른 집의 텔레비전은 항상 어둡고,

항상 잔디를 심어야 한다.

항상 말끔한 개는 똥을 건너뛰고,

다른 학교, 다른 집, 새로운 사람들,

아주 뚱뚱한 사람, 기름으로 튀긴 음식,

아기들이 우는 것.

곳곳의 맥주

다른 학교

어스름한 지역

포장되어 쌓인 상자들,

세 개의 이인용 침대가 있는 방에는

어머니와 두 아이들이 있다.

밀로 만든 크림,

따뜻한 우유 설탕 계피가루 토스트,

따뜻한 우유에 비스킷이 있는 햄버거,

미키마우스 클럽, 루시를 사랑한다,

열심히 일하려면 떠나라.

새로운 집, 녹색 잔디, 풀지 않은 상자들,

한 사람과 방마다 있는 침대,

집마다 있는 가족, 한 블록 아래

모든 가정에 있는 어머니들과 아버지들

다른 학교……

팜은 유년의 경험을 쓴 시를 통해, 이런 종류의 꾸밈없는 관심을 적용하는 것이 그녀에게 감정적으로 얼마나 유용했는지 말한다.

아버지는 밤중에 우리 가족과, 우리가 살고 있는 할아버지 소유의 집을 떠났다. 할아버지가 어머니, 나, 오빠를 밖으로 내쫓았다. 어머니는 직장도 없었고 운전도 못했다. 삼 년 육 개월 동안 우리는 일렬로 늘어선 집에서 살았다. 어머니는 생계를 위해 돈을 벌려고 노력했다. 어린 남동생과 나는 그녀의 스트레스를 가중시켰고 우리가 살았던 곳의 집집마다 술 문제가 있었.

그 몇 년에 대한 '카메라 스캔'이라는 글을 쓰면서 나는 내 안에 배짱과 끈기가 있음을 깨달았고, 아이의 감각과는 너무나도 대조적인 시내에서의 어려운 시기를 잘 넘길 수 있었다. 그 세월 동안 느낄 수 없었던 것이 많았지만,

그것이 나에게 시작할 장소를 주었다. 나는 한 자리에 오래 머물지 않았기 때문에 안락해 본 적이 없다.

　나는 어머니에게 그것은 어머니의 잘못이 아니라고 말하곤 했다. 그녀는 우리를 굳게 지켰고, 결코 포기하지 않았다. 그녀가 어머니로서 고결함을 갖춘 사람이었기에, 내가 그 어려운 상황 속에서도 실패하지 않고 감수성과 연민, 공감, 무엇이든 필요한 일을 해내는 능력을 기를 수 있었다고 생각한다. 나의 과거는 미래와 달랐다. 아이에게는 영원히 끝나지 않을 것 같은 느낌이었지만 그것은 변해 갔다.

　다음 시는 직업을 포기해야 하는 슬픔을 말한다. 익숙한 대상을 떠나는 일은 어떤 것일까? 당신이 포기한 것을 당신만의 언어로 완전한 그림을 그려 보면 삶에서 중요한 어떤 것, 항상 당신과 함께하던 어떤 것에 주목할 수 있다.

예전엔 연기자

한때 나는 마이크에 대고
익살맞은 코미디언 목소리를 냈다.
한때 나는 피아노 연주의 웃음소리였고.
한때 나는 청중이 치는
박수갈채였다.
지금은 무대 뒤, 배경 사이에서
소리를 죽이고 있다.
한때 나는 익살맞은 꼬마 요정 분장을 했고.

한때 나는 하얀 피아노 건반 위로
빛나는 스포트라이트였다.
수많은 스포트라이트의 열기와
눈부심이었다.
지금은 커튼이 내린 후 먼지 낀
어둠 속 무대 뒤에 있다.
한때 나는 분장실 거울의 지친 얼굴이었지.
한때 나는 흰색 턱시도와
땀으로 얼룩진 안감이었다.
한때 나는 공단 칼라로 분장한,
분홍색 얼룩이었다.
지금은 무대 뒤,
열려 있는 회색—초록색 출구에 있다.
한때 나는 미래를 약속받는
광택 나는 사진이었고,
한때 나는 매일 리허설하고
계획을 짜는 농담이었다.
한때 나는 매일 돌아가는 에이전트의
전화번호였다.
지금은 빈 무대 밖
새벽의 빛이다.
그리고 내 폐에는 깊이 들이쉰
깨끗한 공기가 가득하다.
내 마음이 아직도 박수갈채의 기억을

가지고 있는 동안은.

빌 스티븐슨

　빌은 은유의 마술 그물로 연기자 인생의 좋은 점과 나쁜 점을 모두 나타낸다. 그는 연기자로서 느낀 즐거움과 "무대 뒤" 먼지를 우리에게 보여 준다. 그는 이전 삶의 특징적인 부분에 주목하면서 시를 강렬하게 만들고 있다. 빌은 은유를 사용해 변화의 문으로 가는 길을 찾는다. 그리고 연기자의 삶이 얼마나 흥분되고 재미있는지, 그 인생에서 벗어나 새로운 새벽으로 가는 것이 얼마나 가슴 아프며, 궁극적으로 아름다운지를 보여 준다.

|연습
|# 생의 여러 단계를 거치며 글쓰기

- 당신이 갈망하는 것, 어렵고 뼈아픈 어떤 것을 표현하는 자신만의 시를 써 본다. 에이즈에 걸린 자디아 에쿤다요는 다른 사람과 걱정 없이 잠들 수 있는 즐거움을 바라는 마음에 대한 시를 썼다. 나는 다리 절단 수술을 받았을 때 맨발로 모래와 파도를 그대로 느끼며 걷는 전율을 상상했다. 당신의 시를 '내가 가장 원하는 것은'이라는 구절로 시작해도 좋다.

- 당신의 삶에서 어려웠던 시기, 당신이 어쩔 수 없는 주위 환경 때문에 많은 것을 포기해야 했던 시기의 소재를 모아 자신만의 '카메라 스캔' 시를 써 보자.

- 당신의 삶에서 중요한 일이었지만 포기하거나 떠나야 했던 일에 초점을 맞춰 보자. 그것은 직업, 스포츠, 취미, 당신이 사랑했거나 즐겼던 것일 수도 있다. 시를 쓰면서 그 일을 다시 경험할 수 있도록 그 일의 특징들을 말해 보자. 당신에게 인생의 새로운 장으로 가는 길은 어떤 길이었는가? 새로운 방향을 나타내는 표지는 무엇이었는가? 당신은 '한때 나는'이라는 구절로 시작해 '지금 나는'이라는 말로 시를 마무리할 수도 있다.

7장

모든 것들의 평화

당신의 이야기를 위한 세상 껴안기

가만히 서 있어 보라.
나무와 수풀이 그대 앞에 있으니
그대는 길을 잃은 것이 아니다.
그대가 어디에 있던지 그곳은 '여기'이니
그대는 그것을 영향력 있는 이방인으로 생각하라.
알기를 원하면 반드시 알게 될 것이니,
숲은 살아서 숨을 쉰다.
귀 기울여 보라. 숲은 대답한다.
내가 너를 위해 이곳을 만들었으니
그대가 떠나더라도 '여기'라고 말하며 다시 돌아오게 될 것이니
갈까마귀에게는 어느 나무도 똑같지 않으며,
베른에게는 어느 나뭇가지도 똑같지 않다.
만일 어느 나무와 수풀이 그렇다면
그대는 확실히 길을 잃은 것이리니.
가만히 서 있어 보라.
숲은 알고 있다
그대가 어디 있든지.
숲이 그대를 반드시 찾을 것이다.

데이비드 와그너

자기 자신을 자연 그대로 숭고하게 하라

>자연이 사람에서 솟아난 것이 아니고, 사람이 자연으로부터 솟아났다.
>이것은 오래 전부터 내려온 기본적인 상식이다.
>로렌 에슬리

대지는 우리가 자신의 이야기를 할 때 사용할 선명한 이미지와 은유를 준다. 기름과 나무 같은 대지의 산물을 생필품으로 생각하기보다, 자연이 우리에게 주는 무형의 가치, 즉 미(美)와 장관, 혼돈과 질서, 신비와 예측 가능한 것들을 시로 간주할 수 있다.

미적 감각―거칠고 형편없거나, 사랑스럽고 숨이 막힐 것 같은―은 일반적으로 널리 알려진 심리학적 지식보다 더 치유를 돕는다.

시를 쓰는 과정을 통해 자연을 가까이 살펴보면, 자연의 치유 능력을 더 잘 알게 될 것이다. 이러한 치유의 관계는 당신의 삶에서 아름다움을 창조한다.

당신의 시를 대지의 상상력으로 가득 채우면 당신만의 독특한 목소리와 상상력이 잘 나타날 것이다. 대지의 이야기―그리고 우리의 이야기―는 태어나서 자라고 죽는 끊임없는 삶의 주기 변화를 조화롭게 짜 놓은 것이다. 이러한 인생의 심오한 변화를 나타내는 언어들은 대지의 언어와 조율하는 과정에서 알게 된다.

  대지의 변화와 우리 삶의 변화 사이에는 거울과 같은 반사가 존재한다. 자연 세계는 우리가 삶의 위대한 뜻을 발견하는 완벽한 상담센터를 마련해 준다.

  월트 휘트먼은 우리와 자연의 깊은 관계를 이렇게 썼다.

    우리 개개인은 변함이 없고
    우리 개개인은 무한한 것
    우리는 모두 자기 자신과 함께
    대지의 바로 위에 있으니
    우리 개개인은 대지의
    영원한 목표를
    허락했다.
    우리 개개인은 여기 있는 어떤 것보다
    신성한 존재로 여기 있네.

  니키 지오바니는 그녀의 아름다운 시 「제멋대로 굴기(거기엔 이유가 있을 수 있다)」에서 대지의 우아하고 찬란한 모습, 무한하며 힘찬 비전을 제시했다.

    나는 뒷마당에 다이아몬드를 심었네.
    작은 그릇에 우라늄을 담고
    손톱을 간 줄밥들은
    준보석들
    북쪽으로 간 여행에서

감기에 걸렸고

나의 코는 아랍에 기름을 주었네.

나의 실수조차도 맞는다는 것을

잘 알고 있다.

나는 서쪽으로 항해해 동쪽에 닿았고

항해하는 동안 대지의 모퉁이를 다듬었다.

내 머리카락은

금을 얇게 펴

세 대륙에 걸쳐 놓으니.

  시를 쓰는 것과 자연의 세계는 우리를 자연 그대로의 상태, 그리고 숭고한 존재가 되도록 한다. 대지와의 관계를 조용히 생각해 보는 시적인 묵상은 자기 자신을 진부하게 바라보는 우리를 한층 성숙하게 만든다.

  우리는 때때로 전통적인 성공의 관념에 얽매여 우리의 가능성을 최대한 발휘해 진정한 유산을 표출할 즐거운 기회를 놓치곤 한다.

> 연습
대지의 이미지와 은유를 사용한 시 쓰기

은유를 사용해 당신의 자연 그대로의 모습, 솔직하고 멋진 모습을 표현하는 시를 써 보자.

자연이 우리에게 가르쳐 주는 것을 시에 주입하기

산불은 엄청나게 두려운 것이지만 숲을 성장하게 하고 산을 새롭게 정화시켜 주기도 한다. 이것은 우리 삶에 어떤 가르침을 주는가? 우리가 당면하는 도전과 변화에 어떻게 대처할 것인가? 그 실망감과 불행은 어떤 것인가? 이런 질문에 대한 명확한 답을 찾기란 쉽지 않다. 자연을 관찰하며 얻는 통찰력, 그리고 이러한 통찰력을 담아 쓴 시들은 격정, 슬픔, 고통에서 벗어나도록 도와준다.

> 단지 대지는 죽은 역사를 가진 하나의 단편적인 조각이 아니라 책의 각 페이지처럼 주로 지질학자와 고고학자가 연구하는 하나의 지층이다. 그러나 시는 죽어 있는 화석이 아니라, 꽃과 열매를 맺는 나뭇잎과 같이 살아 있는 것이다.
> 헨리 데이비드 토리안

은유와 대지의 시적 이미지는 마음 깊은 곳에서 우러나는 찢어지는 듯한 감정을 명확한 단어로 묘사한 어떤 언어보다 그것을 더 잘 나타낸다. 슬픔은 겨울의 추위를 느끼는 마음으로 비유할 수 있다. 파블로 네루다는 차가운 슬픔의 이미지를 잘 표현했다.

> 그렇다. 미생물을 심고, 슬퍼하고, 그리고
> 고동치는 모든 것들
> 일월의 차가운 빛에 찢어져 두려움에 떤다.

그들은 과일이 익어 가는 것처럼 익고,

타오를 것이다.

대지의 시는 우리가 삶을 정의 내린 것이나 평범한 언어들보다 어떤 것을 경험할 기회를 더 준다. 큰 화재가 난 후의 숲은 새 생명의 성장과 예측할 수 없는 가능성으로 가득 차 있다. 우리가 더 성장하려면 이 불가사의한 가능성을 삶으로 끌어들여야 한다. 자연 세계의 신비로움을 어떻게 표출할 것인가? 나는 우리가 대화할 때 가장 먼저 꺼내는 주제인 날씨에 대한 시를 썼다. 나는 이 시를 쓰면서 내가 얼마나 변화를 싫어하고, 이 변화에 순응하는 것을 얼마나 두려워하는지 알게 되었다.

날씨에 대해 이야기한다

날씨에 대해 이야기한다.
우리가 따분할 때
확실하지 않거나,
그저 예의 바르게 보이기 위해
그것은 그렇게 하라고
누가 가르쳐 주었기 때문도 아니고
따분해서도 아니고, 확실치 않아서도,
예의 바르게 보이기 위해서도 아니다.
우리는 깨어 있으려 노력한다.

우리의 존재에 대해

항상 깨어 있도록 하는 힘을
기억하려고 하면
동물적인 감각의 뇌리에서
무언가 말은 입 안에서 맴도는데
주위를 둘러보라.
우리 자신의 삶과 삶의 경계를 향해
움직이면서,
양보하지만 과거에 휘말려 들지 않고
낮게 엎드려—깊은 감명의
긴 풀 속으로.

대지와 자연 주기에 대해 시를 쓰는 것은 우리를 치유하고 새롭게 하며, 우리가 균형을 잡고 가능성을 찾도록 도와준다. 고대의 시인들은 이 지혜를 잘 알고 있었다.

세상의 모든 일은 때가 있고,
모든 목적은 이룰 때가 있나니.
날 때가 있고,
죽을 때가 있으며,
심을 때가 있고,
심은 것을 뽑을 때가 있으며

헐 때가 있고,
세울 때가 있으며,

울 때가 있고,

웃을 때가 있으며…….

전도서 3장

    대지에 대해 쓰는 것은 자신감의 상실과 의구심의 극단 사이에서 균형을 잡아 준다. 대지는 자신을 너무 드러내거나 숨기는 대신에 자신의 가능성을 표출하고, 자신을 확실히 표현하는 방법을 가르쳐 준다. 연어나 떡갈나무가 어떤 교훈을 주는가? 연어는 목적지에 도달할 때까지 포기하지 않는 지속성을 가르쳐 준다. 우리는 떡갈나무에게 거친 바람이 줄기와 가지를 흔들어 대더라도 뿌리 깊은 근본과 목표에 대한 교훈을 배운다. 우리는 양치류에게 무엇을 배우는가? 아마도 가벼움, 맑음, 부드러움을 배울 것이다. 돌은 또 어떤가? 다음은 워크숍 중에 쓰인 「돌에게」라는 시의 일부다.

    초록의 이끼로 반만 덮인 둑에서
    나에게 말 걸고 노래하는 돌을 발견했다.
    불완전한 돌이 길가에 둥지를 틀고
    그 순수한 독특함은 내 손 안에서 노래한다.

    손바닥을 오므려, 너의 고요함을 나눈다.
    차가워질 때, 나의 열기를 가져가라.
    너의 고요와 강렬함은 춤춘다.
    너의 평화로움이 나를 불러
    너와 함께하게 하라.
    디안느 리처드 알러다이스

| 연습
자연이 우리에게 가르쳐 주는 것 쓰기

자연 세계에서 당신을 일깨우고 있다고 느끼는 대상을 선택하자. 그것은 동물이나 식물, 광물일 수도 있다. 당신의 삶에 그것이 어떤 특성을 나타낼까? 그 느낌을 자유롭게 써 보자. 당신이 좋아하는 시의 형태로 즐기면 된다. 몇 가지 참고할 예가 있다.

눈, 미풍, 다이아몬드, 장미 관목, 말
거북이, 쥐, 오소리, 복숭아나무, 메뚜기
화강암, 아메리카 삼나무, 플랑크톤, 옥수수, 천둥 번개

감수성과 냉정함 : 열린 주의집중력 연습

우리는 모두—식물, 어류, 고양이, 코끼리 그리고 인간—세포와 조직으로 이루어진 유기체다. 삶의 에너지는 세포 조직 안에 있다—원형질, 세상의 거의 모든 것이 무한한 미립자들로 이루어진. 헉슬리는 "자연의 거의 모든 것이 생명의 기초인 원형질로 구성되어 있으므로, 자연의 모든 것에 반응한다"라고 했다. 루서 버뱅크

우리가 빈 종이에 말을 적어 넣기 쉬운 것처럼, 자연은 우리의 감정을 그대로 받아들인다. 숲 속에서 캠핑할 때, 강가에 앉아 있을 때, 도시의 공원을 거닐 때, 시를 쓸 때, 우리의 고통이나 만족은 숨 쉴 수 있다.

그러나 어떻게 대지와 조화를 이룰 것인가? 그 대지의 에너지를 어떻게 치료시를 만드는 데 사용할 것인가? 답은 간단하다. 그러나 바쁘게 돌아가는 세상에서 그 답을 구하기는 어렵다.

심호흡을 하며 당신이 집중할 수 있는 자연의 장소에 갈 시간을 내야 한다. 일부러 유명한 국립공원이나 높은 산봉우리에 올라가야만 하는 것은 아니다. 그저 동네에 있는 공원을 걸을 때, 뒷마당을 가꿀 때, 한가한 토요일이나 이른 아침에 부엌 창밖으로 보이는 풍경을 느긋이 바라볼 때 시적 영감을 얻으면 된다.

대지의 모든 부분은 사람들에게 신성하다. 시애틀 추장

대지와 접촉하는 것과 시를 쓰는 것은 열린 주의집중력을 연습하게 해 준다. 또한 열린 주의집중력은 다음의 능력을 키워 준다.

- 당신의 창조성이 번성하는 것
- 영적인 실체와의 관계를 일상생활에 통합하는 것
- 아름다움, 기쁨, 그리고 감정의 모든 범위를 깨달을 수 있는 감정
- 당신의 감성, 직관력, 그리고 통찰력이 깊어지는 것
- 시를 쓰는 능력이 높아지는 것

열린 주의집중력이란 무엇인가? 그것은 깨달음이다. 통찰이다. 자신의 존재를 바라보고, 자신의 내면에서 들리는 소리에 귀를 기울이며 열린 주의집중력을 연습해 보자. 자신의 존재의 소리를 듣고 보는 능력을 어떻게 키울 것인가? 이 연습을 설명하는 실마리가 되는 말은 무엇인가?

수용력과 존재

> 산, 강, 지구, 잔디, 나무, 그리고 정글은 낮과 밤을 가리지 않고 항상 미묘한 빛을 발산하고, 모두에게 탁월한 근원적인 진리를 상세히 설명하며 미묘한 소리를 발산한다. 연소우

수용력과 존재는 나무와 같다. 당신이 나무라고 생각해 보자. 나무가 되어 보자. 뿌리, 수액, 줄기는 세상에 당신의 존재를 합치하는 당신의 목소리, 신체, 생명력과 같다. 가지와 잎사귀들은 당신의 수용력을 나타낸다. 가지는 햇빛을 가장 잘 받을 수 있도록 잎들을 뻗는다. 유칼립투스 나무는 적당한

햇빛에는 달 모양의 얇은 잎들을 넓게 펼치지만, 아주 뜨겁고 건조할 때는 모서리만 햇빛을 받게 한다.

수용력은 당신에게 이미 주어진 것을 포착하게 한다. 존재는 형태와 당신이 받는 것의 실체를 준다.

> 나는 풍족한 알파벳을 마시고
> 푸른 목장을 말한다.
> 코리 올링하우스, 열일곱 살 때

당신의 수용력과 존재를 강화하고 조화롭게 하는 네 가지 능력이 있다.

- 감각과 느낌
- 주목과 명명하기

감각과 느낌은 감성 지향적이다. 그것은 행동이 따르지 않는 경험인 우주적 여성형의 능력이다. 주목과 명명하기는 주의 깊게 목격하는 것과 우주적 남성형의 능력이다.

감각과 느낌은 유동적이고 개방적이지만 주목과 명명하기는 형태를 이루고, 당신이 받은 것을 표현한다. 이것들은 서로 함께 적용된다.

해먹에 누워
미네소타, 파인 섬의 윌리엄 두피 농장

내 머리 위로, 나는 구릿빛 나비를 본다.

검은 가지 위에 앉아 졸고 있는

푸른 그림자 안에서 나뭇잎처럼 불어온다.

빈집 뒤의 산골짜기에서

소의 목에 달린 방울 소리는 끊임없이

오후의 먼 곳으로 퍼져 나간다.

나의 오른쪽에서는

두 그루 소나무 사이의

햇빛 가득한 들판에서,

지난해 말이 흘린 눈물이

황금색 돌로 타오른다.

저녁이 되어 어두워질 때 나는 기대선다.

닭이 집을 찾아 떠돌아 다닌다.

나는 내 인생을 낭비했다.

제임스 라이트

라이트는 그를 둘러싼 주변을 지각하고, 느끼고, 알아차리고 이름을 붙였다. 그는 자신에게 다가오는 것들을 거부하지 않고 믿었다. 이 경험은 인지적 과정이 아니다. 그는 의식적으로 생각하지 않았다.

"이제 나는 수용될 것이다. 그것을 감지하고 알아차리고 그것들에게 이름을 붙여 줄 것이다." 이 모든 것이 수용력과 존재의 사고방식에 반드시 필요한 구성 요소들이다. 그리고 이 요소들은 당신을 둘러싼 생명의 시스템과 직관적으로 연결된다.

불변의 지혜의 표상은 일상에서 기적을 보는 것이다. 랠프 월도 에머슨 당신은 시를 좀 더 사실적으로 다듬기 위해 다시 한 번 시를 볼 것이다. 이러한 창조의 과정은 단순한 창조와 비교된다—자연에 끝없는 변화가 일어나듯이, 당신이 쓰는 시의 모양새를 가다듬는 방법은 무한하다.

데이비드 와그너는 그의 시 「잃어버림」에서(7장의 시작 부분에 나오는) 숲이 우리를 발견하도록 해야 한다고 말한다. 우리는 시가 우리에게 오게 해야 한다. 사소하고 아주 사실적인 묘사만으로도 시를 시작할 수 있다. 라이트는 자신이 보고 듣는 것을 받아들였다.

내 머리 위로, 나는 구릿빛 나비를 본다.
검은 가지 위에 앉아 졸고 있는

소의 목에 달린 방울소리는 끊임없이
오후의 먼 곳으로 퍼져 나간다.

소의 목에 달린 방울들이 더 큰 무리로 합쳐진다. "오후의 먼 곳으로" 포용은 정지된 상태가 아니다. 그것은 마치 흐르는 강물처럼 어떤 특정한 것이 당신을 놀라게 하고, 건드리고, 당황하게 만들고, 흥분하게 하고, 당신의 시야를 넓히고, 때로는 당신에게 치유력이 있는 시를 선물하기도 한다.

라이트는 소의 방울 소리가 오후의 먼 곳으로 퍼져 나가는 것을 듣는다. 그는 그것을 느끼고 지각하며 그 경험을 따라간다. 동시에 자신은 한 곳에 뿌리 내리고 있기도 하다. 그는 해먹에 누워 있다. 그리고 시에 나타나는 간단한 구절로 현재의 감정을 강조한다.

우리는 평온을 찾아야 한다. 우리는 조용히 있어야 하고, 그것은 현시대에서는 점점 어려워진다. 제인 케니언

- 나의 권리에게

존재는 우리가 자신의 권리를 알고 있는지 묻는다. 시를 쓰는 것은 우리에게 주위의 것들을 알게 함으로써—우리 안에 있는 것도—자신의 기초를 다지게 한다. 그리고 우리의 경험을 담는 그릇 역할도 한다.

만약 우리가 그런 그릇을 갖고 싶다면, 느끼고 지각하고 알아차리고 이름을 붙이고 싶다면, 좀 더 천천히, 스스로 존재해야 한다. 열린 주의집중력은 우리가 뭔가를 해서 얻는 것이 아니라, 그냥 그대로 얻어지는 것이다.

도나 케네이는 캘리포니아 리버사이드에서 발행하는 《기업보도》의 생활면에 특집 기사를 쓴다. 도나는 이십오 년 경력의 언론인이지만 시를 쓰는 데는 초보자다. 그녀는 트리니다드를 방문한 어느 더운 여름밤에 춤을 추다가 시적 언어를 떠올렸다.

라벤타일의 자정

나는 음악의 한가운데 앉아 있고

음악은 축축한 밤기운처럼

내 뼛속으로 스며든다.

팬 리듬에 맞춰 사람들은 춤을 추고,

한 성실한 아일랜드인은

자기 자신으로 들어가

그의 검은 형제들과 악기를 두드린다.
그리고 나, 내 옥수수 수프와
내 술과 내 초록색 티셔츠는
'무법자, 무법자, 영원한 무법자'를
라벤타일의 더러운 절벽 끝으로
끌어들인다.
아래에 있는 덩굴로 덮인 오두막으로
하늘에 있는 작은 별빛으로,
음악은 축축한 밤기운처럼
내 뼛속에 스며든다.

도나는 이 시를 쓴 과정을 이렇게 말한다.

나는 존의 워크숍 중에 우편엽서가 있는 곳에 가서 드럼 치는 사람과 두 무용수가 그려진 예쁜 엽서를 골랐다. 그 엽서가 무용가인 내 딸 크리스타와 타악기 연주자인 그녀의 남편 레이를 생각나게 해서 눈물이 나기 시작했다. 크리스타는 암에 걸렸다. 나는 그녀를 잃게 될까 두려웠다. 그녀의 춤을 더 이상 볼 수 없을까 봐, 내 인생의 기적을 잃을까 봐 두려웠다.

나는 그 엽서가 어떻게 내 딸과 사위를 생각나게 했는지, 그리고 트리니다드에서의 카니발에서 얻은 경험들을 이야기했다. 존은 내가 그곳에 있다고 상상해 보라고 했다. 나는 내가 발아래 있는 지구와 별과 달, 그리고 사람들과 도시와 하나 됨을 느꼈던 그 섬에서의 첫 번째 밤을 기억했다. 섬 전체가 고동치고 있었다.

레이는 십 대 때부터 일리노이에서 강철 드럼을 연주했다. 그런데 그가 라벤타일의 밴드인 '데스페라도'에 초청받아 연주한 것은 멋진 일이었다. 그는 백이십 명의 흑인 연주자들 중에 유일한 백인 드러머였다.

우리는 자정에 라벤타일 언덕의 무섭도록 험난한 길을 지나 드럼 캠프에 갔다. 아주 높은 곳이어서 도시와 바다를 내려다 볼 수 있었다. 모두 그곳에 가는 것이 위험하다고 했지만, 나에게는 그렇게 보이지 않았다. 모두 술에 취해 떠들썩했지만 모든 것이 열려 있었고, 관능적이었다. 오직 음악만이 그들의 관심사였다.

내가 삼백 개의 드럼이 연주되는 음악 가운데로 초대받았을 때, 그것은 마치 심장의 한가운데 들어가 있는 것 같았다. 나는 지금껏 살면서 그토록 경이로운 순간을 경험해 본 적이 없다. 모두들 땀에 흠뻑 젖어 있었고, 웃고 있었으며, 땅은 흔들리고 있었다. 그리고 땅과 사람들과 하늘의 별이 다르지 않았다. 모든 것이 하나였다.

이 시는 가슴으로 쓴 시이지 머리로 쓴 시가 아니다. 그것을 버리기가 쉽지 않았다. 비록 내가 사막에서 땅과 친숙한 어머니 밑에서 자랐지만, 나는 사람들이 밟고 서 있는 땅이 아닌, 인간과 더 친숙하다고 여겼다.

이 시를 쓰면서 나는 울고, 또 울었다. 드럼 소리가 나의 일부가 되었고, 나는 대지의 일부가 되었다. 이 시를 쓰면서―감성적으로―만약 상상을 끝마친다면 나의 창작도 끝난다는 것을 느낄 수 있었다. 창작은 감성적인 것과 매우 밀접한 관계가 있다. 그것이 자연스럽게 시로 흘러나온다.

도나는 실패를 두려워하지 않고 시를 썼다. 그녀가 걱정하는 실패라는 것은 언제나 경험의 외면을 중심으로 움직이고 있었다. 그녀는 별빛 아래에서 춤을 출지도 모르는 이국적이고 낯선 곳에 갔다. 그녀는 그 경계를 피하지 않았고, 곧 원의 중심으로 들어가 춤을 추었다.

무용수와 드럼 치는 사람이 그려진 엽서는 워크숍에서 그녀를 눈물 흘리게 했고, 그녀가 그때의 감정으로 돌아가게 했다. 그녀는 자기 내면의 중심으로 들어갔다. 그리고 시가 나왔다.

나는 때때로 음악이 나의 머릿속에 잊혀지지 않고 떠돌아서 그 음악을 단어들로 채워야 할 때가 있다. 클래리벨 엘레그리아

연습
대지와 만나기

나는 새로운 경험을 끌어안았다.
나는 발견에 참여했다. 나는 나비다.
나는 나비 채집가가 아니다.

윌리엄 스태퍼드

- 나무에 등을 기대고 앉아 모든 감각기관과 감정을 열어 놓자. 그리고 당신 주위에 있는 것들에 주의를 기울여 보자. 걸러지는 것들, 경계를 가진, 모든 부분이 살아 있는 생명체로서의 자신을 경험해 보자. 당신이 나무와 땅에서 느끼는 감상이 자연스럽게 일어나도록 하고, 그것을 글로 써 보자. 또 나중에 그 느낌을 시로 쓸 수 있도록 명상해 보자.

- 도나 케네이가 트리니다드에서 춤을 춘 것처럼, 당신이 자연에서 얻은 역동적이고 황홀한 경험을 다시 한 번 떠올려 보자. 천천히 시간을 갖고 경험을 반추하며 글로 써 보자. 그것이 곧 시가 된다.

- 공원이나 동네 산책로, 당신이 친근하게 느끼는 곳에 가 보자. 데이비드 와그너가 말했듯이, 그 장소가 당신을 찾게 하고 그 연관성에 초점을 맞춰 생각해 보자. 장소를 찾는 과정을 글로 따라가며 써 보면 시를 만나게 된다.

| 연습

대지의 언어 사용하기

> 오카나간 말로 '이 땅 위의 우리 집'과 '우리 말'은 같은 뜻이다. 오카나간 언어는 '대지의 언어'다. 이것은 대지가 우리에게 언어를 가르쳤다는 뜻이다. 우리가 생존한 방법은 대지가 우리에게 가르쳐 준 언어를 사용하는 것이다. 식물, 동물, 계절, 그리고 지형을 알아 가는 것은 그것들을 위한 언어를 만들어 가는 것이다.
> **지네트 암스트롱**

- 아래 주어진 단어 중 하나를 골라 그것이 묘사하는 것을 상상해 보자. 예를 들어, 당신이 '파도'라는 단어를 골랐다면 해안선에 밀려오는 파도를 따라 걷거나, 파도에 뛰어드는 상상을 해 보자. '파도'라고 크게 외쳐 보자. 그 단어가 당신 안에 일으키는 신체적 감동이나 느낌, 생각과 경험을 마음껏 써 보자. 그 단어가 당신 안에서 생생히 살아날 때까지 말이다.

- 대지의 언어를 사용해 당신의 느낌이나 경험을 표현하는 시를 써 보자. 느낌을 나타내는 단어(슬픔, 기쁨), 경험을 나타내는 단어(자다, 놀다), 개념을 나타내는 단어(재생, 우정) 등 당신이 나타내려는 단어를 선택한다. 시에 있는 단어를 사용하지 말고, 대지의 언어를 사용해 대화해 보자.

습지, 파도, 산, 개울, 혈암, 밀려드는 파도
큰 물결, 빙하, 경사면, 늪, 퇴석, 바위 턱
휴경지, 작은 숲, 파이 껍질, 평지, 연못, 야산
진창, 동굴, 가시, 홍수, 초승달, 계곡
흙, 산마루, 풀, 헤더나무, 동굴, 바위
바다, 여울목, 목초지, 진창길, 해류, 모래언덕
습지, 용해된, 풀밭, 진흙, 난초, 툰드라
화강암, 이끼, 분지, 꿀벌 통, 채석장, 포도나무

주위를 환기하는 대지의 역동적인 언어는 분별 있고, 황홀한 자신을 발견하게 해 준다. 자연과 대지의 언어는 그 뜻으로 우리를 감싸 안지만, 논리적으로 강요하지는 않는다. 그것은 자신의 아름다움을 알아차리게 함으로써 우리를 온전히 기쁘게 한다. 구릿빛 나비, 매, 소의 목에 단 방울들이 원경(遠景)으로 표류하고 사금석들이 말똥으로 바뀐다.

관계에 대한 원초적 깨달음

자연 세계가 우리의 몸 안 세포 하나하나에서 각성될 때 원초적 깨달음은 우리에게 아주 짧고 순수한 경외의 순간을 안겨 준다. 그것은 오만과 고독을 없애주므로 자기 보호에 꼭 필요하다. 이런 현상이 나타나면 자연과의 지속적인 접촉이 내면의 생명력을 유지하고 계속되는 변화에 대한 동기를 부여해 준다. 알렌 D. 캐너, 메리 E. 곰스

자연은 우리에게 '관계'를 발견하게 해 준다. 이것은 시를 쓰는 과정과 똑같다. 우리는 시의 구절구절에서 삶의 여러 모습을 볼 수 있고, 이러한 관계는 통찰력을 위한 카타르시스를 준다.

시를 쓰는 과정은 우리의 경험과 상상을 함께 엮어 준다. 이렇게 엮인 요소는 자연과 상실, 사랑의 경험에 대해 더 많은 것을 발견하게 한다. 궁극적으로 삶이 어떻게 우리 주위의 것들과 연결되어 있는지 말이다. 시의 장치―소리, 상상, 리듬, 은유, 의인화―들은 자연과의 관계를 표현하는 방법이다. 반대로 자연에 주목하는 것은 시적인 관계를 인식하는 방법을 알려 준다.

황혼의 모란

현관에 줄지어 피어 있는 하얀 모란은
어두운 마당에 빛을 보낸다.

인간의 머리만큼 커다란 웅장한 꽃들이여!
그들은 자신의 풍부함으로 휘청거린다.
나는 말뚝과 실로
그것에 버팀목을 대 주어야 했다.

습기는 그 향기를 더해 주고
달빛은 그 향기가 어디서 오는지 궁금해
오두막 주위를 맴돈다.

저물어 가는 6월의 저녁에
마치 여인이 사랑하는 사람의 얼굴을
살피듯이
몸을 구부려 그 봉우리를 자세히 그려 본다.
제인 케니언

   시를 쓰는 것은 조랑말과 사랑하는 사람을 비교하는 것과 같은 예상치 못한 비교로 우리를 놀라게 한다. 이런 예상치 못한 느낌은 우리의 주목을 끈다. 우리는 이렇게 말한다. "네. 그것이 가능하다고 생각합니다. 또는 그것을 꽃에서 느꼈습니다. 그러나 그것을 표현할 말을 찾지 못했습니다."
   제인 케니언의 시를 몇 번 읽거나 친구가 당신에게 읽어 주게 해 보자. 그 관계들의 풍부한 맛을 음미해 보자. 사람의 얼굴만큼 큰 모란, 습기 찬 공기와 모란의 향기, 달이 그 향기에 취하고, 모란과 사랑하는 사람의 얼굴과의 관계……. 당신은 이 시에서 어떤 관계를 찾았는가?
   그 미묘한 차이와 관계를 알아내는 능력은 당신의 감성을 키운다. 시를 쓰는 것과 아울러 자연을 직접 접하는 것은 자신의 욕구를 잘 알고, 그것을 잘 다스릴 수 있는 능력을 바탕으로 감성을 발달시키는 좋은 방법이다.

> 어떤 것이든 가만히 들여다보면, 하찮은 풀잎이라도 그 자체로 신비롭고 멋지고 뭐라 말할 수 없이 황홀한 자신만의 세계가 있다.   헨리 밀러

트리나 베커는 도서관학 석사학위를 땄고, 로렌스 버클리 연구소에서 기록 보관인으로 일한다. 그녀는 방과 후 교사로도 일하며 교회 성가대에서 노래도 부른다. 트리나는 내가 '변화가 있는 삶, 다시 불붙은 친밀감'이라는 주제의 워크숍을 할 때 다음 시를 썼다. 그녀의 시는 '변천과 고독의 여행'이라는 워크숍의 한 주제에서 나왔다.

충적토의 변화

삼각주는 이 좁은 굽이에 고요하게 있다.
파란 하늘 아래 갈색 침적토가 있는 물
바다처럼 하늘에 아무것도 반사되지 않고
호수처럼 소나무에 아무것도 반사되지 않고
수면 밑은 고요해
지나가는 보트만이 조용히
오직 빛만을 반사하고,
아무 이미지가 없는 황금빛으로
강의 입을 흔들고 가물거리게 한다.

여기 아직은 바다로 갈 준비가 되어 있지 않은,
오래되고, 천천히 흐르고
돌고 도는 강이 있다.

음산한 물에서,
발가락은 부드러운 진흙을 느끼고
돌도 거의 없고, 부드러운.
나는 발가락을 볼 수 없도록
발목 깊이 발을 담그고,
내가 줄 수 있는 만큼만
물 또는 내가 선택한 태양에게 주고
목 위로 따뜻함 속에 앉아 있다.
그리고는, 갑작스러운 경사.

트리나는 자신의 시에 대해 이렇게 말한다.

「충적토의 변화」는 내가 지금은 함께하지 않는 남자와 삼각주로 여행을 갔을 때 쓴 시다. 그것은 우리의 관계가 좋았을 때 간 여행이었다. 나는 이런 과도기에 그곳에 다시 한 번 가보고 싶다.

그 삼각주는 강이 열린 바다로 떨어지기 전에 스며들고 미네랄이 머무는 곳이다. 나는 이 시에서 그 충적토로—유독한 비료와 거름이 합쳐진, 그러나 땅을 비옥하게 하는 금과 미네랄을 가진—걸어 들어갔다. 이곳에 관해 쓰는 것은 그 관계에서 옳고 그른 것을 가려내고, 치유를 시작하는 길이다.

그 삼각주는 여러 면에서 과도기다. 그 바닥은 분명하지 않다. 그 바닥에서 무슨 일이 벌어지는지 알 수 없다. 나는 내 두 발로만 그것을 느낄 수 있었다. 나는 이 시점에서 내가 정확히 어디로 가고 있는지 모르지만 그래도 괜찮다는 것을 깨달았다. 그곳에는 내가 움직이기 전에 알고 싶은 많은 경험들이 있었다.

  그 삼각주를 다시 한 번 생각하는 것은 내 안에 과도기를 창조하는 데 도움이 되었다. 그 삼각주에 대해 쓰는 일은 다시 모험을 감수하는 곳으로 가기 전에 긴장을 풀고 쉴 수 있게 해 주었다.

다이앤 리처드 앨러디는 플로리다대학교 영문과 교수다. 그녀는 이 시를 뉴욕, 린백에 있는 오메가 연구소에서 열린 마술 같은 닷새 동안의 워크숍에서 썼다. 다이앤는 자신의 거친 부분을 '암사자'라 부르는, 좀 더 넓은 의미의 은유를 썼다.

암사자

나는 아직도
햇빛에 드러나는 암사자다.
가슴에 새긴 삶에 대한 갈망으로 흉포한—
나는 암사자 밑에 깔린
풀이 무성한 평지다.

햇빛의 파문이
그녀 앞에서 움직인다—
나는 밝은 곳들 사이의

어둠의 목소리

축축하고 광대한 어둠이

풀끝을 만나러 일어난다―

모든 주기를 감싸고 일어나고

이런 일어남을 좋아하는―

어둠은 대지가

스스로 일어남을 좋아하듯 떠오른다.

나는 처음에는

천천히 움직이는 암사자라

시선을 집중하고,

저기 어딘가에 무엇이 있다는

반쯤 기억되는 감정을 기억하면서―

내 마음속 응어리에 치는 번개 뒤

저편으로부터

어떻게 해야 할 것인가

아는 그 무엇―

그 기억은 어둠의 꿈처럼

다시 돌아오고

그림자는 빛을 만나려고

내 앞에서 일어난다―

나는 움직이기 시작한다.

나는 다시 느끼는 옆쪽의 고통으로

눈물 흘리며 움직이기 시작하는

암사자다—

그렇다, 나는 상처 입었다(망각했다)

내 뼈들은 불타오른다—

나는 풀잎 위에서 춤추는 가벼움

불 끝의 불꽃처럼 가볍디 가벼운.

　다이앤은 암사자의 직접적인 목소리에서 그녀의 자연 영토의 목소리까지 왔다 갔다 한다. 이 두 목소리들은 특히 그녀가 환경과의 관계를 통해 자신을 알도록 하는 대비를 만들어 냈다. 시의 구조는—당신이 쓰고 다듬는 것처럼—당신의 삶에 만들고 싶은 변화를 구체화하고, 당신 안에 있는 변화가 밖으로 나오게 한다. 다이앤은 자신의 시에 대해 이렇게 말한다.

> 　나는 이 시를 쓰면서 어떤 학문적 명성이나 배움 뒤에 숨지 않는, 내 근원적 존재를 찾으려고 했다. 내가 암사자를 은유하자, 내가 그 동물이 되어 가는 과정을 표현하고 싶었다. 은유에 깊이 잠겨 보니, 내 자신이 그것을 거부하고 있는 것이 보였다.
>
> 　그때가 바로 자연 세계의 중요한 은유와 이미지들이 시의 어떤 면에서 부드러워지고, 미묘하게 바뀌는 순간이었다. 풀잎과 그림자가 암사자를 문맥에 넣었다. 나는 그 모습이 암사자가 풀과 그림자를 직접적으로 인식하는 것임을, 그래서 그 시는 점차적으로 암사자와 그녀의 환경이 서로 잘 어울리는 것임을 깨달았다.

나는 그녀의 상처를 통해 암사자의 갈망뿐 아니라 신중함까지도 느낄 수 있었다. 또한 나는 대지의 '이곳'과 연결되고 싶은, 자신의 영토와 싸우는 그녀의 거대한 충동도 느꼈다. 거기에는 그 세계로 들어가는 입구인 '내 마음 속 응어리'를 허락하는 욕망도 있었다. 그 충동은 상처를 입는 경험이 한 사람의 내적인 힘을 더 강하게 만든다는 사실을 보여 주었다.

나는 이 은유로 시를 쓰면서 굶주리고 상처 입은 모습과 나를 동일시할 수 있었지만, 반면에 "햇빛의 파문"과 "밝은 곳들 사이의 어둠"을 좀 더 잘 알기 위해 한 걸음 뒤로 물러섰다. 나는 굶주림이 단지 그 암사자가 한 부분이었던 더 큰 계획의 겉모습일 뿐이라는 것을 깨달았다. 내가 그녀 안에 존재하는 불씨와—그녀의 상처, 굶주림, 살고자 하는 충동—나를 동일시하자, 나는 풀잎 위의 아주 가벼운 불빛에 반사되는 불을 보았다.

| 연습
동물로 은유하기

　동물 하나를―또는 당신이 친근감을 느끼는 자연물 중 어느 것이라도―선택하자. 그 동물이 당신에게 아주 특별하고 중요한 가치를 지니고 있을지도 모른다. 당신이 선택한 동물로 다이앤 리처드 앨러디의 시처럼 은유를 사용해 지금 당신이 성장하고 싶은 방법을 나타내 보자. 또는 당신의 삶에 치유가 필요한 특정한 환경에 대해 말해 보자. 이 동물에 대해 당신이 할 수 있는 모든 상상을 해 보자. 그것의 습관, 그것이 어떻게 움직이는지, 무엇을 하는지, 어떻게 표현하는지 등을 말이다. 당신의 본능적인 느낌으로 상상하자. 무엇이 당신의 갈등과 열망을 나타낼까?

　나비, 독수리, 곰, 코끼리, 백조
　거미, 돌고래, 늑대, 사슴, 원숭이

생태심리학과 시 쓰기 : 심층의 언어를 재개발하기

생태심리학의 새로운 분야는 시 쓰기의 매체를 통해 잘 나타난다. 특히 생태심리학과 대지의 시는 다음 것들을 주의한다.

- 신체적, 정신적, 그리고 영혼의 건강이 대지와 조화로운 관계를 만들어 내는 데 연관되는가?
- 인간이 지상에서 건강하게 살 수 있는 곳을 볼 수 있는 기회를 주는 생태 군집 지역을 어떻게 이해하는가?
- 자연적인 과정을 깨닫는 것은 어떻게 우리가 개인적인 삶의 고통스러운 부분을 평온하게 살아가게 해 주는가?

달의 가장자리 뒤에서 길고 느린 움직임 속에 갑자기 광대한 위엄으로 반짝이는 파랗고 흰 보석 빛 같은, 그리고 암흑의 수수께끼의 베일이 서서히 빙빙 돌며 벗겨지는 하얗게 가득 찬 바다를 작은 진주로 덮은 우아한 하늘의 둥글고 파란 별이 보였다. 이것이 내가 살고 있는 지구라는 것을 깨달을 때까지는 순간이 아닌 오랜 시간이 걸렸다.

에드가 미첼, 달에 착륙 후 걸으면서 지구를 본 아폴로 우주인

자연은 우리가 개인적 불행을 치료하고, 잘 다룰 수 있는 장소를 마련해 준다. 웬델 베리의 「야생의 평화」는 대지의 매력과 아름다움이 우리를 얼마나 편안하게 만드는지 보여 준다.

야생의 평화

세상에 대한 절망이 내게 싹틀 때
그리고 나와 내 아이들의 삶이
어떻게 될까 하는 두려움에
한밤중에 아주 작은 소리에도 잠이 깰 때
나는 아름다운 오리가 쉬고 있는,
왜가리가 먹이를 먹고 있는
물가로 가서 몸을 눕는다.
나는 자신의 미래의 삶에 대한 걱정으로
부담을 갖지 않는
야생의 것들 속에서 평온을 얻는다.
나는 고요한 물의 지금 모습을 본다.
그리고 머리 위로,
낮에는 보이지 않는 많은 별들이
빛과 함께 기다리고 있음을 느낀다.
내가 세상의 매력에 빠져
자유롭게 쉬고 있는 동안에.

시는 우리가 대지의 여행에서 당면하는 통과의례를 말해 준다. 특정한 인간적인 삶의 형태를 기념할 수도 있고, 지구와 우주의 신비에 대한 심오한 관계를 언급할 수도 있다. 시는 이런 목적을 위해 오래 전부터 봉사해 왔다.

아주 오래 전에

동물과 인간이 다 같이 지구에 살 때

사람은 그가 원하면 동물이 될 수 있었고

동물 또한 인간이 될 수 있었다.

어떤 때는 인간이었고

어떤 때는 동물이었으며

아무런 차이가 없었다.

모두 한 언어를 사용했다.

그때가 바로 단어들이

마술과 같았던 때였다.

에스키모 시

이 시에는 고대인들의 인간과 동물의 언어에 대한 지혜가 담겨 있다. 호머는 공동체와 개인의 탐색에 신화적 기초를 주려고 오디세우스의 위험한 항해를 열거했고, 베다의 예언자들은 자각을 일으키는 요소의 진동에서 나온 신성한 음절들을 노래했으며, 이 모든 것들은 자연의 에너지를 토로한다. 모든 인간 존재는 더 넓은 삶의 장과 연결되어 있다.

생태심리학은 상식과 마술, 동화 구연, 신성한 현실감의 목소리를 재발견하라고 한다. 이 모든 것들은 시의 영역과 자연에서 발견할 수 있다. 지구 공동체 안에서 우리의 장소를 재발견하는 것은 자신과의 건강한 관계를 이해하는 방법이다. 지혜는 컴퓨터 칩 안에서 발견하는 것이 아니다. 그것은 존재 안에서 흐르며, 우리의 심장에서 고동친다. 생태심리학은 지혜가 어느 개인이나 단체의 소유물이 아닌, 사물 그 자체와의 관계를 깨달을 때 얻는 것임을 보여 준다.

내가 하늘의 오래된 불가사의에 대해

속삭이는 구름을 볼 때

그들은 물러나서,

세상에 드리운 파란 커버를

걷어 내고 있다.

나는 자연이 안에 있는 것을

밖으로 끌어내고

밖에 있는 것을 안으로 들여가는

자유로움을 바라본다.

가슴으로 보면

어느 것도 친척이 아닌 것이 없고

어느 것도 빛이 없는 것이 없다.

나의 앞이나 뒤에 있는 일반적인 배경

나의 조상, 나의 미래, 나의 집

나의 심장에 흐르는 피가

바닷물처럼 달에게 조수의 멜로디를 노래한다.

내가 그 음악을 연주하는가,

아니면 내가 그 멜로디인가?

리사 프리들랜더

연습
당신과 자연의 관계 – 신비한 감상에 대해 쓰기

어느 누가 당신에게 영혼을 보라 했나.
당신 자신의 모습과 용모, 사람들, 물체
동물들, 나무들, 흐르는 강물들, 바위와 모래들을 보라.
월트 휘트먼

리사 프리들랜더의 시에서 그녀가 자연과 느끼는 관계, 소속감을 들어 보자. 삶의 생명력은 그녀를 통해 또 그녀의 주위를 흐른다. 그 안락함과 두려움, 자연에 있는 단순한 어떤 것에 대해 명상해 보자. 그것은 움직이는 구름일 수도 있다. 나뭇가지 사이의 바람. 목초지에 내리는 비, 앞마당에 핀 꽃, 이 자연물들의 암묵적인 음악을 들어 보자. 서로 다른 것들이 만들어 내는 상호작용을 보자. 이런 상호작용이 당신의 이목을 집중시키는 특정한 장소를 주목하자.

웬델 베리는 "나는 아름다운 오리가 쉬고 있는/왜가리가 먹이를 먹고 있는/물가로 가서 몸을 누인다"라고 했다. 당신이 선택한 자연이 자신에 대해서, 또 당신과 자연의 관계에 대해서 뭐라고 말하는가? 대지와의 신비한 관계를 당신 삶 속으로 받아들이려는 간절한 소망을 기원하며 그것을 써 보자.

진정한 일은 마음으로 자연과 함께하며 그 대지에 살고 있음을 이해하는 것과 산과 강, 식물이 생육하는 곳임을 인식하는 것이다. 그 진정한 일은 인류가 생기기 몇백만 년 전과 몇천 년 후에 일어날 일들을 인식하는 것이기도 하다. 진정한 일이란 대륙에 존재하는 주민들을 받아들이는 것이다.
게리 스나이더

대지를 위한 소리의 존재

자연에 일어나는 나쁜 일들은 고통과 격변을 가져온다. 그러나 그 영향이 환경을 해치지는 않는다. 생태적 파괴 행위들은 인간에게만 국한된 것처럼 보인다. 당신의 환경에 대한 공포, 격노와 슬픔, 지구에 살고 있는 모든 생명체를 보호하려는 욕망, 아름다움을 추구하는 것, 호수와 하늘을 지키려는 수호 정신도 시로 표현할 수 있다.

> 비록 환경운동가들이 야생물의 아름다움에 열정적 기쁨으로 일하지만, 예술가를 제외한 일부는—사진작가, 영화제작자, 풍경화가, 시인들—대중이 살아 있는 별에 어린이들처럼 행동할 것이라고 그다지 확신하지 않는다.
> 테오도르 로작

윌리엄 워즈워스는 이백여 년 전에 인간이 자연 세계와는 잘 어울리지 못할 것이라고 썼다.

> 홍진에 묻혀
> 우리는 너무나 홍진에 묻혀 산다.
> 꼭두새벽부터 밤늦도록
> 벌고 쓰는 일에 있는 힘을
> 헛되이 탕진한다네.
> 우리에게 주어진 자연도 보지 못하고,

심금마저 버렸으니

이 욕심 많은 흥정이여!

달빛에 젖가슴을 드러낸 바다

또는 두고두고 울부짖다 시든 꽃처럼

잠잠해지는 바람이

모든 것과 우리는 남남이다.

매사에 시큰둥하다.

신이여! 차라리 사라진 옛 믿음으로

자라는 이단이나 되고 지고

이 아름다운 풀밭에 서서 경치를 바라보면

위안이 되도록 바다에서 솟아나는

프로테우스를 볼 수 있고

트리톤의 조가비 소리를

들을 수 있도록.

"우리에게 주어진 자연도 보지 못하고/심금마저 버렸으니/이 욕심 많은 흥정이여!" 이 구절에서 무엇을 느끼는가? 슬픔을 느끼는가? 분노? 대지의 아름다움을 찬양하고, 그것과 연결되기를 희망하는가?

이봐, 대지여, 괴물이 너를 죽이고 있다는 소리를 내가 들었는가? 카이

아니타 브라직은 그녀와 연관된 자연의 장소를 생각해 보라는 나의 제안을 듣고, 자신이 사랑했지만 지금은 고속도로로 바뀐 곳에 대해 썼다.

쉽게 잊히지 않는 것이 있었던 곳으로부터

이주를 방해하는 돌처럼

교통 흐름의 한가운데에서

크레인과 흙 깎는 기계가

서둘러 가는 연어처럼

끊임없이 갈아 내고 있다.

지친 수영하는 사람들은

사무실 공원의 바다를 찾고

산기슭 작은 언덕에 있는 집으로 간다.

끊임없는 고리 속에서

마침내 안식을 찾는다.

그들 중 어느 누가 이 강이 잘려 나가기 전에

여기 있던 비옥한 땅을 기억하겠는가?

어느 누가 속에 남겨진 것을 볼 수 있겠는가?

도시화의 상처가,

페인트칠에 부푼 건물들

그리고 보지 못하는 어두운 탑들

이 모든 경치들이 사라짐이, 우리가 더 이상

강물이 샘솟던 근원지를 갈망하지 않고,

금광석 길을 따라 비행하면서,

우리 앞에 놓인 길의 위험에 대해

방심하고 있다는 뜻인가?

| 연습
자연의 소리가 되어 보기

신성함을 중요시하고 샤머니즘적인 성격의 소유자가 먼 지역의 무한의 신비함에서 공동체에 가장 근본적인 단계에 필요한 미래상과 힘을 가져온다. 샤머니즘적인 성격이 지구상에 생존하는 창조물의 언어들을 가장 잘 반영하며 이해한다. **토머스 베리**

불교 신도 교육자이며 열정적인 환경운동가인 조나 마시는 '모든 생명의 회의'라는 그룹을 발전시켰다. 그녀는 지구의 운명과 뿌리 깊은 환경 파괴의 수준을 인간의 관점이 아닌 다른 생물체의 관점에서 걱정하는 사람들을 초대했다. 이 연습 문제의 아이디어는 그들에게서 나왔다.

- 만약 당신이 코호 연어나 다른 생물체라면 당신의 물길을 보호하기 위해서 뭐라고 말하겠는가? 또 인간이 당신을 대하는 방법에 대해 하고 싶은 말을 해 보자.

- 이 생물체가 시를 쓴다면 어떻게 쓸 것인가 상상해 보자.

- 이 연습 문제를 여러 사람과 둥글게 모여 앉아 해 보자.

대지는 치료와 성장에 어떤 귀감이 되는가?

뜻밖에 당신이 무엇인가를 발견했을 때, 이는 곧 마른나무에 물을 주는 것과 같다. 라이너 마리아 릴케

대지는 우리가 자가 치료를 하는 내내 귀감이 된다. 리사 맥모나글은 펜실베이니아에 있는 농장에서 어머니, 할머니, 많은 숙모와 삼촌과 함께 자랐다. 리사는 이제 서른여덟 살이다. 그녀는 '장소'에 대한 느낌이 매우 강하다. 그녀는 아직도 태어난 곳에서 살고 있다. 그녀는 대학 도서관에서 대출 업무를 맡아보며 언어를 공부하는데, 특히 단어들이 내는 소리를 좋아한다. 다음 시는 그녀가 정서적인 치료 과정에서 자연을 이용한 시다.

검은 호두나무

하루 일을 마치며 흩어진 장난감을
정리하는 어머니처럼,
안에 있는 딱딱한 껍질이 나올 때까지
껍질을 벗겨 내는 다람쥐를 위해
나는 몸을 구부려
테니스공만한 크기와 색의
초록색 호두를 주워 모아
검은 호두나무 밑에 쌓아 놓는다.

8월 초에 가을을 알리는 첫 색으로 물든

호두나무의 노란 잎들이 떨어져,

현관에 부는 바람에 흔들리며

거친 콘크리트 바닥에 쓸려 다닌다.

가장 낮은 가지는 기어올라 시럽을 위해

달콤한 수액을 빨아올리고

단풍나무 설탕 사탕을 만들기에 좋은

단풍나무 가지와는 달리

팔이 닿지 않는다.

할아버지가 나뭇가지를 둘러

매달아 놓은 체인은

도살된 돼지의 피가 다 빠질 때까지

매달아 놓은 지혈대처럼

아직도 가지 위에 묶여 있고

그 체인은 오십 년 세월의 비바람으로

너무 낡아서

만약 내가 닿을 수만 있다면

녹슬어 내 손가락의 굳은살처럼

떨어질 것 같은데.

사다리를 놓고 올라가

그 체인을 풀 수도 있지만

나무는 자라고, 다른 모든 생명체처럼

그 상처를 자기 자신의 일부로 만든다.

나는 리사에게 그녀의 시에 대해 이야기를 해달라고 요청했다.

    나는 류머티즘 관절염이라는 판정을 받았다. 나는 이 병이 적어도 나의 완고함과 관계가 있다고 생각한다. 나는 모든 것이 완벽해야 했고, 그렇지 않으면 싫어했다. 나는 굽히지 않았다. 하지만 내 가정 안에서는 고집을 내세우지 않았다. 나는 과묵한 편이었다. 할아버지가 매단 체인이 나무에 그대로 있었지만, 그것이 내 가족 구조에서 느껴 온 완고함과 한계성을 나타낸다고 생각했다.
    시를 시작했을 때 그 세세함에 끌렸다. 나뭇잎들이 돌아다닌다. 세세함은 시가 무엇을 필요로 하는지를 알게 했다. 시의 첫 부분은 모성애와 양육을 나타낸다—다람쥐를 위해 호두를 모은다. 그것이 나를 양육했다. 양육한다는 것은 비록 내가 완벽하지 않더라도—내가 보살핌을 받을 자격이 있다는 것을 뜻한다. 호두나무는 기르기 힘든 나무다—초겨울에 잎이 다 떨어지고, 늦은 봄이 되어서야 잎이 다 나기 때문이다—타고 올라갈 수도 없다. 어떤 사람들은 쓸모없는 나무라고도 한다. 자기 자신을 돌보는 일이 힘든 것처럼, 그런 나무를 사랑하는 것은 더 어렵다.
    시가 내게 보여 주는 것은 나에게 상처를 주고, 나를 불완전하게 만드는 것도 나의 경험의 일부라는 점이다. 그것들을 밀어내고 나의 태도를 더 완고하게 만들기보다, 그것을 받아들이고 내 삶의 일부로 받아들이는 것이다.
    이 시는 내 치료의 시작이었다. 나는 이 시를 쓰고 얼마 후에 치료를 시작했다. 이 시가 의미하는 것을 오랜 시간이 지난 후에 알게 되었고, 아직도 그것을 알아 가고 있다. 답은 내 안에 있다는 것을 느낀다. 시는 치료 과정을 더욱 효과적으로 이끈다.

감각적인 세상에 살며 그것에 대해 쓰기

―

이 장에 나오는 많은 시들이 풍부한 감성적 경험을 이야기한다. 우리의 모든 감각으로 자연을 받아들이고, 그것을 시에 나타내는 경험은 감각적 가치를 높인다. 이러한 감각적 에너지는 당신의 작품 속에서 반짝일 것이다. 월트 휘트먼은 감각적 언어들과 화려한 방종의 대지를 함께 엮었다.

> 부드럽게 깊어 가는 밤에
> 걸어가는 사람이 바로 나다.
> 나는 밤에 의해 반쯤 잡힌
> 대지와 바다에 소리친다.
>
> 꾸밈없는 밤으로 누르고—
> 매력적인 밤으로 누르라.
> 남풍의 밤—성난 큰 별의 밤!
> 끄덕이는 밤—꾸밈없이 성난 밤

워크숍에 참가한 바바라 리스는 오목한 그릇에 영감을 받고 다음 시를 썼다.

> 조상의 영혼들은
> 의견 충돌을 일으키고

껴안고 으르렁거리며 자극하고,

해산해,

마침내 집에 도착한다.

해와 달은

매달려 있고

벌거벗은 채로

타오르고 어두워진다.

바바라의 시는 삶의 성적인 면이 어떻게 삼라만상을 통해 반사되는지를 보여 준다. 첫 번째 시에서 성별은 우리의 영혼과 자연 사이의 축하라는 것을 일깨운다. 두 번째 시는 격렬한 자연의 상을 보여 준다. 색정적인 폭발과 그 반대의 거친 매력을 말이다.

리사 맥모나글은 사랑을 나누는 일에 대해 다음의 시를 썼다. 「검은 호두나무」에서 그랬던 것처럼 리사는 자신의 신체적, 정신적 상처에 반응하면서 자연의 도움을 받았다. 리사는 자기 자신이라고 부르는 장소를 시로 썼다. 또한 그녀는 완고함을 버리고, 그녀의 성적 관심을 힘차고 활기 찬 에너지로 온몸에 반응하게 했다.

대륙적 표류

나는 꿈이 흐르듯

깊고 투명하게 흐르는

잔잔한 물 위로

이끼 낀 둑 사이에
울퉁불퉁 거칠게 언 얼음 위에서
스케이트를 탔던
그 추운 겨울날
우리가 지핀 불 속에
석탄이 타는 소리가 들리는
돌로 만든 침대에서
사랑을 나누고 싶다.

나는 돌들이 이리저리 움직이는 것을
날개 달린 어깨 밑으로 느끼고 싶고
우리의 엉덩이가 함께 돌아가고—
우리 열정의 묘비명
살갗은 느끼고,
표토(表土)가 우리의 골반을
푹신하게 하는
육체적 대륙의 표류.

색정적이고 감각적인 시를 쓰는 것은 우리의 세속적인 성질을 직접적으로 표현한다. 리사는 자신의 시에 대해 이렇게 말한다.

나는 피츠버그에 있는 강을 보고 이 시의 영감을 얻었다. 나는 어릴 때 작은 샛강이 조금 더 큰 샛강을 만나는 곳에서 놀곤 했다. 그 강을 보는 순간, 어릴 때 놀던 샛강과의 관계를 떠올렸다.

돌들이 맞물려 돌아가는 것이 마치 작은 대륙이 표류하는 것 같았고, 사랑을 나누는 육체들 같았다. 삶은 서로 의지한다. 소리는 소리를 만들어 낸다. 내 첫 남자 친구와의 관계가 이 시의 대부분을 차지한다고 생각한다. 그는 숲에서 매우 편안했고, 나도 그랬다. 나는 세상에 기적이 없다고 말하는 나의 가족과 사람들에게서 떠나 왔다. 나는 숲에서 나의 종교로부터 아무런 압박을 받지 않았다.

우리는 서로에게 상처만 주고 관계를 끝냈다. 마치 바위나 지층이 서로 미끄러져 지나갈 때 커다란 흔적을 남기듯이, 우리는 서로의 삶에서 떠나며 흔적을 남겼다. 그러므로 이 시는 그때의 경험의 상징이기도 하다.

나는 이런 성적인 시를 써 본 적이 없다. 내가 그것을 썼을 때, 무언가가 내 안에서 해방되었다. 이 시는 내가 진실을 말하는 법을 배우는 시기에 나왔다. 그것은 매우 어려운 일이었다. 진짜 나에 대해 이야기하는 것. 나에게 몸이 있다는 사실을 알아차리고, 내가 성적인 인간임을 말하는 것. 그런 것을 이야기하기 전에 나는 나의 몸을 부정했다. 류머티즘 관절염은 내 몸을 돌보라는 직접적인 메시지였다. 그 진단, 샛강과 숲, 기뻤던 기억, 첫사랑으로 얻은 상처, 에로티시즘과 대지를 축하하는 것―이런 것들을 표현하고, 말하는 것들은 뒤로 숨어 있었다.

이 시는 내가 가장 쉽게 쓴 시였다. 별로 힘들이지 않고 썼다. 시는 그냥 통째로 나에게 왔다. 나는 그것이 시적 영감, 시의 신에게서 왔다고 생각한다.

| 연습
에로티시즘과 대지를 찬양하기

감각적인 것과 관능적인 것을 구분해 보자. 관능은 감각적인 것에 성적인 것을 불어넣은 것이다. 먼저 강, 돌, 파도, 풀과 같은 자연물을 감각적으로 묘사해 보자. 그리고 마치 사랑하는 사람을 찬양하듯이 당신의 묘사를 써 보자.

8장

혼란한 세상에 대한 증언

진실한 자기표현을 통해 다가가기

나는 시를 쓰면서 매우 특별한
다른 사람의 인생에
관심을 가질 수 있었고,
내게 다가온 다른 사람의 인생은
나의 인생에 도움이 되었다.
그들의 힘들었던 경험들이나 독특한 생각들,
용기 있는 행동들을 반추해 보는 것으로
내 자신을 시험할 수 있었고,
사랑할 수도 있었다.

리사 프리들랜더

시인의 눈으로 바라보는 세상

> 가장 심오한 관능은
> 진실성이다.
> 그 다음의 관능적 경험은
> 정당성이다.
> D. H. 로렌스

신체적인 장애와 그러한 환경을 꿋꿋이 이겨내고 미국 사회에서 연민의 정을 이끌어 낸 배우 크리스토퍼 리브는 '가족의 가치'라는 간단한 정의를 용기 있게 제안했다. 그는 "우리는 모두 가족입니다. 그리고 우리 모두는 가치를 지니고 있습니다"라고 말했다. 그의 시적인 진술은 분명하게 다가왔으며 마음속에 파고들었다.

> 우리 사회는 듣고자 하는 사람들이 많이 있으며, 많은 사람들은 의문과 경이로움을 이끌어 내기 위해 그들의 목소리를 이용하기를 갈망하고 있음을 나는 분명히 알고 있다. 나오미 시합 나이

봉사 단체의 한 구성원으로서 우리 문화에서 인종주의나 노숙인 문제와 같이, 겉보기에는 해결하기 힘든 문제를 풀 수 있는 인간적이고 고귀한 방식을 언어로 표현하기란 쉽지 않다.

우리는 황폐한 정신에서 나온 정치적, 사회적 견해 때문에 분열된다. 거친 말은 우리의 감각을 무감각하게 만들고, 당면한 문제를 해결하려는 의지를 약화한다. 올바른 해결책을 찾는 개개인은 사람들이 경청하지 않는다고 생각하며, 반대로 책임져야 할 위치에 있는 사람들은 우리 모두에게 분배된 문제들을 '타인'의 책임으로 돌려 버린다.

정치 집단과 종교 집단은 종종 그들의 목적과 도덕적, 정신적 전통의 근원적 의도를 잊어버린 채 매우 하찮은 것들과 이데올로기적인 문제들을 뒤섞어 버린다. 사회적 변화를 주장하는 사람들은 우리에게 서로에 대한 책임이 있으며 정의가 필요하다는 사실을 일깨운다. 그러나 양심과 창조성을 유발하는 개개인은 좀 더 우리의 마음을 열고 감정을 소생시킨다.

우리의 느낌을 풍부하게 만드는 언어를 어떻게 배울 수 있는가? 시인이 되어 시를 쓰고 진실을 말하는 데 당신의 목소리를 사용할 수 있다. 우리가 이러한 창조적인 언어에서 발견하는 것은 문제를 해결하기 위한 다른 시도들보다 더욱 강력하고 영속적이며 특별하다. 시는 비난과 무관심을 초월하는 시각을 준다. 우리가 발견할 수 있는 것은 함께 설 공동 기반이며, 함께 살아가고 서로 이해하기 위한 더 나은 방법들이다.

> 사람들은 특히 시에서 인종, 문화, 계급, 경제의 경계를 초월할 때의 느낌을 이해하기 시작한다. 그들은 지성으로는 이러한 것들을 느끼지 못한다는 것도 이해하기 시작한다. 반면에 우리가 느끼는 법, 두려워하는 법, 사랑하는 법, 그리고 희망하는 방식은 모두 비슷한 종류의 것이다. 그래서 나는 지적이면서 직관적인 시가 우리를 분리하는 어떤 인공적인 경계들을 넘어서는 것으로 여긴다. 루실 클리프턴

잭 허쉬만은 미국의 '제3세계' 시인이다. 그는 주류 사회에서 잊힌 사람들, 즉 사람들 대부분이 접근하기 싫어하는 노숙인들 가까이에 살며, 그들에 대한 글을 쓰고 서로 영향을 주고받는다. 우리는 노숙인 문제에 대해 무력감을 느낀다. 우리는 두려움이나 관심 부족, 지나친 문제의식에서 거리를 유지하려 한다. 노숙은 해결하기 어려운 문제다. 그러나 우리가 노숙에 대해 이야기할 때 인간적인 태도를 갖지 않기 때문에 더 큰 거리감을 두고 침묵을 지키는 것인지도 모른다. 직면하지 않으면 심적으로도 잊혀진다.

> 시인은 적절한 위험인물이다. 또한 시인은 정치적 독재자들을 끊임없이 위협한다. 시인은 언제나 정치권력 집단을 꾸짖을 준비가 되어 있다. 롤로 메이

허쉬만의 시는 우리 주변의 삶에 좀 더 가까이 다가가게 하는 인간적인 보살핌을 다음과 같은 리듬으로 이끌어 낸다.

사람과 사람 사이
(테리 가빈을 위하여)

그녀는 테베레 호텔 가까이의

벽을 등진 채

플라스틱 컵을

들고 서 있었다.

비가 내리기 시작했을 때.

나는 동전을 꺼내고 걸어갔다.

그녀에게로

그리고 동전을 그 안에 떨어뜨렸다.

동전은 오렌지 주스 통의

바닥으로 떨어졌다.

내 얼굴은 붉어졌고, 바라보았다.

그녀의 황폐한 눈과 피부

그리고 너무 일찍

희끗해진 머릿결을, 그리고 나는 말했다.

미안해요. 나는 생각했다.

그녀는 얼마의 빵이 필요했다.

"맞아요."

그녀는 미소를 지으며

말을 건넸다.

"나는 목을 좀 축이려는 참이었어요."

그리고 우리는 거기 선 채로

함께 웃었다.

빗방울이 떨어지고 있었다.

오렌지 호수로.

이 시가 허쉬만이 만난 여인을 어떻게 묘사했는지 주목하자. 그는 테리가 어디에 서 있었으며, 무엇을 마셨는지, 그녀의 얼굴은 어떻게 보였는지, 그녀가 말한 것은 무엇인지를 자세히 묘사한다. 이러한 단순한 묘사를 통해 테리는 실제적인 인물이 된다. 허쉬만은 그녀의 삶에 자신을 포함한다. 그는 비난받기 쉬운 충동적인 '도움'을 부끄러워한다. 그는 자신의 '실수'를 두 사람이 함께 웃는 순간으로 인지함으로써, 그리고 그들의 경험을 날카롭게 바라봄으로써 자신의 '실수'를 누그러뜨린다.

우리는 한 계층이나 다른 계층에 대해서 거부반응을 보인다. 우리는 그들을 무시해 왔다. 우리는 아마도 우리의 고통을 알기를 원하지 않는 사람들, 또는 아무런 생각 없이 우리에게서 멀리 떨어져 걷는 사람들의 거리감을 느껴 왔다. 우리는 가까운 사람들에게서 이해 받지 못했을 때 느끼는 슬픔을 알고 있다. 그러나 우리는 어려움에 처한 다른 이들을 지나쳐 간다. 당신이 지나치는 타인의 세부적인 것들에 이름을 붙일 수 있겠는가?

| 연습

시인의 눈으로 바라보기

지성을 경험하지 않은, 마음의 눈을 통한 길이 있다. **G. K. 체스터턴**

현실에 대한 자신의 통찰력에 아무리 충실하더라도, 예술가는 그를 방해하는 사회와 참견 많은 국가에 대항한 개개인의 정신과 감수성의 마지막 승리자다. **존 F. 케네디**

다음 문장의 빈 칸에 답해 본다. 다른 이들을 위한 목소리를 취하는 것이 좋다. 당신과 관계된 사물이나 사람을 생각하는 시간을 가져 보자. 그리고 그것을 크게 읽어 보자. 당신의 세계에서 당신이 느낄 수 있는 갈등을 지닌 사람들을 위로하면서 시적 목소리와 창조적 상상력을 재연해 보자. 당신이 시를 쓰기 위해 모은 것들을 구체적으로 사용해 보자.

- 내 세계를 치료하기 위해서 진정 보고 싶은 것은 _____이다.
- _____의 아름다움은 내 삶의 기쁨의 원천이다.
- _____가 무시하는 것은 내 마음을 슬프게 한다.
- 나는 이 세상의 _____을(를) 다루는 법을 변화시키기로 결정했다.
- 내 마음은 이 세상의 _____의 상실 때문에 상처받는다.
- 내 창조적 영혼은 이 세상의 _____을(를) 표현하는 사람들 때문에 깨어 있다.

당신의 대답을 자유롭게 써 보자. 잭 허쉬만이 「사람과 사람 사이」에서 실제 인물을 묘사했듯이, 매우 구체적으로 특정한 사람과 사건을 제시하면서 당신의 시를 써 보자.

삶의 명예롭고 주된 전환점

> 나에게는 전시에 들리는 새들의 노래처럼 이해할 수 없는 어떤 것이 있다.
> 오디세우스 엘라이트스

1970년 5월, 켄트주립대학교에 다니는 학생 네 명이 총에 맞아 죽었고 많은 사람들이 부상을 입었다. 그들은 베트남전 당시, 닉슨이 캄보디아를 침공한 사건에 항의하는 도중 연방경호대에게 저격당했다. 그때 나는 열다섯 살이었다. 죽은 학생 중 한 명인 엘리슨 클라우스는 발달장애 아동과 청소년을 위한 여름 캠프의 상담원이었고, 내 부모님인 짐과 엘리노어 폭스는 그녀의 삼촌, 숙모를 비롯한 다른 부모들과 함께 그 캠프를 만들었다. 다운증후군인 나의 누나 홀리는 엘리슨이 여름에 근무했던 'YES 캠프(청소년 감성 교육 서비스)'에 참여했었다.

나는 홀리만큼 전쟁과 관계없는 사람을 본 적이 없었다. 또한 홀리만큼 재미있고 따뜻한 마음을 가진 밝은 사람을 본 적이 없었다. 홀리는 불의와 증오에 대한 완벽한 해답을 주었다. 홀리가 사는 방식은 그 자체로 사람들에게 선과 평화에 대한 희망을 북돋웠다. 홀리가 엘리슨 클라우스와 함께 보낸 시간은 우리 가족이 삶에서 정녕 중요한 것이 무엇인지 깨닫게 만들었다.

만약 시가 심미적, 형식적, 미적 영역에서 동떨어져 있고, 다른 실존적 영역—우리가 살아 온 역사의 변화나 어두운 면—을 인정하지 않아 삶과 관계

없는 것이라면, 그것은 현실로부터 도망치는 것이다. 데이비드 무라

엘리슨, 제프리, 산드라, 윌리엄을 위한 비가(悲歌)도 그들을 가족과 친구의 품으로 돌려보낼 수 없으며, 엘리슨을 그녀가 가르치고 사랑한 아이들 곁으로 돌려보내지 못한다. 그러나 그들의 죽음을 애도하는 말들은 베트남인들이 전쟁 중에 죽은 형제자매를 위해 쓴 시와 같이 죽음의 비극을 강렬한 목소리로 전해 준다. 우리 역사가 어떤 영향을 미쳤는지를 시로 쓰는 것은 우리의 잘못을 인정하고, 그것을 잊지 않게 한다.

엘리슨

푸른 옥수수 더미에 매혹되어
라일락과 양귀비꽃들을 모으고
총부리에 채워 넣고

그러나 5월은 점점 더 어두워 가고
엘리슨의 꽃들은
아스팔트의 주차장에 떨어져 나가
그녀의 심장을 산산이 찢는다.

그러면 봄의 무엇이?

광기 어린 경솔한 발포
대량 학살된 봄

그녀의 고양이가 튀어 오른 옥수수 더미

나비가 뒤따르고

이제는 메말라 누워 있네.

적군 형제를 찾아

꽃피지 않는 들판을 가로질러

우리에게 행진해 온

이것은 군인들의 겨울

살해하는 추위의

미쳐 가는 세상

소리 없는 군화와 총검

알렉스 길드젠, 1970년

    베트남전의 또 다른 비참한 유산인 켄트 주의 비극은 내 삶에 하나의 전환점이 되었다. 나는 시를 통해 상처를 치유할 수 있다고 믿었고, 이러한 선택은 어느 정도 의미 있는 전환점이었다. 나는 켄트 주에서 일어난 비극적인 사건을 통해 시는 '진정한 약속을 간직한 인간적인 표현'이라고 생각했다. 왜냐하면 시는 진실을 말하고, 그것은 마음을 통하게 만들기 때문이다. 시에 대한 나의 사랑은 '증언 능력'이라 할 수 있는 도덕심이다. 증언은 우리가 각각 유일무이한 존재이며, 그 안에서 모두 하나가 된다는 점을 상기해 주는 연민을 회복하는 방식이다.

연습
삶의 전환점을 이야기하기

우리가 진실을 알기 위해서는 어떤 것을 반드시 잃을 수 있다.
아마도 우리는 국가적 환상을 잃게 될 것이다.
아드린느 리치

- 당신의 의식을 일깨우고 더 나은, 더 올바른 세상을 만드는 데 필요한 당신의 열정을 불러일으키는 것은 무엇인가? 당신의 평화와 인권, 여권 신장, 기아, 환경, 보건, 경제, 정치, 정의, 사람들을 압박하는 스스로에 대한 결단력, 예술적이고 정신적으로 자신을 표현하는 자유 등에 대한 신념과 느낌들을 생각해 보자.

- 당신의 삶에서 당신이 살아가는 방식을 형성한 전환점이 된 사건이 있는가? 그 사건은 당신에게 어떤 영향을 미쳤는가? 당신에게 영향을 미친 다른 사건들과 어떻게 관련되어 있는가? 당신의 정신적 신념에 따른 고통을 대처한 방법은 무엇인가? 이러한 것들을 마음에 묘사해 주는 단어와 이미지, 상징은 무엇인가? 당신의 마음을 움직이는 어떤 것이든 시로 써보자.

슬픔과 사랑을 증언하는 시 쓰기

> 당신과 나, 결국 우리는 하나다.
> 함께 고통을 나누고,
> 함께 살아가며,
> 그래서 영원히 서로를 재창조할 것이다.
> 피에르 테일하드 데 샤댕

1980년대 초, 미군은 레바논에 파병했다. 과격 단체에 의한 차량 폭발로 공관에서 수백 명의 사람들이 죽고 많은 사람들이 부상당했다.

나는 그 병사들의 부모를 생각했다. 평화를 지키러 온 사람들은 침대에 잠이 든 채 꿈을 꾸는 동안 죽었다. 레바논에서 죽거나 부상당한 병사들의 부모, 켄트 주 학생들의 부모, 베트남전에서 싸운 미국인이나 베트남인의 부모, 역사 속 전쟁에서 자식을 잃은 모든 부모들은 비통하다. 슬픔은 이러한 가족들의 공통된 유산이다.

> 모든 훌륭한 질문들은 훌륭한 목소리들을 통해 나타나고, 가장 훌륭한 목소리는 집과 무도회장, 거리와 농장, 정원과 카페에서 사람들이 이야기를 나눈 산문이나 그림, 시, 음악에 관한 목소리다. 그런 목소리가 흘러나오도록 한다면, 당신이 견디는 침묵은 인류에 대한 보은이 될 것이다.
> 로버트 F. 케네디

시인이 역사적 사건들에 대한 진술을 하는 경우에 일어난다고 내가 믿는 것 중의 하나는 그들이 말하는 모든 사람들 역시 증인이 되고, 그들이 말하는 모든 사람들 역시 그들이 듣고 알게 된 것에 책임을 진다는 것이다.

캐롤린 포르쉐

전쟁의 슬픔은 진흙투성이 전장에서 명예롭게 죽는다고 사라지지 않는다. 그 슬픔은 부모들이 살고 있는 집의 개인적 공간으로 되돌아간다. 우리는 그와 같은 전쟁의 실수 때문에 분노하고 희망을 잃어버린다. 이러한 감정을 표현하는 시 쓰기는 우리의 일생 동안 일어나는 끔찍한 사건들을 증언하는 데 도움을 준다. 시 쓰기는 일련의 사건과 관련된 사람들의 고통을 잊지 않게 해 준다.

내 존재의 정수

"용서는 신성함이다. 용서로 인하여
우주는 하나가 된다."
『마하바라타』

I
나는 이 세계의 갑작스러운 이별에 대한
어머니들의 슬픔을 느낀다.
문 위로 펼쳐진 하늘로
도망가고 싶어 하는
그들은 고대 그리스극의 코러스처럼

나쁜 소식을 가져오는 군인들에게로
향해 있다.
분노의 눈물은 소파 위로 떨어진다.
더 이상 아무 의미 없는,
집집마다 이상한 꿈은
가슴이 찢어지는 슬픔을 남기고
어머니들은 감정을 감추지 못한
미지의 순간에 갑자기 깨어난다.

Ⅱ
내 존재의 정수는
분노와 슬픔의 빛에 부딪힌 나무
땅 위에 산산조각 난
나무의 심장

내 존재의 정수는
문에 마냥 기대어
사랑하는 이의 끊이지 않는
울음을 듣고 있는
어머니들의 녹아드는 심장.

내 존재의 정수는
언제나 끓어오르는 새로운 피,
세상을 향한 순수한 삶

용서의 신비를 지키는 집.

소파와 텅 빈 하늘은 슬픔에 젖고 비통한 소리에 빠져 있다. 시의 두 번째 부분은 다른 목소리를 갖는다. 그것은 마법의 목소리이며 슬픔에 가득 찬 진실이고 사랑이다. 문 옆의 어머니, 즉 부서진 나무의 죽음은 부활하는 예수처럼 골수를 만드는 피의 본질을 보여 준다.

내가 이 목소리를 이해한다고 확신할 수 없지만, 글쓰기를 통해 부서진 이 방인들의 사랑과 슬픔에 감정이입을 할 수 있다. 정수는 슬픔과 남겨진 사랑에 대한 증언의 목소리다.

당신의 시는 시간을 거슬러 당신과 다른 사람들에 대한 이야기를 계속할 것이며, 시의 가장 큰 치유력은 뜻밖의 순간에 일어난다. 그래서 「내 존재의 정수」는 워크숍에 참가한 린다 레이에게 매우 적합한 시였다.

린다는 중후한 태도와 분위기를 지닌 오십 대 초반 여성이다. 린다는 이십 년 동안 저명한 주 상원의원의 입법 분야를 보조하는 일을 했다. 현재 그녀는 희생자의 권리를 주장하는 할머니며, 타고난 안마치료사다. 「내 존재의 정수」는 그녀에게 상처를 치유하는 언어로 들렸다. 그녀의 살해당한 딸 테레사 때문이었다.

자식을 잃는 것은 가장 큰 슬픔이다. 자식을 살해한 사람은 그 어머니에게 슬픔 이상의 것을 준다. 스물네 살 난 테레사는 살해당하기 삼 개월 전부터 남편에게 폭행당하고, 팽개쳐지고, 강간당했다. 테레사의 죽음 이후 더 이상의 고통이 없을 정도로 힘겨웠을 때, 그 시가 나에게 다가왔다. 나는 매일 아침 눈을 뜨면, 눈물로 그 다음을 견뎠다.

다가오는 새벽

어찌 내 귀에 들려오는 그녀의 비명 소리 없이
새벽을 맞을 수 있을까?

가슴에 스며들어 눈에서 흘러내리는
눈물로 지새는 밤
내 잠 속에서도
영혼이 죽어 가는 동안

  나는 테레사를 살해한 자를 판결하기 위해 십일 년을 매달렸지만 겨우 오 년으로 판결 합의를 보았다. 또한 나는 어린 세 아이들의 양육권을 위해 싸워야만 했다. 살인자가 석방되었기 때문에 세 아이들과 정신적인 휴식을 취할 시간이 없었다. 그러나 주 정부는 살인자의 자녀들을 교화시키는 성공적이지 못한 시도를 허가하는 취지에서 살인자의 공판 비용과 항공 운임을 지불했다.

「내 존재의 정수」를 들었을 때, 내 영혼은 격렬한 동요에 휩싸였다. 특히 "내 존재의 정수는/분노와 슬픔의 빛에 부딪힌 나무/땅 위에 산산조각 난/나무의 심장"이라는 연에서 더욱 그랬다. 이 시는 말로 다 표현할 수 없다고 생각했던 감정을 표현했고, 다른 이들의 감정을 이어 주었다. 인생의 다른 어떤 것도 시만큼 영혼을 울리는 연결 고리는 없다. 나는 시를 읽고 쓰면서 슬픔을 회복하고 있었다.

「매머드 호수의 높은 산들」과 「장미」를 썼을 때, 나는 낚싯대를 들고 매머드 호수의 둑 위에 있었다. 차가운 은빛 물을 바라보며 송어 낚싯줄을 어르고 있을 때, 눈 덮인 산에서 바스락거리는 차가운 눈 위에서 몽환에 빠졌다. 강렬한 태양빛이 내 볼을 태우고, 점퍼와 스웨터와 내복을 뚫고 들어왔다. 나는 자연의 순환에 둘러싸였으며, 그 순간 삶의 순환을 느낄 수 있었다. 테레사의 뼛가루는 산산이 흩어졌다. 자연에서 탄생, 삶, 죽음, 슬픔, 기쁨은 평온함이다. 그렇게 격렬한 감정들이 충돌했고, 나는 노트를 꺼내 시를 쓰기 시작했다. 그 순간에는 오직 시만이 그 느낌을 표현할 수 있을 것 같았다.

매머드 호수의 높은 산들

어제의 살찐 푸른 어치는
형광의
반짝이는 빛깔
나는 너를 생각하며
나의 오두막 문어귀에 달아 놓았다.

어젯밤 현관에 살금살금 다가온 늑대는
나에게 친구처럼 노란 눈짓을 보낸다.
무서운 모습
저 너머에 있는
그의 영혼의 깊이

오늘 아침에 잡은 무지개 송어
눈부신 초록, 분홍, 회색
당신의 존재는

나를 빨아들이고

나는 오늘 너를 풀어 준다.

다람쥐는 바빼 내가 나무 아래 던져 놓은

빵 부스러기를 모은다.

여기

자연 속에서

당신은

죽지 않은 것처럼

보인다.

장미

이틀은 무엇보다도 안식하기에는

고통스럽다

내가 행한 의식들이 있다.

그래서 그들은 축복받을 것이다.

장미 관목을 심고

장미 가시에 입맞춤한다.

네가 태어난 달에

나는 이것을 했다.

그리고 가지의 싹들이

살아나

너의 영혼을 품는다.

네가

죽은

6월 내내

  매머드 호수에서 쓴 시들을 보며, 나는 상처 입은 마음으로도 충만한 영혼으로 의미 있게 살 수 있다는 사실을 다시금 깨달았다.

연습
슬픔과 사랑에 대해 쓰기

현재의 우리와 지금까지의 우리가 얼마나 뗄 수 없는 관계인지를 느낄 때, 정신은 마음에 와 닿는다. 아마 우리가 태어나기 전에도 존재한다는 관계의 느낌이나, 불후의 필수적인 조화의 느낌조차도 마음에 와 닿을 것이다. **스티븐 러바인**

린다 레이는 이런 시들을 그녀의 마음 깊은 곳에서 잘 표현하기 위해서는 '연습 문제'가 필요 없다고 했다. 그녀가 발견한 것은 테레사에 대한 자신의 슬픔과 사랑을 간직할 수 있는 안전한 장소였다. 그녀는 스스로 그곳의 아름다움을 느꼈고, 단어들에 열려 있었다.

이것은 당신이 '하는 것'을 생각할 수 있는 연습 문제가 아니다. 만약 당신이 표현하고 싶은 슬픔이 있으면, 당신이 머물 수 있는 곳을 찾아라. 당신이 안전하다고 느끼는 곳으로 가라. 인내하며 당신 내면의 목소리를 들어라.

린다처럼 자연의 순환과 그곳에 존재함을 느껴라. 당신의 삶에 일어난 일을 증언하는 시 쓰기는 당신이 찾으려는 슬픔의 목소리를 발견하게 하고, 당신의 삶과 죽음에 대한 관계를 튼튼하게 만든다.

사회에서 받은 상처를 치유하는 시 쓰기

그것은 우리가 어디에 있는지 알기 위해
우리가 시작하는 단어들이다.
삶의 세부적인 것들은
우리가 어떤 경로로 연결되어 있는지를 보여 준다.
킴벌리 넬슨

당신의 마음에서 우러나는 진심을 드러내는 '존재의 세부사항'은 무엇인가? 당신은 어떻게 글쓰기를 통해 연민을 깊게 만드는가? 다음 세 가지 항목이 서로 어떤 관련을 맺는지 살펴보라.

- 언어, 단어들
- 당신의 창의적 상상력
- 당신이 살고 있는 세계의 세부적인 것들

당신은 시 쓰기를 통해 이 요소들의 결합을 실험해 볼 수 있다. 이 요소들은 피부, 근육, 뼈, 신경, 순환계와 내분비계 등 당신의 몸을 구성하는 조직만큼 가깝게 연관된다.

순수한 감정을 간직한 아이들은 우리를 위한 최고의 교사다. 우리는 그들의 쾌활함뿐 아니라 혼란한 세계를 이해하기 위한 그들의 열정적인 몸부림에 주의를 기울이는 것도 배울 수 있다.

> 진실, 믿음은 저절로 불타오르는 특별한 것이 아니라 사람들 사이에서 만들어지는 것이다. 아드린느 리치

다음은 내 친구이자 교사이며 시인인 킴벌리 넬슨의 시다. 킴벌리는 갱단에 소속된 '위험지역' 고등학교 학생들에 대해 시를 쓴다. 그 시는 단어들, 창의적 상상력, 그들의 세계에 대한 특별한 것들을 통해, 아이들이 어떻게 삶의 의미를 찾는 힘 있는 언어를 발견했는지를 설명한다.

킴벌리는 시에서 그들이 과거를 잊거나 자신의 삶을 무시하지 않은 채 서로 이야기를 나누도록 요구했다. 그녀는 그들이 자신의 시계 너머를 좀 더 바라보기를 바랐다. 그녀는 그들이 갱들의 사회의 강제적인 침묵을 깨고 자신만의 목소리를 발견하도록 도왔고, 그들의 환경을 이해하는 새로운 방법을 보여 주었다.

> 나는 모든 언어가 음악적인 핵심이 있다고 생각한다. 나는 우리 언어를 영어라기보다 아메리칸 언어라 부른다. 그 이유는 아메리칸 언어라는 소리는 우리가 가진 모든 인종의 공동체에서 오며 그 소리는 참 아름답다고 생각한다.
> 퀸스 트롭

그 아이들은 누군가 자신들에 대해 글을 쓴다는 사실에 놀랐다. 그들이 글로 쓰일 만큼 충분히 중요한 존재임을 느낀 것이다! 아이들은 킴벌리가 그들의 삶에 주목하고 그들이 직면한 엄청난 어려움을 이해해 주는 점을 고마워했다.

다음은 킴벌리가 그녀의 학생에 대해 쓴 시의 일부분이다.

고독을 위한 곳은 없다
(시애틀 추장의 연설을 읽고)

나의 학생들은 시애틀 추장의 이름을
모르고
캄보디아가 어디에 있는지도 모릅니다.
우리 기억 속의 무감각한 얼룩처럼
이러한 빈곤을 알아차리는 것은 위험합니다.

누가 결정했습니까?
그들이 아는 것이 중요한 것이 아니라고
우리는 명예에 대해 이야기하고,
우리는 그의 부족이 남긴 자취들을
읽습니다.
현실의 우리의 생활을 버린 채로

그것은 난해합니다.
그리고 이곳은 고등학교입니다.

그래서 우리는 한 소녀의 이야기를
암송합니다.
스물아홉 줄의
그녀 자신의 이야기와
캄보디아의 이야기

땅에서의 전쟁. 정신의 전쟁.
그녀는 "나는 캄보디아인입니다"라고 씁니다.

우리가 어디에 있는지 알기 위하여
우리가 시작하는 단어들입니다.
삶의 세부적인 것들은
우리가 어떤 경로로 연결되어 있는지를
보여 줍니다.

그리고 그들의 눈은 빛이 납니다.
그 침묵이 타들어 갈 때
그들은 그들 주위의 모든 것을 볼 수 있습니다.
과거, 현재, 그리고 미래를.
우리 모두는 알기 시작합니다.

아프리카, 파야로, 주점,
농구 코트, 할머니 집, 공원,
왓슨 마을, 남극대륙, 로데오 거리,
가족이 있는 집

우리가 살고 있는 곳,
그리고 우리의 마음이 살고 있는 곳,
나무와 동물들, 그리고 빌딩과 우리의 관계
구름과 강, 그리고 총격과 우리의 관계

이웃들, 지인들, 그리고 전쟁과

우리의 관계

외로움과 오렌지, 조상들과 아침과

우리의 관계

우리는 우리의 삶을 신화로 만드는

이야기에서 배웁니다.

무감각한 얼룩들을 지우면서

우리는 서로서로 의지하고 있습니다.

톱질용 나무토막, 흔들거리는 목마, 해마와 같은

단어들처럼

내가 당신으로부터, 당신과 가까운

내 주변과 내 편에서 의미를 찾는다면

고독이 있을 곳은 없습니다.

킴벌리는 이 시의 주제에 대해 이렇게 말한다.

내가 학생들에게 시애틀 추장에 대해 말한 것은 그들 중 다수가 갱단에 속해 있기 때문이었다. 그들이 나와 함께 자신의 이야기를 나누게 하는 유일한 방법은 다른 사람의 이야기를 나누는 것이었다. 갱들에게는 침묵의 서약이라는 것이 있다. 갱들의 활동은 침묵 속에 숨겨져 있기 때문에 분명하게 이야기하는 것은 침묵을 깨뜨린다. 내가 시에서 펼친 증언은 우리를 해치는 침묵에 대한 정당한 내용이다.

시애틀 추장의 연설은 그의 부족에 대한 자부심과 사랑에 관한 것이다. 나는 학생들에게 시애틀 추장이 자신의 삶과 민족을 뛰어넘기를 원했음을 보여 주고 싶었다. 그는 자기 부족에 대한 사랑을 산과 풀과 하늘과 같은 주변의 모든 것들에 대한 사랑으로 승화했기 때문이다.

그의 부족에게 어떤 일이 일어날지라도 그들을 강탈할 방법은 없다. 왜냐하면 그들은 자연 그 자체이기 때문이다. 시애틀 추장은 갱단에 속한 아이들이 스스로 마음에 그리는 것들을 넘어 명예롭게 초월할 수 있는 방법을, 자부심을 사랑으로 변하게 했다.

나는 우리가 어떻게 언어로 형상화될 수 있으며, 우리의 의미가 어떻게 타인과의 관계에서 나올 수 있는지를 시를 통해 찾아내려고 한다. 자신의 이야기를 함으로써 삶의 관계들을 분명히 밝힐 수 있다. 한 단어가 의미를 획득하기 위해 다른 단어들이 필요한 것처럼, 우리가 의미를 얻기 위해서는 타인이 필요하다.

각자의 이야기를 들은 학생들의 반응은 어땠을까? 그들은 침묵을 깼을까? 그들은 흥분했다. 나는 그들의 시에서 "총" "농구 코트" "할머니 집" 같은 소재들을 내 작품에 옮겨 놓았다. 그들이 진실을 말하고 싶어 한다는 사실은 분명했다.

우리는 문제가 있는 아이들에게 무언가를 배울 수 있고, 그들이 진실을 말하려는 욕구를 뒷받침할 수 있으며, 그들의 삶을 변하게 할 수도 있다.

드와이트 영의 시는 그의 혼란한 과거를 보여 주는 동시에 긍정적인 미래를 형성하기 위한 결단력을 나타낸다.

과거는 더 이상 미래가 아니다

나는 도둑이었고, 두목이었고,
사기꾼이었고, 야만인이었고
지폐 세기를 좋아하는
돈 버는 기계였다.
나는 문제 일으키는 것을 즐기는
어린 비행소년이었다.
나는 길모퉁이에 서서
바니 러블 같은 것을 파는 걸 즐겼다.
"야바 다바 두"라고 고함치며
매우 빨리 달리는 서른 명의
어린 친구들과 함께
길거리를 뛰어
내려가곤 했다.
그러나 그것들은 모두 과거고,
지금은 현재다.
그리고 나는
결코
결코
다른 사람에 이끌려
내려가진 않을 것이다.

보통 이런 아이들은 말하는 것을 꺼리지만 시를 쓰면서 그들의 진실을 말하는 방법을 배운다. 그리고 사람들은 그들의 말에 귀를 기울인다. 그들은 종종 분노를 표현하지만, 그들이 생각하고 느끼는 것을 말할 방법을 찾고 있으며 이로써 존중받는다.

연습
증언하는 시 쓰기

- 사회의 변두리에 위치한 사람들에게 관심을 가져 보자. 그들의 세계는 어떤 것들로 이루어질까? 킴벌리 넬슨은 그녀의 학생들에게 관심을 가졌다. 그것은 아프리카, 파야로, 편의점, 농구 코트, 할머니 집, 공원, 왓슨 마을, 남극대륙, 로데오거리, 집 등 우리 마음속에 살아 있는 곳에 대한 관심이었다. 잭 허쉬만은 노숙인 여인에게 주목했고, 테리 바빈은 사람들이 무시하고 회피하는 개인적인 삶의 세부적인 면에 관심을 가졌다.

- 이처럼 개인적인 삶에 치료와 관심을 구하는 것은 어떨지 상상해 보자. 당신이 그들에게 무엇을 줄 수 있을까? 당신은 그들과의 대화를 통해 무엇을 배울까? 그들의 삶에 대한 이런 질문과 세부적인 면을 시로 써 보자.

살아 있는 당신의 언어 : 존과 리사

1994년 노벨 문학상 수상자인 토니 모리슨은 수상 소감에서 언어는 우리 삶의 질을 지탱하는 중요한 역할을 담당한다고 말했다.

> 언어는 홀로 이름 없는 것들에 대한 두려움으로부터 우리를 지켜 준다. 가혹한 언어는 폭력보다 그것을 더 잘 나타낸다. 그것은 폭력이다. 그것은 앎의 한계다. 우리는 죽는다. 이것이 삶의 의미일지도 모른다. 그러나 우리는 언어를 사용한다. 언어는 우리 삶의 척도가 될 것이다.

언어를 사용하는 일은 한 사회의 정의, 복지와 어떤 관련이 있는가? 크리스토퍼 리브는 '가족적 가치'라는 단어를 "우리는 모두 가족입니다. 그리고 우리 모두는 가치를 지니고 있습니다"와 같이 간단히 말함으로써, 잠재적으로 분열되고 압제적인 표현의 사용에서 해방시킨다. 이 장에서 '언어를 사용하는' 시적 목소리들은 분명하고 특별한 것을 만들어 낸다. 즉, 우리의 목소리는 세계의 다양성을 창조하고, 상상력을 갖게 된다.

다음 이야기와 시들은 사회악을 치료하는 역할의 한 부분으로써 시 쓰기를 하는 사람들이 쓴 것이다. 그들이 사용하는 창의적인 언어는 그들 삶의 척도다. 그들의 이야기는 문제적인 현실을 증언하는 한 방식으로 당신이 시를 사용하는 데 영감을 줄 것이다.

존 둘리 : 감옥으로 가져온 시

나는 미국 사람들이 진실을 원하며, 그들이 종종 진실을 정치적인 것뿐 아니라, 일종의 오락으로도 여기지 않는다는 것을 알고 있다고 생각한다. 정말 중요하고 우리의 삶에서 우리를 도와주는 어떤 것을 발견하고자 하는 엄청난 열망이 있다. 리타 도브

존 둘리는 샌디에이고에서 자랐다. 그는 어린 시절의 탁 트인 하늘과 바다와 꿈을 기억한다. 존은 교사들이 그가 마음으로 살아가는 법을 가르쳤다고 기억한다.

존이 어렸을 때, 그의 가족은 해외 경영 컨설턴트인 아버지를 따라 방글라데시나 태국 같은 나라에서 몇 년간 살았다. 물이나 하늘의 언어들과 방글라데시의 문화는 그의 존재 안으로 스며들었으며, 아시아에서 돌아온 뒤에도 그의 삶에 영향을 미쳤다.

용서하지 못하는 인간은 손가락 없는 기타리스트나 혀 없는 프리마돈나와 같다. 지미 샌티에고 바카

현재 마흔한 살인 존은 버지니아 교도소에 있는 학교에서 교육 상담가로 일한다. 그는 학교 창립자인 에드 롤린스와 함께 1978년부터 그곳에서 일했다. 2미터에 달하는 키, 투박하지만 고상한 외모를 지닌 존은 당신이 그다지 어울리고 싶지 않을 사람이다. 그러나 가장 감동적인 점은 그가 일할 때 드러나는 겸손함과 헌신적인 태도, 열정적인 목소리다.

우리는 교도소에 있는 우리 학교를 '교육 공동체'라고 부른다. 공동체라는 말은 우리에게 중요하다. 나눔이나 보살핌, 베풂 같은 케케묵은 단어들도 중요하다. 그것은 우리가 교도소에 있다는 사실을 잊게 만드는 마법의 단어들

이다.

교도소 안에서 해야 하는 한 가지는, 살기 위한 것이나 파괴적인 세계에서 빠져나오기 위한 확실한 선택을 하는 것이다. 당신은 즉시 그 선택의 결과를 깨닫는다.

사람들은 나에게 '어떻게 그것이 가능하지요?'라고 묻지만, 나는 교도소에서 일하면서 나 자신의 삶을 배웠다. 들이마시는 한숨, 맥주 한 모금이나 웃음, 사랑이 담긴 손길은……. 휴, 얼마나 멋진가! 나는 생업에 감사하며, 재소자들에게 그들이 자유롭기 전까지는 나도 자유롭지 않다고 말한다. 나는 상냥함과 보살핌 같은 단어들을 사용한다. 시적인 단어들은 몇몇 자아를 뒤흔들어 놓는다.

우리는 사람들에게 숙고와 보살핌을 부탁하고, 언어적이며 동시에 물리적인 비폭력을 강조한다. 우리는 그들에게 듣는 것을 부탁한다. 나는 그들이 자신에게 귀를 기울이는 것이 얼마나 힘든지 알고 있다. 듣는 것은 가장 견디기 어려운 것 중 하나다.

나는 그들에게 노력해 보라고 말했으며, 괜찮다면 들어 보라고 했다. 교육은 거울 속의 자신을 바라보고, 자신을 알며, 자신의 거울에 비치는 다른 사람들을 보게 되는 깨달음이다. 그것은 나누고 보살피며, 또한 글을 쓰는 것이 매우 중요한 장소다.

나는 그들에게 이렇게 말한다. "당신이 어떻게 행동해야 할지 모를 때, 또는 당신이 의심과 분노를 느낄 때, 글을 쓰는 것은 당신을 도와줄 것입니다." 나는 그들에게 글쓰기는 이웃을 나쁜 방법으로 대하거나, 판사나 가석방 집행관에게 해로운 말을 하지 않도록 해 준다고 말한다.

시는 어떤 것도 될 수 있다. 한 단어에 대한 흥분은 당신의 시가 될 수 있다. 나는 당신이 하는 어떤 것, 베푸는 어떤 것, 주는 어떤 것이 당신이 쓸 시의 재료가 된다고 말한다.

교도소의 나날은 끔찍하다. 그곳에는 좋은 어떤 것도 존재하지 않는다. 그러나 우리는 때때로 마음과 영혼이 비추는 광경으로부터 배운다. 그들은 매일매일 하는 생각에서부터 글쓰기를 시작한다. 나는 재소자들에게 "당신의 마음을 쓰세요"라고 말한다.

수많은 감정의 찌꺼기와 욕설과 분노가 글쓰기에 나타난다. 그들은 글에서 자신의 감정을 보았고, 그러한 감정을 다루지 않고 내버려 둘 수는 없었다. 우리는 매일 단어의 힘에 대해 대화를 나눈다. 나는 그들이 단어를 가지고 노는 것을 격려한다.

그들이 자신만의 단어를 창조하면, 나는 의미를 만들어 낸다. 그들은 파괴보다 창조가 쉽다는 사실을 조금씩 느끼기 시작한다. 단어들은 즐거움이 될 수 있다. 간단한 구식의 즐거움이지만 말이다. 단어에는 힘이 있다.

시는 훌륭한 소화기관이며, 거의 대부분의 것들을 소비하고 재활용한다.
스탠리 쿠니츠

존이 재소자들의 교육 상담가라는 직업을 통해 이끌어 낸 열정과 명석한 지혜는 다음 시에도 분명히 드러난다. 존은 이 시에서 재소자들과 그들의 삶을 증언한다.

교도소에서의 나눔

영혼이 빠져나간 안개 속에서
나는,

지식을 흡수하는 나무는 걸으며 묻는다.

"내가 어떻게 내 영혼과

이야기할 수 있을까?"

구덩이 안에서

나는,

하늘 언저리 위에

"착한 마음과 자비로운 봉사의 문제는

무엇인가?"라고 토해 내는 몽상가다.

인간의 공격 안에서

나는,

전쟁 포로였던 내 할아버지를 떠올리는

(단지 열두 살 난 내 엄마의 손을

말없이 잡고 흔든 뒤, 오 년 후에

돌아온 분)

"나에게 사랑을 보여 주오!"라고 부탁하고,

"내가 듣고 있죠?"

라고 기도하는 이방인이다.

내 마음의 상처 안에서

나는,

"내 가슴에 사랑이 있나요?"

라고 균형을 잡고 선택하는

집을 찾는 약한 날개다.

흐린 하늘 안에서
나는,
"어떻게 기쁨을 나누는 내가 될 수 있죠?"
라고 기도하는
불타오르기를 거부하는 강이다.

"이유가 없는 이곳" 안에서
나는,
감사함을 택하며
정신적인 방법의
균형을 잡는,
창을 여는
마음
관심
장소
대담함
사랑
그리고 묻는다.
"나는 과연 친절하며 관대하고 호의를
나누고 있는가?"

아이들과 꽃들이 없는 세상에서

나는,

당신의 영혼을 알고 있는

내 영혼의 가장자리에 기댄다.

(문은 내 뒤에서 닫힌다.

나는 지금 집으로 간다.

나는 뒤에 남겨 두었다.

그곳에 나는 있을 수 없다.

왜 당신은 여기 그리고 저기에서

존재하고자 하는가?)

리사 : 다른 사람이 되어 보기

아기 방의 라임들, 자장가, 줄넘기를 할 때 반복적으로 들리는 리듬, 이것들은 리사의 삶의 첫 번째 시일 것이다. 이러한 시들은 그녀를 어머니와, 어머니의 혀와, 세대를 이어져 내려온 문화적인 리듬과 이어 준다.

어린 시절의 시들은 리사가 자신의 머리에 들어 있는 것들을 종이에 글로 쓰기 전부터, 음악적인 재산으로 그녀의 몸을 움직인다.

> 우리는 그것을 구체화함으로써 내적인 비전들을 발견하며…… 개인적 행동에 대한 우리의 이상을 마음에 그려 내고…… 시의 이미지와 소리에 대한 경험을 느낌으로 구체화한다. 무대 공간에서 우리의 노력과 드러낸 사실들을 구체화한다. 그것이 '구체화'라는 형식이다.
> M. C. 리처드

콘서트 피아니스트인 리사의 친할머니는 그녀가 어렸을 때 타고난 솜씨로 강렬한 춤을 출 때마다 반주를 해 주었다. 그녀는 할머니에게 긴트 경의 부분에서 '킹 산맥의 홀'의 떨림을 생각해 냈다. 그 부분은 그녀가 할머니에게 계속 반복해서 연주하도록 부탁한 부분이었다. 그 음악은 신비로운 멜로디, 매혹적인 구절과 감동적인 리듬뿐만 아니라 이야기로도 그녀를 감동하게 했다. 미지의 영역으로의 여행은 "내 몸의 모든 근육들이 두려움과 샘솟는 호기심으로 떨리게" 만들었다.

그녀는 일생 동안 춤추고, 안무하고, 춤을 가르치고, 움직임을 치료에 응용하고, 춤에 대한 비평과 시를 썼다. 그러나 서부 해안으로 갑작스럽게 이사한 일은 그녀의 십오 년 무용 경력을 무색하게 만들었다.

그녀는 동작치료와 임상사회학 학위를 받았다. 그녀는 "어떤 일이 일어났는지 이해하고, 정체성과 목표, 창의적 표현을 잃어버린 내 슬픔에서 벗어나는 데 오 년이 걸렸다"라고 말했다.

시를 쓰면서 나의 창의적이고 풍부한 표현의 에너지를 언어로 이끌어 낼 수 있다는 것을 알았다. 때때로 나는 춤을 출 때만큼 진실을 지닌 단어들로 내 안의 목소리를 표현하기도 했다.

이러한 창조적 변화는 영유아기일 때 몸짓과 소리로 처음 말을 하고, 사물에 이름을 붙이는 능력을 발견하고, 이 세계에 대한 나의 느낌을 이야기로 구성할 수 있게 된 것과 같이 내가 이미 겪은 발전적인 진보를 제시한다.

환자들의 이야기에 감정이입을 하는 경험은 매우 고통스러울 수 있다. 이러한 경험을 시로 쓰는 것은 감정의 한 부분을 구체화하는 동시에, 어느 정도 그것에서 분리될 수 있도록 도와준다.

나는 젊은 신부 사라에 대한 시를 썼다. 그녀는 뼈에 섬유질 형성 장애를 가지고 있었다. 어느 날 밤에 그녀는 내 사무실의 계단을 절뚝거리면서 올라왔다. 그녀의 뺨에는 눈물이 흘러내리고 있었다. 그녀는 주먹을 꽉 쥔 채, 자신보다 더 민첩하게 일을 진행하는 사람들이 그녀에게 그들만큼 빨리 움직이기를 바라는 것에 대한 분노를 드러냈다.

사실 사라는 자신의 고통을 털어놓고 그녀에게 필요한 충고를 구하기를 거부했다. 그녀는 자신의 힘보다는 다른 사람들의 힘이 필요하다고 느꼈다. 다음날 나는 할 수 있는 한 가장 가깝게 사라가 되어, 특수 제작된 그녀의 신발을 신고 걸으면서 이 시를 썼다.

작은 발걸음

그녀의 뼈들은 서로서로 뒤엉켜서

부서진 연하고 부드러운 부분을 잡고 있다.

그녀 삶의 구조는 그녀가 계획하지

못하는 것들로 둘러싸여 있다.

매 걸음마다 온 체중을 실어

그녀의 눈과 가슴과 희망의

가득한 짐을 옮긴다.

그녀는 인도의 거친 노면을 느끼고

아스팔트의 틈이나 구멍들을

온전히 머무는 것에 대한 도전으로 느낀다.

기도하는 사람의 한마디 말처럼 고요하게

그녀는 자신의 발걸음을 장미로 만든

묵주처럼 옮긴다.

그녀는 경계심과 믿음으로 매일을 보내면서

그녀 영혼의 가장 높은 층에서

문에서 한 걸음만큼 고통으로 닫혀 있다.

그녀는 내 안에서 증언을 찾아내며,

그녀에게 그녀의 이야기를 되놔어 줄

어떤 사람―

끝도 아니고

단단한 기초도 아니지만―

행간의 숨결을 통한

운율 안의 심장박동과

그녀 자신을 옆으로 움직이는 목소리.

    이 시를 통해 나는 사라를 이해할 수 있었다. 그녀의 고통에 대한 나의 자료와 그녀가 그것을 이해하는 방법은 치료의 좋은 요소다. 아니, 나는 그녀의 육체적인 고통을 없앨 수 없었고, 그녀의 환경에 있는 다른 사람들의 무감각한 태도를 변화시킬 수는 없었다. 그러나 그녀의 막연한 분노를 적극적으로 주장하도록 바꾸는 것을 도울 수 있었다. 내가 행간에서 들었던 외침은 그녀 스스로 좀 더 수용적인 맥락을 만들게 했다.

    흥미롭게도 내가 이 시를 쓴 주에 사라도 시를 썼으며, 음악 그룹에 들어가기 위한 오디션에 응시했고, 수영을 세 번 하러 갔다. 나는 사라가 자신을 보살피는 일을 증언하는 것과 운동 영역까지 잠재적 효과를 미치는 치료를 하는 것에 큰 기쁨을 느꼈다.

    나는 시를 쓰면서 다른 사람들의 매우 특별한 경험에 상세히 주의를 기울일 수 있다는 것을 알았다. 뿐만 아니라 시를 쓰는 것은 내 마음도 풍요롭게 만들었다. 사람들의 거친 면에 비추어 볼 때, 특이한 생각과 과감한 행동은 아마 내가 자신을 관찰하고 사랑하는 것을 쉽게 해내도록 해 준 것 같다.

연습
타인의 악전고투를 표현하기

시는 세상과의 대화이고, 시는 당신이 허용한 단어들로 스스로에게 되묻는 대화이며, 시는 당신 자신과의 대화다. **나오미 시합 나이**

존과 리사는 일을 하면서 만난 사람들의 고통에 화답하는 시를 썼다. 그들은 시를 쓰면서 다른 사람들의 악전고투를 증언할 수 있었다. 그 증언은 풍요로운 치유의 경험이다. 당신도 이런 종류의 시 쓰기를 할 수 있다.

당신이 아는 어떤 사람에 대한 시를 쓰는 것은, 그들의 고통스러운 분투와 어려움을 좀 더 날카롭게 알아내는 한 방법이다. 그들이 겪는 것을 묘사하는 소리와 리듬, 세부 요소와 이미지들을 찾아보자. 그들의 경험은 당신 자신에 대해서 어떤 것을 말해 주는가?

9장

내면의 비밀

치유를 위한 영혼의 목소리

우리 내면의 비밀은
모든 은하수 속의 행성이 구슬처럼
그의 손을 통과하는 것이다.

저 구슬의 떨림을 총명한 눈으로 바라보아야 한다.

카비르

신성한 시를 발견하기 : 정곡을 찌르는 것

> 삶에서 되풀이되고 변함없이 주는 교훈은 '발밑을 보라'는 것이다. 성직자와 당신의 참된 원천의 힘은 당신이 생각하는 것보다 더 가까이 있다. 멀리 있는 것과 어려운 것의 유혹은 정직하지 못하다. 중요한 기회는 당신이 있는 곳에 있다. 당신 자신의 자리와 시간을 무시하지 말라. 모든 곳은 별 아래에 있고, 모든 곳이 세계의 것이다.
> 존 부로우

당신은 자신을 영적인 존재로 생각하거나 그렇지 않을 수도 있다. 그러나 당신은 세상에 대한 연민을 느낄 것이다. 그리고 사물들이 어떻게 관계를 맺고 명료하게 함께 일하는지를 볼 수 있다. 당신은 명상이나 당신의 스승과 관계를 맺을 수도 있다. 당신은 단순하고 순수하게 살기를 바라며, 당신 가족과 자기 자신, 그리고 다른 이들이 성장하도록 돕고 싶을 것이다. 당신은 놀라움과 숭배를 느끼며 대지를 걸어갈 수도 있다. 당신이 더 많은 무언가를 갈망한다면 많은 부분이 불확실하고 불만족스럽다고 느낄 수 있다.

당신은 매일 자신과 삶에 대해 더 많은 것을 발견하며 깨어날 것이다. 당신은 삶의 다른 부분에서 이들 모두를, 아니면 일부분을 느낄 수 있을 것이다. 이러한 경험들은 신성한 것이며, 시 쓰기가 그것을 표현하도록 도와줄 수 있다. 그러나 훨씬 더 함축적인 의미를 생각할 때 시 쓰기는 당신이 모든 경험의 중심에 있는 것과, 당신 자신의 중심과 당신이 우주적인 신비에 붙인 이름이 무엇이든지 간에 서로 깊이 통할 수 있도록 도와줄 것이다.

이렇게 시와 접속하는 것은 당신의 치유 과정을 직접 지원한다. 왜 그럴까? 치유는 새로운 치료법이나 약, 식이요법에서는 거의 발견할 수 없다. 이것들은 우리가 좀 더 건강해지도록 돕고, 더욱이 우리를 치료해 줄 수도 있을 것이다. 또한 우리 삶의 질을 유지하고 건강을 향상하는 데 가치가 있다. 그러나 치유를 위해서는 우선 우리 전체의 어떤 감각을 열고—우리가 치료되든지 아니든지, 특별한 육체적, 정서적 문제를 해결하든지 아니든지—신성함에 관심을 가져야 한다.

> 당신은 천국을 피할 수 없다. 오직 그것을 바라보는 것을 피할 수 있을 뿐이다. 캐롯 조코 백

당신이 치유를 바라는 특별한 상황이 무엇이든지, 당신은 시 쓰기를 통해 카비르가 말한 "내면의 비밀"에 연결될 수 있다. 데이비드는 성서의 시편을 통해 그의 모든 고통과 기쁨을 신과 함께 나눈다. 시편은 신성한 시 쓰기의 아주 좋은 예다.

시편 86편

야훼여! 귀를 기울여
응답하소서,
불쌍하고 가련한 몸이옵니다.
당신께 경건하오니, 지켜 주소서.
당신께 의지하오니, 이 종을 구원하소서.
당신은 나의 하느님, 주여,

나를 불쌍히 여기소서.

나는 매일같이 당신을 부르옵니다.

주여, 내 영혼 주를 향하여 우러러보니

당신 종의 영혼을 기쁨으로

가득 채워 주소서.

주여, 용서하심과 어지심이 당신의 것이요

주님께 부르짖는 자에게 한없는 사랑

베푸소서.

데이비드는 "불쌍하고 가련한 몸이옵니다/당신께 경건하오니, 지켜 주소서"라고 노래한다. 비록 그가 과도한 요구를 할지라도, 데이비드는 신의 중재로 그가 완전한 구원을 얻게 됨을 잊지 않는다. 우리가 1장에서 논의한 것처럼 역설은 시라는 그릇에 아름답게 담겨 있다.

시는 속삭이고, 축복하고, 노래하는 영혼의 목소리다. 캐롤린 포르쉐

그 그릇은 정신적 상황을 치유하기 위해 우리가 특별한 요구를 할 때 도움이 된다. 그것은 우리가 고통과 걱정으로 몸부림칠 때, 우리의 정신적 인식을 증진한다. 다른 신성한 전통에서 나온 시 또한 이러한 신비로운 접속, 부분과 전체의 역설을 표현한다. 다음은 두 명의 일본 여성들이 쓴 시다.

내가 가야 하는 길이 점점 더 어두워지네.

오, 산봉우리 위의 달이여

제발 내가 가는 길을

조금 더 멀리 밝혀 주소서.

이자미 시키부

바람이 몹시 불어대는 이곳에도
역시나 달빛이 비치는구나.
무너진 집의 지붕 널빤지 사이로

이자미 시키부

사람의 마음속에서
빛나는 순결한 달을
아는 것만이
맑은 하늘 아래 저물어 가는
밤의 어둠을 찾는 것이라네.

코지주

   달은 개화의 이미지다. 개화는 모든 경험이 관련된 중심이다. 이 여성들은 달의 영원한 존재와 주기가 그들의 자각의 길을 반영하고 지속한다는 것을 인식했다. 데이비드가 신과의 접속으로 알아차린 것과 마찬가지로, 이 시인들은 중요한 모든 것들을 깨달았다. 비록 그것이 종종 부서진 널빤지를 통해서 빛나고 있는 달빛만큼 평범한 것을 통해 분명해지더라도 말이다. 그들은 "순결한 달" 또는 개화가 인간의 마음속에서 빛난다고 이해했다.
   이 시들은 우리가 삶에서 어둠과 빛의 상호작용을 이해하고, 우리의 치유 과정에서 이러한 이해를 구체화하도록 도와준다. 당신의 정신적 핵심을 인정하는 시 쓰기란 당신을 치유하도록 도와줄 변화된 행동이다.

당신이 시편 쓰기부터 시작할 필요는 없다! 당신 자신의 경험에서 그려진 단순한 은유나 이미지가 치유에 필요한 것을 표현함으로써, 당신의 정신적인 접속을 도울 것이다.

정신적인 이미지에 이름 붙이기 : 나는 눈꽃입니다

메리 톨 마운틴은 1918년 유콘 강가에서 태어났다. 누라토 마을의 교쿤 사람들과 메리의 가족에게 폐결핵이 발생하면서 한 선교사가 그녀를 집에서 데리고 나왔다. 메리는 중년부터 1994년 죽을 때까지 시를 썼다. 그녀의 울림 있는 시는 그녀의 뿌리를 말하고, 그녀가 일찍이 가족을 잃고 느낀 깊은 상처를 이야기한다.

나는 눈꽃입니다. 나는
천 명의 다른 이들과 함께
어머니 같은 유콘 강의
깊고 얼룩진 풀빛 강에 빠져듭니다.
우리는 녹아들고 섞입니다.
옛날의 원을 그리면서
밤에 음악을 들으며

눈송이의 단순하고 광범위한 이미지는 '고향'으로 돌아가려는 메리의 개인적인 갈망을 떠올린다. 이것은 시적 비유의 정신적 능력이다. 시적 이미지는 당신의 영감과 필요 속에서 선율이라는 방식으로 정신적인 것을 표현한다. 그러한 이미지들의 보편성은 마음에 깊숙이 파고들어서 쉽게 이해할 수 있다. 유콘 강에 내리는 메리의 눈송이와 같은 이미지들은 마음에 사무치는 것이다. 당신은 혼자 힘으로 그것을 알아낼 수 있다.

| 연습
상징, 이미지, 은유를 사용해 신성한 시 쓰기

신성한 무언가에 당신을 연결하거나 동일시하는 상징, 이미지, 은유를 포함한 시를 써 보자. 당신의 치유 목적에 맞는 이미지를 선택해 보자. 무엇이 당신의 마음을 가볍게 하거나 당신에게 자양분을 줄 것인가? 당신은 '나는……입니다'라는 은유적인 구절을 사용하거나, 이미지나 상징을 통합할 수 있다. 당신이 선택한 이미지 연상을 자유롭게 하라. 당신의 모든 감각을 사용해 경험하라.

별, 바위, 비둘기, 강, 연꽃, 불꽃
장미, 빵, 달, 뿌리, 올빼미, 숨결

필리스 브라운은 국제연합에서 특별한 임무를 한다. 다음은 그녀가 워크숍에서 쓴 시다.

나는 불꽃.
나의 조상들은 녹아 있는 지구의 중심을 형성하고
나는 모닥불의 혀 사이에서 춤추고
노변에서 뛰어놀고
따뜻하게 저녁 식사를 데우네.

나는 천천히 타오르는
일몰의 모닥불에서 졸고 있네.
나는 심장을 뛰게 하는 사랑의 불꽃,
독창적인 생각을 불태우는 영감의 불씨,
꿈, 소망, 욕망의 연료라네.

더 밝고, 더 빛나고, 더 확신하고, 더 순수하게,
거대한 불에 반사된 면은 신이라네.
나는 계속해서, 꾸준히, 사그라지지 않고,
영원히 타오르네. 아주 작은 모닥불…….
빛나는 모든 이의 집에서.

연습
정신적인 기억의 시 쓰기

　전체와의 연결은 기억을 통해 이루어질 수 있다. 인도의 힌두교에서 '사나탐 다르마'라고 알려진 계율이나 '스므리티나'라는 영생 종교 모두 '신성한 기억'이 우리 안에 있다고 말한다. 이 기억은 고대의 것이다. 그러나 태고에서 발굴한 인공물 같은 것은 아니다. 이것은 원초적인 자연의 '영혼의 기억'이다. 수천 년 동안 계속 유지해 온 올리브나무처럼, 이 기억은 현재 당신 안에 살아 있다.
　당신의 신성한 기원의 기억을 시로 써 보자. '나는……기억한다'를 당신의 영적인 기억과 다리를 이어 주는 것으로 사용해 보자. 무엇이 그 기억에 당신이 접근하는 데 필요한 지침을 주는가? 당신의 영적 기억에 대한 믿음이 당신을 안내할 것이다.
　콜로라도 주 덴버에 사는 치료자 필리스 발드윈은 관능적이고 활력적인 기억의 시를 쓴다.

　　나는 열정적인 바다 속으로 흘러가는
　　노래하는 혈관을 기억한다.
　　나는 입과 가슴을 열어 사랑을 외치는
　　조용한 꽃들을 기억한다.
　　나는 신비와 습기로 가득 찬
　　오래된 대성당의 숲을 기억한다.
　　나는 여름의 열기 뒤로
　　빨갛고 노란 빛을 반사하는
　　찬란한 가을을 기억한다.
　　나는 늙은 여자임을, 내 아이의 엄마임을,
　　어두운 슬픔, 사랑 그리고 웃음으로 가득
　　차 있음을 기억한다.
　　나는 모든 한계와 고통을 참아 내고,
　　통찰하는 빛을 기억한다.

　상징, 은유, 기억은 당신이 예전에 알았던 신성하고 '마치 태초로' 돌아갈 수 있는 곳으로 귀환하게 해 주는 통로다.

사랑, 아름다움, 지혜와 환상을 통해 신성으로 돌아가기

당신이 한 가지를 사랑하는 법을 터득하고 나면, 그 다음에는 모든 것을 최고로 사랑하는 법도 터득하게 될 것이다. 노발리스

정신적인 접속을 환기하고 우리를 정서적, 육체적으로 균형을 잡도록 돕는 존재의 상태가 있다. 어떤 때는 아름다움이 우리를 치유하게 도와준다. 또 어떤 때는 우리를 치유의 길로 안내해 줄 지혜를 요청해야 할지도 모른다. 당신의 인간관계에서 어떤 문제가 발생하고 있는가? 깊은 사랑을 표현한 시인들의 시를 읽는 것은 당신이 사랑의 오솔길을 깨닫고, 사랑을 일깨우는 언어와 시적 통찰력에 대한 감각을 키우도록 도와줄 것이다. 그리고 당신의 가슴이 벽을 느끼기보다는 오히려 다시 열리기 시작할 수 있도록, 당신의 삶 속에서 사랑을 표현하고 순화하고 완전하게 하도록 시 쓰기를 활용할 수 있다.

우리는 네 사람의 시 쓰기에서 이러한 치유의 전망에서 나온 사랑, 아름다움, 지혜, 환상이 어떻게 표현되었는지를 살펴보며 그들을 탐색할 것이다.

사랑

사랑스러운 밤의 고요한 물결 속
당신이 태어나고, 당신이 자라난 곳에서
낯선 감정이 당신에게 다가가네.

당신이 소리 없이 초가 타는 것을 보고 있을 때

이제 당신은 더 이상
어두운 망상에 사로잡히지 않고
더 높은 구애를 향한 욕망이
당신을 휩쓸고 지나가네.
괴테

   사랑은 무엇을 향하거나 누군가를 향해 밖으로 퍼지는 것이며, 헌신적인 사랑은 사랑하는 대상에게 자신의 모든 것을 그냥 주는 것이다. 준다는 것은 생각이나 말뿐만이 아니라 행동으로 나타내는 것이다. 이렇게 사랑에 빠지는 행위는 우리가 누구인지를 좀 더 많이 드러내면서 치유를 돕는다. 당신이 더 많이 사랑하고 싶은 누군가가 있는가? 우리는 사랑을 전달하는 목소리를 연습할 수 있다. 이러한 헌신적인 시들의 어휘는 아주 단순하다. 엘렌 그레이스 오브라이언은 그녀의 아들에 대해 다음 시를 썼다.

때때로 밤에

때때로 밤에
여기, 내 가슴 한가운데
빛이 비치고
내가 너를 바라보면,
너의 얼굴은 순결하니
네가 행해 왔던 모든 것을

사랑의 기슭에서
씻어 내고
너는 바닷바람에 숨 쉬며
엉킨 다시마 사이를 가로질러
또 다른 삶으로 들어가리라.

헌신의 시는 사랑이 모이고 움직이는 것을 드러낸다. 그리고 더 가치 있는 것을 구체화하거나 의미하는 요소를 활용해 누군가를 사랑하는 특별한 순간이나 경험에 초점을 맞춘다. 엘렌은 그러한 경험을 시에 반영했다.

내가 이 시를 썼을 때 나는 십 대 아들을 생각하고 있었다. 나는 성인으로 성장해 가는 아들의 고유한 방식과 나로부터의 독립을 인지했다. 그것은 어머니인 나로부터 아들을 완전히 떠나보내는 것이다. 내 가슴 한가운데 있는 빛은 아들에 대한 맹목적인 사랑, 본능적으로 알고 있었던 사랑을 포기하는 것과 관련이 있다. 이러한 분리는 우주적인 부모와의 연결에 대한 나의 신념에서 시작된다. 시는 내가 사랑하는 모든 사람을 포함한다. 나는 내 삶에 있는 모든 이들의 얼굴을 내 마음에 담았다. 이들처럼 내 아들에게도 자신의 길이 있다.

시 쓰기는 내 경험과 이 세상에서 내가 존재한다는 흔적을 감지할 수 있도록 해 준다. 시는 내 마음을 부드럽게 한다. 시는 나의 모든 인간관계를 담고 있는 신성한 기억이다. 이것은 내가 시를 쓰는 매우 중요한 이유다.

시는 하나의 그릇이다. "너는 바닷바람에 숨 쉬며/엉킨 다시마 사이를 가로질러/또 다른 삶으로 들어가리라"라는 행은 내 아들의 순수함을 보는 것이고, 오래된 관계에서 분리되는 나의 경험을 보는 것이고, 가슴의 빛으로 새로운 관계를 열어 가는 것이다.

|연습
사랑하는 사람에게 편지 쓰기

> 나는 무엇이 훌륭한 치료인지를 안다. 그것은 우리의 작은 심장이 세상의 거대한 심장과 조화롭게 박동하도록 하고 포기하고, 버릴 건 버리고, 양보하는 것이다. **헨리 밀러**

당신이 사랑하거나 헌신하고 싶은 사람, 또는 그런 경험을 했던 사람을 생각해 보자. 당신의 마음으로 그 사람의 분명한 이미지를 가져오자. 마음속의 사람과 함께 깊이 호흡하고 당신의 사랑에 대하여—헌신적이거나 사랑스러운 그나 그녀에 대하여—그 사람에게 편지를 써 보자. 어떤 색깔, 맛, 소리, 상징, 느낌, 이미지가 마음에 떠오르는가? 시가 그 자체의 생명을 나타내도록 사랑에 관해 말해 보자.

아름다움

> 백합을 생각해 보라. 그들은 수고도 하지 않고 수확도 하지 않는다. 그러나 모든 영광을 가진 솔로몬도 이 꽃 하나만 못하다. 예수

우리 문화에서는 화려한 대중잡지 표지에 실린 할리우드 영화배우와 록 가수들이 아름다움을 규정짓는다. 그러나 당신에게 아름다움은 무엇인가? 심리학과 의학은 아름다움이 얼마나 우리의 정신과 영혼을 치유하도록 돕는지를 좀처럼 인정하지 않는다. 아름다움은 어떻게 당신의 삶을 치유하는가?

예수는 시인들이 한 것처럼, 사람들이 아주 작은 것에도 주의를 기울이도록 자주 격려했다. "백합"이라는 시적 표현은 신의 보호에 대한 믿음을 강조하는 경향이 있으나, 예수의 추종자들을 향한 설교는 그들의 삶에 아름다움을 위한 장소를 짓는 것일 수 있다. 또한 그들에게 가치 있는 것이 무엇인지 아름다움이 전하는 메시지를 생각하게 만든다.

노엘 모리스는 직업 무용가이며 메시지 치료자다. 그녀의 시는 그녀의 아름다움이 외부에 있는 어떤 관념이 아니라 내면에 존재하는 것임을 보여 준다. 노엘이 아름다움을 창조하는 것은 그녀를 신성과 연결하는 길이다.

영혼

해안가의 바람은
나의 숨을 날려 버리고,
꽃의 빛깔과 같은 영혼이 되어,

내 몸 사이로

내가 느끼는 삶을 불어넣어 주고,

바람 부는 바닷가를 거니는

외로운 소녀의

슬픔을 추억하게 하네.

노엘은 자신의 시에 대해 이렇게 말한다.

이 경험은 한밤중에 나에게 다가왔다. 나는 오래도록 비몽사몽 상태였다. 나는 내 숨결이 다채로운 꽃이 되는 것을 보았다. 나는 '이것은 현실이 아니다'라고 생각했지만 그 빛깔이 너무도 생생해서 완전한 현실처럼 보였다. 시의 제목이 중요하다. 히브리어로 '영혼'은 정신적인 숨결을 의미하며, 한 단어로 전체를 대신한다.

그것은 내가 어린아이였을 때 가진 수채물감으로 칠한 책과 같았다. 즉, 당신이 종이 위에 물감을 칠하면 색이 나타나는 것처럼! 내가 호흡을 하자 꽃에 색깔이 나타났다. 만일 당신이 요가나 메시지를 통해 당신의 호흡을 조절하면, 그런 현상들이 일어나기 시작한다. 호흡이 이동하고 신체가 정보를 꽃피운다. 나는 메시지와 춤 모두에 그런 호흡을 병행한다.

내가 느낀 삶에 대해 이야기할 때 '사이에'라는 전치사를 좋아하는데, 그것은 불가능한 배치라서 알 수 없는 신성과 나의 관계를 몸짓으로 남겨 두기 때문이다. 무용가로서 배치의 감각은 나에게 매우 중요하다―나는 어디에 있는가? 나의 숨결은 어디에 있는가? 그것은 꽃 안에 있는가? 내 안에 있는가?

나의 의식의 밀도는 바람과 숨결과 정신적 아름다움처럼 맑다. 나는 매우 오래된 슬픔을 다시 기억한다. 또다시 내 몸 안에 있음을 알고 있다. 그것은 몸속 깊은 곳에서 울음이 되어 올라온다. 아—아아—아아아— 나는 살아 있다. 다양한 색으로 가득 찬 이 삶을 맛보는 동안, 나는 풍요로운 소통과 즐거움이 가득한 표현에 대한 깊은 갈망이 그늘 속에서, 색을 잃고, 동작을 잃은 채 남아 있던 시간과 공간을 명확하게 인지할 수 있었다. 내 시의 이동에서 되풀이되어 나타나는, 호흡으로 가득 찬 움직임은 완성을 향한 나의 여정이다. 움직임은 신을 향한 나의 능동적인 갈망이다. 이러한 갈망과 상실과 같은 어떤 불쾌감을 맛보지 않고는 움직임의 동기가 존재하기 어렵다.

언어의 아름다움을 인식하는 것 자체가 치유다. 고대 그리스인들은 '아름다운 언어'가 온화함이나 삶의 안정된 상태를 촉진한다고 말했다. 말 속에는 차분하고 흔들림 없는 존재, 지혜가 발현되기 시작하는 것을 몸과 마음으로 느끼게 하는 힘이 있다.

지혜

성지도 성자도 없이, 다만 성스러운 순간, 지혜의 순간만이 있을 뿐이다.
잭 콘필드

지혜는 '보는 것' 또는 '아는 것'을 의미한다. 그것은 사실이나 의견을 뜻하는 것이 아니다. 지혜는 당신의 모든 경험의 본질을 인식하기에 충분한 존재에 의해 밝혀진다. 지혜는 당신의 삶에 어떤 문제가 있는지 주의를 기울여 당신 삶의 변화가 의미하는 것을 이해하도록 도울 것이다. 핵심은 매 순간 평정심을 훈련하는 것이다. 본질을 보는 것, 전체를 아는 것이다.

시 쓰기는 당신이 지금 이 순간에 주의를 기울이도록 도와준다. 각 행마다, 숨을 쉴 때마다, 매 순간마다, 당신은 독창적인 리듬, 음성, 느낌과 통찰을 생각한다. 당신이 직면한 문제에 답을 생각할 때, 당신은 새로운 통찰력과 오래된 관습 사이에서 판단하는 것을 배운다. 로버트 프로스트는 "나는 아직 시를 시작하지도 끝내지도 않았다는 것을 안다"라고 말했다. 시 쓰기를 격려하는 순간에 열려 있음은 당신이 아무런 생각도 갖고 있지 않다는 대답을 알아차리게 한다.

발견의 방법으로 연습한 시 쓰기는 인내를 통해 발전해 나간다. 인내의 연습은 시인이자 저널 작가인 니나 홀저가 "끈기 있는 관찰"이라고 부르는 것이다. 우리는 우리의 글이 어디를 향하는지 모르지만 주의를 기울인다. 우리 내면을 관찰하기 위한 고요한 장소를 만든다. 놀라운 언어는 습득한 지식이 아닌 진정한 성장을 통해서 온다. 그것은 해마다 나무의 나이테가 늘어나는 것처럼 시간이 걸릴 수 있지만, 지혜는 당신의 글 속으로 들어갈 것이다.

짐 페디만은 자아초월 심리학자이자 교사다. 그는 기술을 가르치면서 직업 상담을 한다. 시가 그의 삶에 그렇게 자주 영향을 주지는 않지만, 그는 언제든지 중요한 일이 일어나고 있음을 안다. 다음 시는 짐의 번민의 결과로 시작되었다.

착각

옛 연인 없이,
오직 심지가 타들어 가는 양초만이
거대한 공간에서 자라나
그들의 빛으로 채울 뿐이다.

찢기는 가슴 없이
영혼 안의 공간만이
고통을 바느질하는 곳으로
큰 흉터를 남긴다.

생생한 상실도 없이
단지 이별의 시간만이
나무에서 떨어진 씨처럼
더없이 부드러운 습기 찬 대지를 불러서
다시 시작한다.

짐의 시는 즉흥적인 실생활이 요리한 이해를 뽑아낸다.

나는 내 안에 웅크린 자기 연민의 작은 연못에서 자신을 끌어내려고 노력하며 이 시를 썼다. 나는 사랑하는 관계가 끝나고 있는 것 같아서 허망했다. 나는 오랜 연인과 진정한 대화를 재개하려고 했지만, 그동안 너무 소원해진 나머지 가까이 다가갈 수조차 없어서 완전히 좌절하고 말았다.

첫 번째 연은 전날의 맘을 나타낸다. 나는 그들을 멀리 떠나게 할 수 없었다. 나는 절친하지만 객관적인 친구에게 그들을 말했다. 그녀는 "예, 당신 안에 시가 있습니다. 그것을 찾으세요"라고 말했다.

그것의 나머지는 그날 저녁, 나를 경이로움으로 사로잡았다. 또한 나 자신에게 '사랑은 결코 사라지지 않는다'라는 말을 하고 있음을 알 수 있었다. 나는 그것이 내게 무엇을 의미하는지 혼자 힘으로 적어 나갈 때까지 아무 생각도 하지 않았다.

나는 또 다른 사건을 생생히 기억한다. 나는 상반기에 심각한 자동차 사고를 당했고 퇴원을 하고 나서도 전동 휠체어를 사용해야 했다. 나는 추수감사절 즈음에 고교 시절 연인에게 초대를 받았다. 우리는 오해 때문에 완전히 헤어져 십오 년 이상 연락을 끊었다. 그녀는 나의 사고 소식을 듣고 전화를 했는데, 그녀가 말한 대로라면 "우리는 일생 동안 아주 소수의 사람을 사랑하면서도, 그들마저도 인연을 끊는 어리석음을 범한다." 그때 이후, 그녀와 나는 우리가 떨어져 살던 세월을 넘어 다시 가까워졌다. 그녀는 나의 아내, 아이들과도 친구다.

나는 나를 이끌어 가르침을 준 그녀의 보호에 축복받았다. 시가 나의 현재 상황으로 그녀의 지혜를 가져왔고, 나는 분명 자유롭다고 느꼈다. 나는 내가 명심해야 하는 것, 즉, 사랑하지 않아서 느끼는 고통은 아무리 멋지게 보충한다고 해도 환상일 뿐임을 나 자신에게 큰 소리로 말할 수 있었다.

지혜는 다른 사람들에게 부족한 특별한 지식을 채우려고 하는 것이 아니다. 지혜는 우리에게 지속되고 있는 것이 무엇인지 이해하고 삶의 환상을 인식함으로써, 더 넓은 범주에서 개인적인 경험과 어려움을 판단할 기회를 주는 것이다.

환희

나의 눈은 당신의 영혼으로 빛나고
나의 코는 당신의 향기로 가득하다
나의 귀는 당신의 음악으로 즐겁고
나의 얼굴은 당신의 이슬로 덮인다.

> 축복받은 것은 남녀.
> 당신의 정원에 뿌리가 내리고
> 당신의 나무들과 꽃처럼 자라서
> 그들의 어둠을 빛으로 변화시키는
> 그들의 뿌리는 어둠에 묻혀 있어도
> 그들의 얼굴은 빛을 향해 있다.
> 솔로몬의 송시들로부터

우리도 솔로몬이 경험한 환희를 경험할 수 있다. 당신은 다음과 같은 때 즐거움의 근원이 되는 감각을 느낄 수 있을 것이다. 당신이 사랑하는 누군가와 걷고 있을 때, 당신의 팔로 아이를 안고 있을 때, 용기 있고 정직하게 이야기할 때, 자연 본연의 자리에 있을 때, 가슴 깊이 좋아하는 일을 할 때, 누군가와 사랑할 때, 신을 찬양할 때, 단순한 것에서 즐거움을 느낄 때, 명상을 할 때다.

> 인간의 마음속에 있는 지혜의 달콤함이라는 하나의 원자가 천국에 있는 수천 개의 집보다 더 낫다. 아무 야지드 알비스타미

비록 우리가 이 즐거움의 감각을 느끼거나 감지하더라도, 우리 삶에서 그것을 유지하는 방법을 찾기란 종종 쉽지 않다. 우리는 열광적이며 즉흥적인 흥분을 일으키는 중독성이 강한 문화 속에서 산다. 황홀을 대체하는 것, 즉, 축구 경기에서 소리치고, 복권을 사고, 새해 전야에 거리를 쏘다니고, 우리를 난폭하거나 매력적이게 만드는 제품들을 사는 것이 진정한 축복과 해방감을 주는 적당한 대용품이 아니라는 점을 안다. 이러한 경험의 다른 한 편

에는 우울과 권태, 공허함이 그늘져 있다.

시인들의 메시지는 우리 내면에 있는 기적을 발견하고 우리가 어디에 있는지 항상 즐길 수 있는 자발적인 통로를 경험하게 해 준다. 심미안, 자발성, 그리고 호기심은 모두 시 쓰기의 일부이며 우리가 천천히 삶의 아주 사소한 부분을 돌아보게 하고, 내면에서 자유롭게 솟아오르는 기쁨을 스스로 찾을 수 있도록 돕는다.

명상과 시 쓰기 : 내면의 소리와 미지로 가는 오솔길

―

우주의 별들이

지구에서 그들의 확장된 쌍둥이를 찾아

그리워하는 것처럼

화려한 불꽃으로 바뀐

축복받은 무지의 언어를

기원하여

각각의 진실한 시가 태어났네.

존 폭스

명상과 시 쓰기가 뒤섞일 때, 그것은 깊은 치유의 경험이 될 수 있다. 당신은 명상을 통해 직관의 소리를 더욱 잘 들을 수 있다. 이런 방식으로 듣는 것은 치유의 시 쓰기, 즉 당신이 주의를 기울여야 할 당신의 내면과 장소에 이르는 시를 쓰는 데 영감을 준다.

나는 십 년 동안 한 달에 한 번씩 세 명에서 일곱 명의 사람들과 모여 앉아 한 시간 삼십 분 정도 명상을 했다. 우리는 세 가지 삶의 신비를 탐험했다.

- 평온
- 내면의 목소리
- 미지의 것

명상 수련과 치유 과정, 독창성과 시 쓰기 사이에는 명확한 유사점이 있다. 자연 이외의 모든 것과 마찬가지로 평온, 내면의 음성, 미지는 서로 분리되지 않고 상호의존하며 하나의 태피스트리 실처럼 함께 직조된다. 이러한 명상의 요소들은 우리의 치유를 도울 뿐만 아니라 우리의 일상을 더욱 의미 있게 만든다.

침묵

능동적인 마음이

흥분을 가라앉히니

도교의

조용한 힘이

내면을 재편성하네.

엘러리 리틀턴

침묵을 바라보는 것은 마음을 진정하고 깊은 수준의 느낌으로부터 언어를 받아들이기 위해 자신 안에 장소를 만드는 방법이다. 이 고요한 생활의 감성적인 장소는 가슴속, 즉 신체적인 심장이 아니라 요가에서 알려진 네 번째 차크라, 또는 정신적 마음에서 발견된다. 요가 수도자들은 이곳이 가슴의 중심에서 왼쪽 흉골 쪽으로 손가락 두 마디쯤 떨어진 곳이라고 말한다. 내면의 고요를 깊게 만드는 것은 당신의 마음을 열도록 자극한다. 그것은 차례차례 접근하기 쉬우면서도 자연스럽게 내면의 목소리를 받아들일 수 있게 한다.

명상적인 침묵은 초록의 여름 잔디 광택 같아서 일상의 고요를 감상하고 적극적으로 들을 수 있게 된다. 침묵 속으로 들어가서 그것을 음미해 보자.

> 선택된 침묵이 내게 노래하네.
> 둥근 귀에 내리쳐서,
> 목장주가 조용해지도록 나에게 지저귀네.
> 그리고는 내가 듣고 싶어 하는 음악이 되네.
> 제라드 맨리 홉킨스

침묵에도 결핍이 존재한다. 만약에 세상에서 자신의 정체성을 창조하기 위해 언어의 층위를 사용하거나, 내면을 바라보는 것을 피하기 위해서 적극적으로 당신을 방어하는데 익숙해진다면 그것은 약점이 될 수 있다. 당신은 있는 그대로의 고요로 존재하기 위해서 걱정, 심지어는 두려움까지도 존중해야 하는데, 그것은 침묵이 미지의 것들을 초대해 그것이 늘 좋은 것처럼 보이지 않을 수도 있기 때문이다.

당신이 명상적인 침묵에 들어가면 고독을 느낄 수 있다. 고독은 당신이 더 깊은 고요 속으로 들어가지 못하게 한다. 나는 명상을 할 때마다 고독을 느꼈지만 고요와의 관계를 발전시키는 것이 내가 새롭게 고독을 보는 방법이다. 즉, 그것은 가끔씩 더욱 더 깊숙하게 고요를 듣기 위한 나의 메시지다. 처음에는 이를 시도하기 어렵다. 그러나 내가 고요와 연결될수록 더욱 더 고독을 위해 변화하는 듯한 완전한 느낌, 외로움과 쓸쓸함이 모두 가능한 것처럼 보인다. 고독에는 쓸쓸한 평화가 있다. 비록 고독이 오래 지속되더라도, 명상적인 침묵은 길 앞에서 그냥 기다리고 있다가 나를 부르기 위해 돌아서는 동료를 보고 있는 것처럼 나를 격려한다.

침묵은 내면의 시공간을 포함한다. 당신은 당신을 훼방하는 어떠한 장벽 없이 독창적인 마음을 확장할 수 있다. 고요는 무엇이든 일어날 수 있는 신비로운 무대를 창조한다.

시행은 당신이 잠에서 깨어나 집으로 가는 길모퉁이를 돌 때 무의식적으로 나타날지도 모른다. 당신을 억압하던 희미한 기억에 물든 이미지 속에서 갑자기 명확해질지도 모른다. 당신의 생각이 어떻게 돌고, 뛰고, 춤추는지를 아는 대로, 생각은 당신의 신비한 무대 전체를 주름잡을 것이다.

만약 잡담과 분주한 활동으로 정적을 채우기 위해 애쓰지 않는다면, 내면의 고요에 주의를 기울이면서 불가사의한 것이나 거의 불가능한 것을 만들어 낼 것이다. 통찰력, 진실한 것에 대한 지식, 너무 많이 그리고 오랫동안 당신을 짓눌렀던 문제에 대한 해결책 같은 것을 말이다.

내면의 음성

시를 쓰는 동안 모든 것의 주의는 어떤 내면의 음성에 초점을 맞춘다.
리영 리

내면의 음성은 외부의 음성과는 다르다. 외부의 음성은 유전적인 코드, 타인의 음성과의 초기 접촉, 지성, 감성 그리고 지형에서 형성된다. 그것은 믿음과 경험으로 조절된다. 외부의 음성은 당신이 재능과 기술을 연마할수록 발달한다. 유아기의 옹알이에서 서서히 성인의 말로 발전한다.

이와 대조적으로 내면의 시적 목소리는 영원하고 절대적인 자격을 가지며, 그것의 원형은 지혜로운 여성이고 현자다. 오래된 영혼은 이미 완전한 세계 속에 있어서, 우리와 함께 있으면서 동시에 우리 안에 존재한다.

이러한 내면의 음성은 인류의 비밀, 우주, 그리고 세계로 통하는 당신만의 고유한 길에 접근해 올 것이다. 내면의 음성은 우리에게 신성한 존재와 함께 우리의 신성성을 인식하는 것이 가장 참된 치유라고 말할지도 모른다.

> 바람을 기억하라. 바람의 소리를 기억하라.
> 바람은 이 우주의 기원을 안다.
> 당신이 모든 사람이면 동시에
> 모든 사람이 당신임을 기억하라.
> 조이 하조

이 직관적인 지혜는 이미 당신 위에서, 그리고 당신 안에서 당신을 안내한다. 그것은 반드시 동사일 필요는 없다. 복부의 매듭처럼, 마음의 문을 두드리는 것처럼, 등뼈를 떠는 것처럼, 어딘가에 있는 신에게서 당신의 귀로 들리는 시행처럼 말을 건다. 내면의 음성은 당신과 소통하기 위한 창조적인 방법을 찾는다. 이것은 당신의 치유 경험에 결정적인 역할을 할 것이다.

마주침

산에서 내려온 것만으로도,
그녀는 전망을 가지네.
숲을 벗어난 것만으로도,
그녀는 미래를 가지네.
항구에 있는 것만으로도
그녀는 노래를 부르네.
허기지고, 더럽고, 지치고, 불편한
그녀의 발에 그녀는 말하네.
그녀는 경청하느라 편하게 누운
내 영혼을 발견하고
내 영혼을 채우네.
"이 썰물과 당신은 결코 같지 않을 것이다."
그녀가 미소 짓네.

바바라 겔러트

    내면의 음성은 당신의 발꿈치를 무겁게 하고, 이마에 주름이 진 채로 당신에게 말을 걸지도 모른다. 이것은 당신이 좋지 않은 상황에 들어가는 것을 막기 위한 지혜를 가리킨다. 그렇지 않을 경우, 내면의 음성은 어떤 새로운 것에 대해 개방적으로 기꺼이 '네'라고 말할 것이다.

    내면의 음성은 아주 간단하게 과학과 예술의 복잡함을 종합적으로 다룰 수 있고, 정시에 당신을 어딘가로 보내거나 기도를 하거나 그 답을 얻게 함으로써, 아주 오랫동안 알아차리지 못했던 아름다움을 당신에게 보여 줄 수도 있다.

이러한 단서들은 모두 내면의 음성을 통해 '언어'로 발화한다. 당신이 마음을 조용하게 가라앉히고 미지에 대한 믿음을 좀 더 키워 간다면, 당신은 내면의 소리를 들을 수 있을 것이다.

미지

나는 심연 속으로 나의 감각을 밀어 넣는
나의 존재의 어두운 시간을 사랑하네.
나는 낡은 편지에서처럼,
이미 헤치고 가서,
전설처럼 넓어지고 강해진
나의 개인적인 삶을 어둠의 시간 속에서 발전해 왔다네.
다음으로
나는 제2의 거대하고 무한한 삶을 위해
내 안에 공간이 존재한다는 것을 알았다네.

라이너 마리아 릴케

우리는 무엇을 하고 있으며 어디로 가고 있는지를 알고 싶어 한다. 우리는 충분히 직장 면접에 지원하고, 충분히 낯선 곳을 여행하고, 충분히 미지의 것이 최고의 전략이라는 것을 믿기 위한 시험을 거쳐 왔다.

그러나 우리의 가장 깊은 치유의 원천을 창조하고 기록할 때, 미지의 상태는 기꺼이 우리의 지식을 버리게 하는 자발성에 가장 잘 접근한다.

아주 오랜 시간 동안 해안의 전경을 망각하지 않고서는 새로운 땅을 발견하기 어렵다. 앙드레 지드

우리는 빈곤한 미지로 모험을 하지 않는다. 우리는 우리의 기본적인 원칙 그대로 미지로 들어갈 수 있다. 그리고 우리가 사랑하는 것의 본질을 경험하게 될 것이다. 그것은 누군가를 처음 만나는 것과 같다. 우리는 약간의 흥미를 느끼며 그곳으로 갈 필요가 있다. 우리는 정신적 차원에서 문제가 발생할 때 어떤 대답을 받아들여야 할지 알지 못한다. 흥미로운 질문은 바로 '우리가 무엇을 발견할 것인가?'이다.

이방인

당신은 내게 이방인이지만
나는 당신을 안다.
우리는 옛날에 함께 여행을 했었다.
둘이 노인이었는지
두 명의 젊은이였는지
나는 지금은 기억할 수 없다.

우리는 호수 깊이
여름 거북이를 운반했다.

눈 속에서 부러진 사과나무로
우리는 밤에 불을 피웠다.

내가 죽을 때

나는

당신과

내 개와

내 어린 시절의 장난감과 함께

묻히고 싶다.

로렌스 티나우어

로렌스는 그가 어떻게 이 "이방인"을 아는지 모르지만 그는 이방인을 안다. 어떤 문제는 기억의 신비로운 깊이, 어떤 것은 그의 상상이다. 이방인은 어린 시절부터 로렌스의 의식의 일부분이었고, 그가 성인이 될 때까지 계속 함께할 것이다. 이 시의 통절한 에너지는 지식이 아닌 믿음에서 온다. 독창성과 치유는 지식이나 모든 대답을 아는 존재가 아닌, 새로운 순간마다 열리는 것에 달려 있다.

믿음은 길을 보여 준다. 빈젠의 하이드가드

|연습|

고요, 미지, 내면의 음성에 대해 쓰기

> 당신의 영리함을 팔고 어리둥절함을 사라.
> 영리함은 단순한 의견이고, 어리둥절함은 직관이다.
>
> **루미**

- 고요하고 조용하게 시간을 보내자. 되도록 하루 종일 조용히 지내도록 노력해 보자. 고요에 귀 기울이기 위해 당신의 능력을 높일 수 있는 곳을 찾아보자. 혼자서든 집단이든 명상할 수 있는 장소, 숲 속으로 깊이 들어가거나 해변을 거닐거나, 사막으로 나가거나 높은 산으로 가보자. 이러한 장소에서 고요를 다르게 느끼는가? 편안하고 조용한 장소에서 저녁 늦게 산책을 해 보자. 고요의 경험을 쓰기 위해 서두르지 말자. 그것을 느껴 보자. 고요가 당신을 안내하도록 하자. 그때 당신에게 오는 것을 자유롭게 써 보자.

- 당신이 거의 알지 못하는 것들에 대해 써 보자. 심해로 뛰어들거나, 티베트 승려들의 다양한 음색의 염불, 별의 구성 또는 무엇이든지! 그런 미지의 것들을 알아내도록 상상해 보자. 완전히 새로운 경험처럼 다루어 보자. 당신은 무엇을 느끼는가? 당신에게 가장 신성하고 흥미 있는 미지의 것은 무엇인가? 그것을 써 보자.

- 바바라 겔러트의 시 「마주침」을 다시 읽어 보자. 미지와의 유사한 마주침을 상상해 보자. 당신은 어떤 선물을 받는가? 왜 당신은 결코 같지 않은가? 위의 자유로운 글을 모아 시를 써 보자.

당신의 시의 여신 뮤즈 : 시적 치료제의 창의력과 치유

바바라 겔러트와 로렌스 티나우어 모두 '뮤즈 같은 모습'에 대해 썼다. 그들의 시에서 뮤즈는 진실을 꿰뚫어 보기 위해 다른 창을 열어 놓지만, 둘의 시 모두에 치유와 창조적인 에너지가 흐른다. 바바라와 로렌스에게 배달된 '시적 주술'은 뮤즈에게 무엇이 필요한지 아는 듯이 그들과 잘 어울린다. 우리는 치유 과정에서 어떻게 뮤즈를 자각하고 환영할 것인가?

다음은 존 보우맨과 엘렌 그레이스 오브라이언이 각각 시상을 찾은 곳에 대한 시와 이야기다. 그들은 뮤즈는 평범한 것과 신성한 것 모두에서 발견할 수 있다고 말한다. 존은 내가 졸업한 심리학을 가르치는 존 F. 케네디대학교의 홍보실장이었다. 존은 존 F. 케네디대학교에서 일하기 전에 신문편집자로 삼십오 년 동안 일했다. 가족 소유의 신문이 큰 법인에 팔렸을 때, 변화가 일어났고 존의 직업은 새롭게 바뀌었다.

존은 새로운 상황에 적응하기 어려운 나머지 치료사를 찾았다. 그는 치료 과정에서 자신의 모든 정체성을 일에 걸었다는 것을 알았다. 그는 신문편집자였고 그것이 전부였다. 존은 치료를 통해, 그리고 아내와 친구들의 도움으로 그가 하는 일보다 그가 누구인지가 더 중요하다는 것을 알았다. 그는 자신에게 '내가 정말 하고 싶은 것이 무엇이지?'라고 물었다. 그 대답은 글을 쓰고 싶어 한다는 것이었다.

존은 고등학교와 대학교에서 시를 썼다. 창조적인 과정과 접촉하던 당시에 그는 몹시 활기찼다. 그러나 그의 부모와 친구가 이러한 흥미를 잃게 했고, 그가 성공적인 신문편집자가 됐을 때는 삶에 대한 책임감 때문에 시 쓰기를 포기했다. 이러한 경력의 변화 속에서 한 친구가 그에게 시 쓰기에 대한 잡지를 주었고, 마침내 창조적으로 글을 쓸 기회가 되돌아왔다.

존은 시 쓰기를 다시 시작한 경험에 대해 이렇게 말했다.

> 그래서 나는 썼다. 그리고 나는 그때 이후로 시를 써 왔다. 나는 처음으로 많은 해를 낭비했다고 생각했다. 그러나 내가 글을 시작했을 때, 나는 어떤 것도 잃지 않았다는 것을 깨달았다. 그것은 정말 달랐다. 나에게는 너무나 소중한 것이 돌아왔다.
>
> 내 직장 생활과 저널리즘 현상에서 내가 본 것에 관한 노여움에서 벗어나 몇 편의 시를 썼다. 그 시는 내가 열아홉 살 때는 쓸 수 없을 것 같았던 경험의 심층에서 발생했다. 나는 노여움의 시에서 멀어져, 지금은 나의 삶에서 새로운 영역을 발견하고 있다.
>
> 나는 시를 만드는 것이 정신적 경험이라고 생각하지 않았지만, 지금은 그렇다. 나는 감정적으로나 지적으로 내가 중심에 있고, 희미한 내면의 음성을 듣기 위해 고요해질 수 있는 장소로 간다. 시가 나오는 내면의 중심인 장소에서 이러한 단어들을 읽는 것은 나의 정신적 연결을 향상한다. 내가 시를 쓴 이후로 그것은 줄곧 똑같은 영향을 미치고 있다.

존은 나의 시치료 과정, 존. F. 케네디대학교에 있는 심층 언어 교정 과정에 등록해 처음 시상 연습을 하는 동안 그가 어렵게 얻은 자유를 표현한 흥미로운 시를 생각해 냈다.

마녀 의사

어느 날 아침 내 뒤에서 어떤 목소리가
말하기를, "당신은 성자입니다."

나는 고요한 척했고, 잠시 동안
다른 사람들과 달리 고상하고, 특별하고
'훨씬 더 낫다'라고 느꼈다.

나는 그것을 극복했다. 스물네 시간만큼의
인플루엔자와 같았다.
열병이 나았을 때,
나는 다시 나의 발 위에 있었다.

오늘, 나는 내 안의 치료사에 대한
질문을 받았다.
나는 안다. 나를 치유하는데
시간이 너무 오래 걸려서
다른 사람을 치유할
시간을 절대로 가지지 못할 것임을.

그것은 모두 무엇을 의미하는가?
어떻게 성자가
치료사와 연결할 수 있는가?

그들은 같은가? 그들은 하나인가?

나미비안 평야 위에 흰개미들은
울타리 기둥이나 나무를
7피트 높이의 톱밥 언덕으로 짓씹어 놓을 것이다.

나는 오늘 7피트 언덕처럼 느껴서
내가 어떻게 세상을 도울 수 있을지
궁금하다.
그래서 나는
여행자의 눈으로 나를 바라보고
먼지 속에서 콧노래를 부르며 치유됨을 느낀다.

존은 자기 수용이라는 보다 심화된 수준, 즉 그의 시상이 보통과 다른 것이 될 필요가 없다고 느낄 만큼 충분히 깊은 단계를 향해 나아가고 있었다. 사실상 그의 치유는 세상이 준 치료의 선물이다. 존재 안에서는 '보통과 다르지 않은 것' 자체가 기적을 나타낸다.

    시는 그것이 환기하는 깊은 경험에 거의 부수적으로 일어나는 것이다. 시 쓰기는 나를 신비에 연결했다. 시는 내가 흰개미 언덕이면서 언덕을 바라보는 사람이기도 하다는 것을 깨닫게 했다.
    나는 치유하는 사람이면서 동시에 치유받는 사람이다. 그 이미지는 정말로 함께 시를 잡아당기는 것처럼 보였다. 나는 그런 이상한 경험에 놀라서 매력을 느끼고 다시 기운을 얻은 여행자였다. 나는 이 시를 썼을 때 정말로 콧노래를 부르고 있었다.

언덕은 지구와 재, 그리고 내 삶의 모든 것과 연결된 것 같았다. 이것이 나의 시상이 되었고, 치유에 대한 나의 은유가 되었다.

엘렌은 그녀의 뮤즈가 나타나는 장소로 풍부한 어둠을 환영했으며, 의식을 통해 만나고 받아들이도록 요청한 창조적인 존재의 방문을 느낀다.

뮤즈

그녀가 나를 방문할 때
(그것은 자주 있는 일이 아니다.)
나는 내 부엌에서 나온 쌀로
작은 흰 사발에서 김이 모락모락 나는
간단한 식사를 만든다.
짙은 짠맛의 소스를
세심하게 뿌려서
그녀는 간을 맞춘다.
우리는 말하지 않고 귀를 기울인다.
(좀 더 조용한 사물에)
저녁 하늘을 가로질러
연결되고 낮게 타고 흐르는
유령 화물열차처럼
구름의 움직임처럼.

여기에 시의 여신 뮤즈와 인사하는 것에 대한 단서가 있다. 엘렌은 간결성과 경청에 대해 이렇게 말한다.

> 나는 부엌에서 일어날 방문을 위한 준비를 했다. 부엌은 일상의 이미지다. 나 자신은 단순한 존재다. 부엌은 나를 넘어서기 위해서 영양분을 만드는 장소다. 밥처럼 평범한 것은 나의 간단한 식사다. 그것은 맛을 내고 맛있다.
>
> 이 시에는 열망이 있다. "그녀가 나를 방문할 때"는 그녀의 방문에 대한 나의 그리움이다. 나는 그녀의 방문에서 구름에 귀 기울였을 때 느낀 조용함과 같이, 아주 깊은 무언가와 심연에 머물고 싶어 하는 나의 열망을 얼핏 본다.

연습
명상과 시 쓰기

- 덜 바쁜 하루를 선택하자. 당신이 걷고, 전화하고, 쇼핑하고, 아이들과 놀고, 먹을 때마다 그것을 의식적으로 천천히 해 보자. 무엇이든 당신만의 시간을 가져 보자. 각각의 활동이 특별한 고요를 어떻게 유지하는지 발견하고, 아무리 평범한 것일지라도 당신의 내면의 음성이 시에서 그 자체를 표현할 기회를 만들자.

- 당신의 주의를 끌거나 명상과 글쓰기 동아리를 형성하는 수련에 참가해보자.

- 루미, 에밀리 디킨슨, 월트 휘트먼, 리 포나, 또 하나의 데이비드 시편에 의한 신성한 시를 선택하고 그것을 기억하자. 그것을 매일 삶의 일부로 만들어 보자. 일주일 또는 한 달 동안 그 시를 지혜, 아름다움, 사랑, 환희의 경험에 대한 지침으로 활용해 보자.

- 당신이 쓴 시의 여신 뮤즈를 초대하기 위해 의식을 창조해 보자. 당신은 어떻게 신성한 장소를 준비할 것인가? 당신의 시의 여신 뮤즈가 도착할 때 무슨 일이 벌어질까?

출처

For information about poetry therapy and for making contact with others interested in the healing potentials of poetry and poem-making, contact:

THE NATIONAL ASSOCIATION FOR POETRY THERAPY
P.O. Box 551
Port Washington, NY 11050, (516) 944-9791
The National Association for Poetry Therapy offers membership services such as pub-regional seminars, national conferences, national educational listings and certification training in poetry therapy through approved mentor supervisors. NAPT provides networking support among therapists, social workers, psychiatrists, healers, caregivers, physicians, nurses, teachers, librarians, storytellers, poets and anyone interin the language arts for growth and healing.

The following centers offer workshop experience, educational programs and individualized training in poetry therapy:

THE CREATIVE RIGHTING CENTER
Sherry Reiter uses creative methods to conduct poetry therapy groups and train future poetry therapists. Poetry therapy training, one-on-one supervision, and an individual-ized training program are created in accordance with the guidelines of the National As for Poetry Therapy. Long-distance mentoring is possible by fax, cassette and phone. Contact: Sherry Reiter, CSW, RPT, RDT, 1904 East First Street, Brooklyn, NY 11223.

THE CENTER FOR POETRY THERAPY TRAINING
The Center for Poetry Therapy offers comprehensive educational programs designed for therapists, teachers, clergy, poets and writers, librarians, and all others who use lan-quage arts in the service of growth and healing. The Center provides weekly classes in the DC Program, co-directed by Kenneth Gorelick, M.D., RPT, and Ruth Monser, MSN, RPT, monthly classes in the Poetry Therapy Training Institute (Potomac Prodirected by PeggyOsna Heller, Ph.D., MSW, RPT and

distance learning op-portunities for national and international students in the Non-Residential Program, as well as workshops, and semi-annual intensive seminars. Center programs are consistent with the credential requirementsof the National Association for Poetry Therapy, For information contact Peggy Osna Heller, 7715 White Rim Terrace, Potomac, MD 20854, (301) 983-3392, or Ken Gorelick, (202) 232-4338.

PUDDING HOUSE WRITERS RESOURCE CENTER

Pudding House is directed by poet Jennifer Bosveld and offers a wide range of poetry writing and application workshops, seminars, and one-on-one opportunities for those working on poetry therapy credentials or personal growth. Programs frequently open to ail interested. Departments include: education, publications, and retreat. Poetry therapy peer groups are available. Extensive applied poetry library on site. Pudding House publishes *Pudding Magazine: The International Journal of Applied Poetry* and a variety of anthologies, chapbooks and educational materials. For information contact Jennifer Bosveld, 60 North Main Street, Johnstown, OH 43031, (614) 967-6060.

THE CENTER FOR JOURNAL THERAPY

The Center for Journal Therapy teaches individuals, groups and communities to heal body, psyche and soul through writing. Founded in 1985 by Kathleen Adams, author of *Journal to the Self* and *The Way of the Journal*. The center offers a variety of training and workshops, including instructor certification training. Contact: CJT, Dept JF2, P.O. Box 963, Arvada, CO 80001, (888) 421-2298.

For more opportunities to explore writing and learn from the work of other poets, con-tact:

THE NATIONAL WRITER'S VOICE PROJECT OF THE YMCA OF THE USA
National Office
5 West 63rd St.
New York, NY 10023
(212) 875-4261
National Writer's Voice offers programs through YMCAs in local communities. Their mission is to "give voice to people through a democratic vision of literary arts and hu-manities. Our diverse array of programs and services aims to narrow the distinction be-tween artist and audience, and between cultural institutions and

the community, making the arts more accessible and life-enriching to the widest possible audience."

ASSOCIATED WRITING PROCRAMS
Tallwood House
Mail Stop 1E3
George Mason University
Fairfax, VA 22030
(703) 993-4396

AWP is a service organization that publishes the *AWP Chronicle* with interviews, profiles and articles directed toward the writer, the teacher of writing, and students of writing. AWP services writing programs across the United States and Canada, in particular pro-viding job listings, a placement service and sponsoring an annual conference for those involved in the field of creative writing.

POETS & WRITERS
72 Spring St.
New York, NY 10012
(212) 226-3586
800-666-2268 (for California residents only)

California Office:
2140 Shattuck Ave., Suite 601
Berkeley, CA 94704
(510) 548-6618

Website: www.pw.org

Poets & Writers is a nonprofit literary organization that serves poets, fiction writers and performance writers through its various programs and publications, It publishes an ex-cellent magazine called Poets &, Writers. Poets & Writers can send information on how to publish, how to get copyrighted, find a literary agent and how to get money for writ-ers. *Poets & Writers* has a Website with a wealth of information that includes addresses from *The Directory of American Poets and Fiction Writers*. They also feature popular Speakeasy forums.

POETS HOUSE
72 Spring Street
New York, NY 10012
(212) 431-7920

Poets House is a comfortable, accessible *place for poetry*-a 30,000-volume poetry library and a meeting place that invites poets andthe public to step into the living tradition of poetry. Poets House resources and literary events document the wealth and diversity of modern poetry and stimulate dialog on issues of poetry and culture.

Poets House pub-lishes the annual *Directory of American Poetry Books*. The directory provides complete in-formation about all of the poetry published within the diverse American poetry community, and includes a short description of each book and ordering information, Poets House is building a national archive of American poetry which is open to the public. Poets House was founded in 1985 by Stanley Kunitz and Elizabeth Kray.

WRITER'S CONFERENCE & FESTIVALS
P.O. Box 102396
Denver, CO 80250
Contact Kelleen Zubick: (303) 759-0519
A clearinghouse for information about writers and where to find them, whereto im-prove and expand your writing skills, where to read what you write.

If you are interested in bringing poets and poetry to your local school or community, contact one of the organizations below for more information about possibilities.

TEACHERS AND WRITERS
5 Union Square West
New York, NY 10003
(212) 691-6590

CALIFORNIA POETS IN THE SCHOOLS
870 Market Street
San Francisco, CA 94102
(415)399-1565
California Poets in the Schools is a superb statewide organization of professional poets who teach in K-12 settings and also serve the, greater community. If you are a parent, teacher or administrator in California public schools, CPITS can bring poetry and poem-making to children in a dynamic and meaningful way.

추천도서 목록

Anthologies

Bernhardt, Mike, ed. *Voices of the Grieving Heart*. Cypress Point Press, 1994. This is a beau-tiful book, Write: Cypress Point Press, P.O. Box 56, Moraga, CA 94556.

Bly, Robert, James Hillman, and Michael Meade, eds. *The Rag and Bone Shop of the Heart*. NY: HarperCollins, 1993.

Bly Robert, ed. *The Soul Is Here for Its Own Joy: Sacred Poems from Many Cultures*. The Ecco Press, 1995.

Brown, Joe, ed. *A Promise to Remember: The Names Project Book of Letters*. Avon Books, 1992. Remembrances of love from the contributors to the AIDS Quilt.

Hirshfield, Jane, ed. *Women in Praise of the Sacred*. HarperPerennial, 1994.

Mitchell, Stephen. *The Enlightened Heart*. Harper and Row, 1989.

Moramarco, Fred, and Al Zolynas. *Men of Our Time: An Anthology of Male Poetry in Contem-potary America*. University of Georgia Press, 1992.

Moyers, Bill, ed. *The Language of Life, edited by James Haba*. Doubleday Books,1995.

Patterson, Lindsay, ed. *A Rock Against the Wind. African-American Poems of Love and Passion*. Perigee/Putnam, 1996.

Sewell, Marilyn, ed. *Cries of the Spirit and Claiming the Spirit Within*. Beacon Press, 1991, 1996.

Walker, Sue B., and Rosaly D. Roffman, *Life on the Line: Selections on Words and Healing*. Neg-ative Capability Press, 1992.

Poets

Berry, Wendell. *Collected Poems 1957-1982*. North Point Press, 1985.

Dickinson, Emily. *Complete Poems*. Little, Brown and Co., 1960.

Elytis, Odysseus, trans, Edmund Keeley and Phillip Sherard. *Selected Poems*. Penguin Books, 1981.

Fox, John. *When Jewels Sing*. Open Heart Publications, 1989. Write: P.O. Box 60189, Palo Alto, CA 94306.

Hirshfield, Jane. *The Lives of the Heart*. HarperCollins, 1997.

Hughes, Langston. *The Collected Poems of Langston Hughes*. Alfred A. Knopf, 1994.

Kenyon, Jane. *Constance, Poems by Jane Kenyon*. Graywolf Press, 1993.

Lloyd, Roseann. *War Baby Express*. Holy Cow! Press, 1996.

Lorde, Audre. *The Cancer Journals*. Spinsters/Aunt Lute, 1980.

O'Brian, Ellen Grace. *One Heart Opening*. CSE, 1996. Write: CSE, P.O. Box 112185, Campbell, CA 95128.

Oliver, Mary. *House of Light*. Beacon Press, 1990.

Piercy, Marge. *Circles on the Water*. Alfred Knopf, Inc., 1982.

Rilke, Rainer Maria, trans. Robert Bly. *Selected Poems of Rainer Maria Rike*. Harper & Row, 1981.

Rumi, Jelaluddin, trans. Coleman Barks and John Moynes. *Open Secret*. Threshold Books, 1984.

Whitman, Walt. *Leaves of Grass*. Modern Library.

Poetry Therapy

Hynes, Arleen McCarty, and Mary Hynes-Berry, *Biblio/Poetry Therapy: The Interactive Process*. North Star Press, 1986. A fine text for therapists and teachers.

Leedy, Jack, M.D. *Poetry as Healer: Mending the Troubled Mind*. Vanguard, 1985. A classic in the field of poetry therapy. Contact: Jack Leedy,1049 E. 26th St., Brooklyn, NY 11210.

Guides for Writing (Adult)

Albert, Susan Wittig. *Writing from Life*. Jeremy P. Tarcher, 1997. A woman's guide for writing the unspoken story ofher life.

Adams, Kathleen. *Journal to the Self*. Warner Books, 1990.

Adams, Kathleen. *The Way of the Journal*. Sidram Press, 1993.

Behn, Robin, and Chase Twitchell. *The Practice of Poetry*. HarperPerennial, 1992.

Bosveld, Jennifer. *Topics for Getting in Touch*. Pudding House Publications, 1994. Write: Pudding House, 60 N. Main Street, Johnstown, OH 43031.

Dion, Susan. *Write Now: Maintaining a Creative Spirit While Homebound and Ill*. Puffin Foun-dation 1993, This is a gem. To request this book, write: Susan Dion, 432 Ives Av-enue Carneys Point, NJ 08069. Send only a 6 x 9 self-addressed envelope with $1.24 postage.

Goldberg, Bonni. *Room to Write*. Jeremy P. Tarcher, Inc., 1996. Superb ideas and guid-ance.

Lloyd, Roseann, and Richard Solly. *Journey Notes: Writing for Recovery and Spiritual Growth*. Harper/Hazelden, 1989.

Malone, Eileen. *The Complete Guide to Writers Groups, Conferences and Workshops*. John Wiley & Sons, 1996. An excellent comprehensive guide to help you findthe writing con-nection that is right for you.

Rico, Gabriele Luser. *Pain and Possibility: Writing Your Way Through Personal Crisis*. Jeremy P. Tarcher, Inc., 1991.

Rico, Gabriele Luser. *Writing the Natural Way*. Jeremy P. Tarcher, Inc., 1983.

Smith, Michael C., and Suzanne Greenberg. *Everyday Creative Writing: Panning for Gold in the Kitchen Sink*. NTC Publishing Group, Lincolnwood, IL, 1996.

Stafford, William. *Writing the Australian Crawl: Views on the Writer's Vocation*. MI: University of Michigan, 1978.

Strand, Clark. *Seeds from a Birch Tree*. Hyperion, 1997. If you are drawn to write haiku, this lovely book will help you.

Ueland, Brenda. *If You Want to Write*. The Schubert Club, 1983,

Wooldridge, Susan G, *Poemcrazy*. Random House, 1995.

Guides for Writing (Children)

Heard, Georgia. *For the Good of the Earth and Sun*. Heinemann, 1989,

Krogness, Mary Mercer. *Just Teach Me, Mrs. K.: Talking, Reading and Writing with Resistant Adolescent Learners*. Heinemann, 1995.

Lewis, Richard. *When Thought Is Young*. New Rivers, 1992.

McKim, Elizabeth, and Judith W. Steinbergh. *Beyond Words, Writing Poems with Children*. MA: Wampeter Press, 1983.

Spirituality, Writing, Healing and Living

Aurobindo, Sri. *The Future of Poetry*. Sri Aurobindo Ashram, 1953.

Bachelard, Gaston. *The Poetics of Space*. Beacon Press, 1969.

Hirshfield, Jane. *Nine Gates: Entering the Mind of Poetry*. HarperCollins, 1997.

Hesse, Hermann. *My Belief*. Farrar, Straus and Giroux, 1974,

Holzer, Burghild Nina. *A Walk Between Heaven and Earth: A Personal Journal on Writing and the Creative Process*. Bell Tower, 1994.

Khan, Hazrat Inayat. *The Music of Life*. Omega Press, 1983.

Remen, Rachel Naomi, M.D. *Kitchen Table Wisdom*, Riverhead, 1996.

Remen, Rachel Naomi, M.D. *Community and Communion: The Voice of Community*. ISHI, 1992. Available from ISHI, P.O. Box 316, Salinas, CA 94924. An excellent com-mentary on poems from Commonweal cancer support center.

Richards, M. C. *Centering*. Wesleyan University Press, 1962.

서지

Anthologies

Anderson, Maggie, Raymond Craig, and Alex Gildzen, eds. *A Gathering of Poets*. OH: Kent State University Press, 1992.

Bass, Ellen, and Florence Howe, eds. *No More Masksi An Anthology of Poems by Women*. NY: Doubleday, 1973.

Dunning, Stephen, Edward Luedars, and Hugh Smith, comp. *Reflections on a Gift of Watermelon Pickle... and other Modem Verse*. NY: Scholastic Book. Services, 1966.

Howard, Richard. *Preferences*. NY: Viking Press, 1974.

Longo, Perie, Don Campbell, Karin Faulkner and Toni Wynn, eds. *Waiting to Move the Mountain*. CA: California Poets in the Schools, 1994. Also see other anthologies from the poets in the schools program.

Martz, Sandra, ed. *When I Am an Old Woman I Shall Wear Purple*. CA: Papier Mache Press, 1987.

Williams, Oscar, ed. *A Pocket Book of Modem Verse*. NY: Washington Square Press, 1965.

Creativity, Poetics and the Writing Process

Cameron, Julia. *The Artist's Way: A Spiritual Path to Higher Creativity*. CA: Jeremy P. Tarcher, Inc., 1992.

Fadiman, James. *Unlimit Your Life*. CA: Celestial Arts, 1989.

May, Rollo. *The Courage to Create*. NY: Bantam, 1980.

Mayes, Frances. *The Discovery of Poetry*. NY: Harcourt Brace Jovanovich, 1987.

Rilke, Rainer Maria, trans. Stephen Mitchell. *Letters to a Young Poet*. NY: Random House, 1984.

Snyder, Gary. "The Real Work of Gary Snyder." *New Age Journal*, Vol. 5., No. 12 (June 1980), pp. 26-30.

Healing

Claremont de Castillejo, Irene. *Knowing Woman: A Feminine Psychology*. NY: Harper Colophon, 1974.

DeMaria, Michael B. "Poetry and the Abused Child: The Forest and the Tinted Plexiglas." *Journal of Poetry Therapy*, Vol. 5, No. 12 (1992).

Heller, Peggy Osna, "The Three Pillars of Poetry Therapy." *The Arts in Psychotherapy*, Vol. 11, pp. 341-344 (1987).

Lerner, Arthur. *Poetry and the Therapeutic Experience*. MO: MMB Music, 1994.

McNiff, Shaun. "The Shaman Within." *The Arts in Psychotherapy*, Vol. 15, pp. 285-291 (1988).

Morrison, Morris R. 'The Use of Poetry in the Treatment of Emotional Dysfunction."*The Arts in Psychotherapy*. Vol. 5, pp. 93-98 (1978).

Reed, M. Ann. "The Bardic Mystery and the Dew Drop in the Rose: The Poet inthe Therapeutic Process." *The Journal of Poetry Therapy*, Vol, 6, No. 1 (1992).

Sullivan, Lawrence E., ed. *The Parabola Book of Healing*. NY: Continuum, 1994.

Poetry

Berry, Wendell. *Collected Poems* 1957-1982. CA: North Point Press, 1985.

Blake, William. *The Poetry and Prose of William Blake*. NY: Doubleday, 1970.

Bly, Robert, translator and adapter. *The Kabir Book*. MA: Beacon Press, 1977.

Cummings, E. E. 73 *Poems*. NY: Liveright, 1963.

Cummings, E. E. *A Selection of Poems*. NY: Harcourt Liveright, 1926.

Cummings, E. E. *Complete Poems* 1904-1962. NY: Liveright, 1991.

Eliot, T. S. *Four Quartets*. NY: Harcourt Brace Jovanovich, 1943.

Elytis, Odysseus, trans. Edmund Keeley and George Savidis. *Axion Esti*. PA: University of Pittsburgh Press, 1974.

Elytis, Odysseus, trans. Olga Broumas. *The Little Mariner*. WA: Copper Canyon,

1988.

Fox, John. *My Hand Touches the Sea*. CA: Open Heart Publications, 1984.

Ginsberg, Allen. *Howl and Other Poems*. CA: City Lights Books, 1993.

Hirshfield, Jane. *Of Gravity & Angels*. CT: Wesleyan University Press, 1988.

Keats, John, *The Selected Poetry and Letters of John Keats*. NY: New American Library, 1966.

Kerouac, Jack. *The Scripture of the Golden Eternity*, NY: Corinth, 1970.

Lawrence, D. H. *Selected Poems*. NY Viking Press, 1959.

Levertov, Denise. *Poems* 1960-1967. NY: New Directions, 1983.

Lloyd, Roseann. *Tap Dancing for Big Mom*. MN: New Rivers Press, 1985.

Lorca, Federico García, and Juan Ramon Jimenez, trans. Robert Bly. *Selected Poems*. MA: Beacon Press, 1973.

Neruda, Pablo, trans, Stephen Tapscott. 100 *Love Sonnets. TX: University of Texas*, 1959.

Neruda, Pablo. *A New Decade: Poems* 1958-1967. NY: Grove Press, 1969.

Oliver, Mary. *Dream Work*. MA: Atlantic Monthly Press, 1986.

Rilke, Rainer Maria, trans. Gary Miranda. *Duino Elegies*. OR: Breitenbush Books, 1981.

Rilke, Rainer Maria, trans. Robert Bly. *Selected Poems of Rainer Maria Rilke*. NY: Harper & Row, 1981.

Rumi, Jelaluddin, trans. Camille and Kabir Helminski. *Daylight: A Daybook of Spiritual Guidance*. VT: Threshold Books, 1994.

Rumi, Jelaluddin, trans. Coleman Barks and John Moynes. *The Longing*. VT: Threshold Books, 1988.

Rumi, Jelaluddin, trans, John Moyne and Coleman Barks. *Unseen Rain*. VT: Threshold Books, 1986.

Rumi, Jelaluddin, trans. Kabir Helminski. *Love Is a Stranger*. VT: Threshold Books, 1993.

Rumi, Jelaluddin, trans. Coleman Barks and John Moynes. *We Art Three*. VT: Threshold Books, 1987.

Snyder, Gary. *Turtle Island*. NY: New Directions, 1974.

TallMountain, Mary. *Light on the Tent Wall*. CA:University of California, Los Angeles, 1990.

TallMountain, Mary. *Listen to the Night: Poems for the Animal Spirits of Mother Earth*. Freedom Voices Publications, 1995. Available from: TallMountain Circle, P.O. Box 423115, San Francisco, CA 94142.

Thomas, Dylan. *Collected Poems of Dylan Thomas* 1934-1952. NY: New Directions,

1957.

Whitman, Walt. *Complete Poetry and Prose of Walt Whitman*. NY: Pellegrini and Cudahy, 1948.

Williams, William Carlos. *Selected Poems*. NY: New Directions, 1968.

Yeats, William Butler. *The Collected Poems*. NY: Macmillan, 1974.

Spirituality and Ecology

Berry, Thomas. *The Dream of the Earth*. CA: Sierra Club Books, 1988.

Ferrucci, Piero. *Inevitable Grace*. CA: Jeremy P. Tarcher, Inc., 1990.

Levine, Stephen. *A Gradual Awakening*. NY: Anchor, 1979.

Roszak, Theodore, Mary E. Comes, and Allen D. Kanner, editors. *Ecopsychology: Restor-ing the Earth, Healing the Mind*. Sierra Club Books, 1995.

Swimme, Brian. *The Universe Is a Green Dragon*. NM: Bear and Company, 1984.

Tagore, Rabindranath. *Towards Universal Man: A Poet's School*. NY: Asia Publishing House, 1961.

Yogananda, Paramhansa. *Autobiography of a Yogi*. CA: Self Realization, 1974.

참고문헌

The author has made every effort to trace the ownership of all copyrighted materials in this volume, and believes that all necessary permissions have been secured. If any errors or omissions have inadvertentlybeen made, proper corrections will gladly be made in future editions.

Thanks are due to the following authors, publishers, publications and agents for permission to use the material included:

The Sleepless Outs by Lawrence Tirnauer. Printed by permission of Lawrence Tirnauer.

1장

Excerpt from letter by Glo Lamson. Printed by permission of Glo Lamson.

"*At the Un-National Monument Along the Canadian Border*," from stories That COULD BE TRUE by William Stafford (Harper & Row, 1977). Copyright © 1977 William Stafford. Reprinted by permission of the Estate of William Stafford.

"*My Familiar*" from listen to the night: poems for animal spirits of mother earth (Freedom Voices Publications, 1995). Copyright © 1990 by Mary TallMountain, ©1996 by Mary TallMountain Estate. Reprinted by permission of the Mary TallMountain Estate.

"*My heart of silk*" reprinted from lorca and jimenez: selected poems, chosen and translated by Robert Bly (Beacon Press, 1973). Copyright © 1973 by Robert Bly. Reprinted with his permission.

Excerpt from "*I ask for human language*" by Georgia Robertson. Printed by permission of the author.

Excerpt from "*I Think Continually of Those Who Were Truly Great*" from selected poems by Stephen Spender (Random House, 1964). Copyright © 1934 and renewed 1964 by Stephen Spender, Reprinted by permission of Random House, Inc.

Excerpt from "*Throw Yourself Like a Seed*" from Roots and Wings by Miguel de Unamuno, translated by Robert Bly, edited by Hardie St. Martin(Harper & Row, 1976). © 1976 by Robert Bly. Reprinted by permission of Robert Bly.

Excerpt from "*Mourning*" from selected poems of rainer maria rilke, A translation from the German and Commentary, Edited and Translated by Robert Bly. (Harper & Row, 1981). Copyright © by Robert Bly. Reprinted by permission of HarperCollins Publishers, Inc.

"*I Miss You*" by Noel Beitler. Printed by permission of the author.

"*Pain*" by Cathy Willkie. Printed by permission of the author.

"*These Days*" by Charles Olson from collected poetry of charles olson, edited by George Butterick(University of California Press, 1987), Copyright © The Estate of Charles Olson. Reprinted by permission of University of CaliforniaPress and the Estate of Charles Olson.

"*Title Poem*" from Selested Poems of Rainer maria RiLKE. Copyright © 1981 by Robert Bly. Reprinted by permission of HarperCollins Publishers, Inc.

"*Even to This*" by John Fox from My Hand touches the sea (Open Heart Publications [P.O. Box 60189, Palo Alto, CA 94306], 1983). Copyright © 1983 by John Fox. Reprinted by permission of the author.

Excerpt from "*22*" from Selested Poems Of Rainer Maria Rilke. Copyright © 1981 by Robert Bly, Reprinted by permission of HarperCollinsPublishers, Inc.

Excerpt from "*The Circus Animals' Desertion*" from The collected poems of W. B. yeats: A new Edition, edited by Richard J. Finneran. Copyright © 1940 by Georgie Yeats, renewed 1968 by Bertha Georgie Yeats, Michael Butler Yeats and Anne Yeats. Printed with permission of Simon & Schuster.

"*Why is a scar on a man a mark oj distinction...*" by Joe Milosch. Printed by permission of the author.

"*To Know the Dark*" from openings by Wendell Berry (Harcourt Brace, 1980). Copyright © 1968 and renewed 1996 by Wendell Berry. Reprinted by permission of Harcourt, Brace & Company.

2장

"*The Waking*" from the Collected Poems of Theodore Roethke by Theodore Roethke (Doubleday, 1975). Copyright © 1953 by Theodore Roethke. Used by permission of Doubleday, a division of BantamDoubleday Dell Publishing Croup, Inc.

Excerpt from "*A Ritual to Read to Each Other*" from Stories That Could Be True. Copyright © 1977 William Stafford. Reprinted by permission of the Estate of William Stafford.

"*I have lived on the lip...*" by Jelaluddin Rumi. From Unseen Rain, translated by John Moyne and Coleman Barks (Threshold Books, 1986).

"*I am running into a new year*" from Good Woman : Poems and a Memoir 1969-1980, by Lucille Clifton. Copyright © 1997 by Lucille Clifton. (Boa Editions, 1989). Reprinted with permission of Boa Editions, Ltd.

"*Dustbowl*" from Collected Poems by Langston Hughes (Alfred A. Knopf, 1994). Copyright © 1994 by the Estate of Langston Hughes. Reprinted by permission of Alfred A. Knopf,Inc.

"*Listen*" by Noel Beitler. Printed by permission of the author.

"*Do Not Wipe Your Tears Away*" by Jodie Senkyrick. © Jodie Senkyrick. Printed by permission of the author.

Excerpt from "*Sunflower*" by Rolf Jacobsen, translated by Robert Bly from twenty poems of Rolf jacobsen. © 1976 by Robert Bly. (The Seventies Press, 1976).

Excerpt from "*Prayer*" by Susanne Petermann. © Susanne Petermann. Printed by permission of the author.

"*Radiology Report*" by Susanne Petermann. © Susanne Petermann. Printed by permission of the author.

Excerpt from "*Advice*" by Ruth Stone from Topography and Other Poems by Ruth Stone (Harcourt Brace Jovanovich, 1971). © 1971 Harcourt Brace Jovanovich, Inc. Reprinted by permission of the author.

Excerpt from "*Unlearning to Not Speak*" from circles on the water by Marge Piercy (Random House, 1982). Copyright © 1982 by Marge Piercy. Reprinted by permission of Alfred A. Knopf, Inc.

"*Fear snatched my voice away*" by Onie Kriegler. © Onie Kriegler. Printed by permission of the author.

Excerpt from a letter by Sue Caves to Michael Caves, from *A Promise to Remember : The Names Project Book of Letters: Remembrances of Love From the Contributors to the Quilt*, edited by Joe Brown (Avon Books, 1992). Copyright © 1992 by the Names Project. Reprinted by permission of the Names Project.

"I*mages of Myself 3*" by Ira B. Jones. Originally published in I Hear a. symphony: African-Americans Celebrate Love edited by Paula L. Woods and Felix H. Liddell (Anchor Books, 1995). Copyright © 1993 by Ira B. Jones. Reprinted by permission of the author.

3장

"*The Remedies*" by Joseph Bruchac © Joseph Bruchac 1993, Reprinted by permission of the author.

"*Friendship*" by Carolyn Keane. © Carolyn Keane. Printed by permission of Barry Keaneand the author.

"*The bar of soap*" by Elizabeth Bolton. © Elizabeth Bolton. Printed by permission of Ingre M.Bolton and the author.

"*Music*" reprinted from Lorca and Jimenez: selected poems. Copyright © 1973 by Robert Bly. Reprinted with his permission.

Excerpt from "*Briefly It Enters, and Briefly Speaks*" from The Boat of Quiet hours by Jane Kenyon (Graywolf Press, 1986). Copyright © 1986 by Jane Kenyon. Reprinted with the permission of Craywolf Press, Saint Paul, Minnesota.

Excerpt from "*A Just Anger*" from circles on the water. Copyright © 1982 by Marge Piercy. Reprinted by permission of Alfred A. Knopf, Inc.

"*Heart of Water*" by Orion Misciagna. © Orion Misciagna. Reprinted by permission of ThomasJ. Misciagna and the author.

"*The Well*" by Mary Kay Turner. © Mary Kay Turner. Reprinted by permission of the author.

"*Hymn*" from scattered poems by Jack Kerouac (City Lights Books, 1971). © 1970, 1971 by the Estate of Jack Kerouac. Reprinted by permission of City Lights Books.

Excerpt from "*The Gift*" from rose by Li-Young Lee (Boa Editions, 1993). Copyright © 1986 by Li-Young Lee. Reprinted with the permission of Boa Editions, Ltd.

Excerpt from "*Now That I Am Forever With Child*" from chosen poems, old and new by Audre Lorde (W. W. Norton, 1982). Reprinted by permission of W. W. Norton & Company, Inc. Copyright © 1982.

"*Jammed / Crammed / Damned*" by Anne Harrington. © Anne Harrington. Printed by permission of the author.

"*Mother and Child*" from the loneliness factor by Carole Oles (Texas Tech University Press, 1979). © 1979 Texas Tech University Press in cooperation with Associated Writing Programs, George Mason University, Fairfax, VA.

Excerpt from "*Howl*" from COLLECTED POEMS 1947-1980 by ALLEN GINSBERC (Harper Collins, 1988). © 1955 by Allen Ginsberg. Reprinted by permission of HarperCollins Publishers.

Excerpt from "*Wales Visitation*" from planet news, 1961-1967 by Allen Ginsberg (Subterranean Co., 1971). Copyright © 1967 by Allen Ginsberg. Reprinted by permission of HarperCollins Publishers.

Excerpt from "*Earthward*" from the poetry of robert frost, edited by Edward Connery Lathem (Holt, Rinehart & Winston, 1969). Copyright © 1951 by Robert Frost. Copyright ©1923, 1969 by Henry Holt & Co., Inc. Reprinted by permission of Henry Holt & Co., Inc.

Excerpt from "*Chopping and Growing*" by Elsa Ruth Weiner. © Elsa Ruth Weiner. Printed by permission of the author.

Excerpt from "*New Bluis from a Brown Baby*" from In the Mldst of Change by Saundra Sharp (Togetherness Productions, 1972). Copyright © 1972 by Saundra Sharp. Reprinted by permission of the author.

Excerpt from "*I went to walk upon*" by John Dooley from SIMPLE GIFTS, compiled by Elaine Brooks. © John Dooley. Reprinted by permission of the author.

Excerpt from "*The Gift*" from THE LIVES OF THE HEART by Jane Hirshfield (HarperCollins, 1997). Copyright © 1997 Jane Hirshfield. Reprinted by permission of the author.

4장

Excerpt from "*A Home in tbe Dark Grass*" from SELECTED POEMS by Robert Bly. Copyright © 1964 by Robert Bly. Reprinted by permission ofHarperCollins Publishers, Inc.

"*Inside a soap bubble*" by Creta Weiss. © Greta Weiss. Reprinted from SNOW We mlcht See in the Desert, © 1992 California Poets in the Schools. Reprinted by permission of Jean D'Eliso and the author.

"*Waiting In Line*" by Nick Penna. © Nick Penna. Printed by permission of Donna Penna and theauthor.

"*The Lover*" by Veronica Paz Olalla. © Veronica Paz Olalla. Printed by permission ofthe author.

"*Who Are You Little I,*" from complete poems: 1904-1962 by E. E. Cummings, edited by George J. Firmage (Liveright, 1991). Copyright © 1963, 1991 by Trustees for the E. E. Cummings Trust, Reprinted by permission of Liveright Publishing Corporation.

"*Bits of masking tape stick to the rug*" by Lisa Friedlander. © Lisa Friedlander. Printed by perof theauthor.

"*What I Heard in a Discount Department Store*" by David Budbill from judevine: the comPoems, 1970-1990 (Chelsea Green Publishing Co., 1991). Copyright © 1991 by David Budbill. With permission from Chelsea Green Publishing Co., White RiverJunction, Vermont.

Excerpt from "*Yom Kippur*" by Chana Bloch from THE SECRETS OF THE TRIBE (Sheep Meadow Press, 1981). Copyright © by Chana Bloch. Reprinted by permission of Sheep Meadow Pressand the author.

"*Mother-Eyes Cast Down*" by Elsa Ruth Weiner from SIMPLE GIFTS, compiled by Elaine Brooks. © Elsa Ruth Weiner. Reprinted by permission of the author.

"*Ritual*" by Donna Kennedy. © Donna Kennedy. Printed by permission of the author.

"*Second Anniversary*" by Mark Henry. © Mark Henry. Printed by permission of the author.

Excerpt from "*The Last Class*," from The lotus flowers by Ellen Bryant Voight. Copyright © 1987 by Ellen Bryant Voight. Reprintedby permission of W. W. Norton & Company, Inc.

"*Every day is a good day*" by Vesela Simic. © Vesela Simic. Printed by permission of the author.

"Unbroken Promise" by Adriana Paredes. © Adriana Paredes, Printed by permission of the author.

"*On Runners*" by Robert Evans first appeared in voices international. © 1990 by

Robert Evans. Reprinted by permission of the author.

"*Terribly Loud Screaming Kept the House Awake*" by Lisa Richardson. © Lisa Richardson. Printed by permission of the author.

"*Burying the Gold/A Gift for My Husband*" by Ellen Grace o'Brian from one heart opening: Poems for the Journey Of Awakeninc by Ellen Grace o'Brian (audio tape; CSE [P.o. Box 112185, Campbell, CA 95128], 1996). © 1996 by Ellen Grace o'Brian. Reprinted by permission of the author.

5장

Excerpt from "*To have without holding*" from The moon is always female by Marge Piercy (Random House, 1980). Copyright © 1980 by Marge Piercy. Reprinted by permission of Alfred A. Knopf, Inc.

"*Tell me a tale, I tell you a tale*" by Jack Winkle. © Jack Winkle. Printed by permission of the author.

"*All Marriages Are Mixed*" by Susan Dion. Previously published in skywriters #6 (Au 1996), Concord, NH expressions 1, number 2.

"*Paris and Helen*" from The queen of WaNDS by Judy Grahn (The Crossing Press, 1982). Copyright © by Judy Grahn. Reprinted by permission of the author.

"*When You Sing, Deep Rivers Bend*" from WHEN JEWELS SING by John Fox (Open Heart Publications, 1989). © 1989 by John Fox. Reprintedby permission of the author.

"*Reaching Towards Beauty*" by Hyacinthe Hill from when I Am an Old Woman I Shall Wear Purple, edited by Sandra Martz, © 1987 Papier Mache Press, Watsonville, CA.

"*Crazy Jane Talks with the Bishop*" from the collected works of w. B. yeats, Volume 1: The poems, revised and edited by Richard J. Finneran. Copyright ©1933 Macmillan Publishing Company; copyright renewed © 1961 by Bertha GeorgieYeats. Reprinted by permission of Simon & Schuster.

"*Moonbeams*" by Elizabeth I. Roberts from A rock acainst the wlnd: African-American Poems and Letters of Love andPassion, edited by Lindsay Patterson (Perigee, 1996). Copyright © 1989 by BernardV. Finney, Jr., and Elizabeth I. Roberts; reprinted by permission of Bernard V. Finney, Jr., and Elizabeth I. Roberts.

"*June Heat*" by Susan Dion. Previously published in potpourri, vol. 16, number 4, April 1994. Reprinted by permission of the author.

Excerpt from "*Song of the Old Order*" by Robert Duncan from THE OPENING of THE

FIELD (New Directions, 1973). Copyright © 1960 by Robert Duncan. Reprinted by permission of the New Directions Publishing Corporation.

"*Marriage*" by Laurel Lagoni. © Laurel Lagoni. Printed by permission of the author.

"*Waterfall*" by Laurel Lagoni. © Laurel Lagoni. Printed by permission of the author.

"*Barely Breathing*" by Onie Kriegler. © Onie Kriegler. Printed by permission of the author.

"*Bird Song*" by "*Marie*" © M. Printed by permission of the author.

"*Listen to the deep cello*" by John Fox. © John Fox. Printed by permission of the author.

6장

"*The Mask*" by Dedee Rigg. © Dedee Rigg. Printed by permission of the author.

"*For Isaac*" by Dedee Rigg. © Dedee Rigg. Printed by permission of the author.

"*The Winter Garden*" by Dedee Rigg. © Dedee Rigg. Printed by permission of the author. "*Autumn*" from SELECTED POEMS OF RAINER MARIA RILKE. Copyright © 1981 by Robert Bly. Reprinted by permission of HarperCollins Publishers, Inc.

"*Square Black Box*" by William Stephenson, from simple gifts, compiled by Elaine Brooks, 1996. © William Stephenson, Reprinted by permissionof the author.

"*List*" by Dorian Brooks Kottler from A PAUSE IN THE LIGHT (Holy Cowl Press, 1980). Copyright © Holy Cow Press 1980. Reprinted by permission of Holy Cowl Press, P.O. Box 3170, Mount Royal Station, Duluth, MN 55803.

"*Andalucian Wood*" by Catherine Firpo from VOICES OF THE GRIEVING HEART, edited by Michael Bernhardt (Cypress Point Press [P.O. Box 56, Moraga, CA 94556], 1994). © Catherine Firpo. Reprinted by permissionof the author.

"*The Spirit of the Black Dog*" by Megan Schulz. © Megan Schulz. Printed by permission of Lisa Friedlanderand Megan Schulz.

"*Cancer Ward-1990*" from STAR EATING wolves by Roberta de Kay (Acorn Press [P.O. Box 5062, San Jose, CA 95150], 1995). © 1995 by Roberta de Kay. Reprinted by permission of the author.

"*Psalm 13*" by Roberta de Kay from star eating wolves © 1995 by Roberta de Kay. Reprinted by permission of the author.

"*Allamakee Morning*" by Roberta de Kay, previously published in BRAINCHILD #3, Spring field, IL, Spring 1976, and in STAR Eating Wolves by Roberta de Kay. Reprinted by permission of the author.

"*The Flower's Tongue*" from STAR EATINC Wolves by Roberta de Kay Acorn Press,

P.O. Box 5062, San Jose, CA 95150. Reprinted by permission of the author.

"*Maybe*" from Star EaTINC Wolves by Roberta de Kay. Reprinted by permission of the author.

"*Onions*" by Sonia Usatch. © Sonia Usatch. Printed by permission of the author.

"*Yellow Yarn*" by Sonia Usatch. © Sonia Usatch. Printed by permission of the author.

"*To Sleep With*" by Zawdie Ekundayo. © Zawdie Ekundayo. Printed by permission of the author.

Excerpt from "*Seen Through a Camera Lens in a Dusty Valley Town*" by Pam Tolbert. © Pam Tolbert. Printed by permission of the author.

"*Once a Performer*" by William Stephenson, from SIMPLE GIFTS, compiled by Elaine Brooks 1996. © William Stephenson. Printed by permission of the author.

7장

"*Lost*" by David Wagoner from Riverbed (Bloomington : Indiana University Press, 1972). © 1972 by Indiana UniversityPress. Reprinted by permission of David Wagoner.

Excerpt from "*ego tripping (there may be a reason why)*" from The women and the Men by Nikki Giovanni (William Morrow & Co, 1979). Copyright © 1970. Reprinted by permission of William Morrow &Co.

"*Mentioning the Weather*" by John Fox. © 1993 John Fox. Printed by permission of the author.

Excerpt from "*To a Stone*" by Diane Richard-Allerdyce from SIMPLE GIFTS, compiled by Elaine Brooks 1996. © Diane'Richard-Allerdyce. Reprinted bypermission of the author.

"*I drank a fertile alphabet*" by Cori Olinghouse from A column of AIR by Cori Olinghouse, © 1996. Reprinted by permission of the author.

"*Lying in a Hammock at William Duffy's Farm at Pine Island, Minnesota*" from The branch will Not Break by James Wright (Wesleyan University Press, 1963). © 1963 by Wesleyan University Press of New England, Reprinted by permission of UniversityPress of New England.

"*Midnight at Laventille*" by Donna Kennedy, © Donna Kennedy. Printed by permission of the author.

"*Peonies at Dusk*" from Constance by Jane Kenyon (Graywolf Press, 1993). Copyright © 1993 by Jane Kenyon.Reprinted with permission from Craywolf Press. Saint Paul, Minnesota.

"*Alluvial Changes*" by Trina Baker. © Trina Baker. Printed by permission of the author.

"*Lioness*" by Diane Richard-Allerdyce, from SIMPLE CIFTS, compiled by Elaine Brooks 1996. © Diane Richard-Allerdyce. Reprinted by permission of the author.

"*The Peace oj Wild Things*" by Wendell Berry from OPENINGS, copyright 1968 and renewed 1996 by Wendell Berry, reprinted by permissionof Harcourt, Brace & Company.

"*As I look the clouds*" by Lisa Friedlander. © Lisa Friedlander. Printed by permission of the author.

Excerpt from "*Where There Once Was What Is Not Easily Remembered*" Anita Marlene Brajdic. © Anita Marlene Brajdic. Printed by permission ofthe author.

"*The Black Walnut Tree*" by Lisa McMonagle from SIMPLE GIFTS, compiled by Elaine Brooks 1996. © Lisa McMonagle. Reprinted by permissionof the author.

"*Ancient souls collide*" and "*Sun and moon*" by Barbara Reese. ©Barbara Reese. Printed by permission of the author.

"*Continental Drift*" by Lisa McMonagle from SIMPLE GIFTS, compiled by Elaine Brooks 1996. © Lisa McMonagle. Reprinted by permissionof the author.

8장

"*The Deepest Sensuality*" from THE COMPLETE POEMS OF D. H. LAWRENCE, edited by V. de Sola Pinto and F. W. Roberts. Copyrigh © 1964, 1971 by Angelo Ravagli andC. M. Weekley, Executors of the Estateof Frieda Lawrence Ravagli. Used by permission of Viking Penguin, a division of Penguin Books USA Inc.

"*Human Interlude*" from ENDLESS THRESHOLD by Jack Hirshman (Curbstone Press, 1992), Copyright © by Jack Hirshman. Reprinted by permission of the author.

"*Allison*" by Alex Gildzen from A gathering of poets, edited by Maggie Anderson and Alex Gildzen, associate editor. Raymond A. Craig(Kent State University Press, 1992),originally published as a broadside by Costmary Press, Kent, OH, 1970, and collectedin The avalanche of time (North Atlantic Books, 1985). © 1970, 1985, 1992 by Alex Gildzen. Reprintedby permission of the author.

"*The Marrow of Who I Am*" from when jewels slnc by John Fox (audio tape: © 1989 by John Fox. Open Heart Publications [P.O.Box 60189, Palo Alto, CA 94306], 1989). Reprinted by permission of the author.

"*Comes the Dawn*" by Linda Wray. © Linda Wray. Printed by permission of the author.

"*High Sierras at Mammoth Lake*" by Linda Wray. © Linda Wray. Printed by permission of the author.

"*The Rose*" by Linda Wray. © Linda Wray. Printed by permission of the author.

"*No Place for Solitude*" by Kimberley Nelson first appeared in the PORTER CuLCH REVIEW 1996. © Kimberley Nelson. Reprinted by permission of the author.

"*Was-Will-Not*" by Dwight Young. © Dwight Young. Printed by permission of the author.

"*A Prison Sharing*" by John Dooley from SIMPLE CIFTS, compiled by Elaine Brooks 1996. © John Dooley. Reprinted by permission of the author.

"*Small Steps*" by Lisa Friedlander. © Lisa Friedlander. Printed by permission of the author.

9장

Excerpt from The Kabir Book, versions by Robert Bly (Beacon Press, 1993). ©1971, 1977 by Robert Bly. © 1977 by The Seventies Press. Reprinted by permission of Beacon Press, Boston.

"*The way I must enter*" from The ink dark moon by Izumi Shikibu, translated by Jane Hirshfield and Mariko Aratani (VintagePress, 1990). Reprinted by permission of Jane Hirshfield.

"*Although the wind*" by Izumi Shikibu, translated by Jane Hirshfield and Mariko Aratani from The Ink Dark Moon. Reprinted by permission of Jane Hirshfield.

"*Merely to know*" by Kojiju, translated by Edwin A. Cranston, from women in praise of the Sacred, edited by Jane Hirshfield(HarperCollins, 1994). Reprinted by permission of Jane Hirshfield.

Excerpt from "*I Am All of These*" by Mary TallMountain from listen to the nlcht: Poems for Animal Spirits of Mother Earth, copyright © 1990 by Mary TailMountain, © 1996 by the Mary TallMountain Estate. Reprinted by permission from the Mary TallMountain Estate.

"*J am a spark of fire*" by Phyllis Browne. © Phyllis Browne. Printed by permission of the author.

"*I remember singing blood flowing into passionate seas*" by Phyllis Baldwin. © Phyllis Baldwin. Printed by permission of the author.

"*The Holy Longing*" from news of the universe by Johann Wolfgang von Goethe, trans. by Robert Bly (Sierra Club, 1980). Translationcopyright © 1980 by Robert Bly. Reprinted with his permission.

"*Sometimes at Night*" from ONE HEART OPENING: poems for THE journey of

AWAKENING by Ellen Crace O'Brian (audio tape: CSE, 1996). © 1996 by Ellen Grace O'Brian. Reprinted by permission of the author.

"*Ruah*" by Noelle Morris. © Noelle Morris, Printed by permission of the author.

"*Illusions*" by James Fadiman. © James Fadiman. Printed by permission of the author.

"*The Rabbis Do Not Look at Me*" by Laura Golden Bellotti. © Laura Golden Bellotti. Printed by permission of the author.

"*There Is an Origin*" from WHEN JEWELS SINC by John Fox (audio tape: © 1989 by John Fox. OpenHeart Publications, 1989). Reprinted by permission of the author.

"*Enhancement stills*" from Old Rocks, New streams: 64 Poems From the I Ching by Ellery Littleton. © 1993 by Ellery Littleton. Reprinted by permissionof the author.

"*Encounter*" by Barbara Gellert from SIMPLE CIFTS compiled by Elaine Brooks 1996. © Barbara Gellert. Reprinted by permission of the author.

Excerpt from "*4*" from selected poems of rainer Maria Rilke. Copyright © 1981 by Robert Bly. Reprinted by permission of HarperCollinsPublishers, Inc.

"*The Stranger*" by Lawrence Tirnauer. © Lawrence Tirnauer. Printed by permission of the author.

"*Witch Doctor*" by John Bowman. © John Bowman. Printed by permission of the author.

"*Muse*" from One Heart Opening: Poems for the Journey of Awakening by Ellen Crace O'Brian (audio tape: CSE, 1996). © 1996 by Ellen Grace O'Brian. Reprinted by permission of the author.

지은이
존 폭스 John Fox

시인이자 미국 공인 시치료사(CPT), 캘리포니아 주 샌프란시스코에 있는 캘리포니아통합연구소의 부교수다. 팔로 알토에 있는 소피아대학교 초월심리연구소와 오클랜드에 있는 홀리네임스대학교, 버클리에 있는 케네디대학교에서 정기적으로 시치료를 강의한다. 2003년부터 2005년까지 미국의 국립시치료학회(NAPT) 회장을 역임했으며, 현재 시의학연구소의 대표다. 미국 전역의 의료 관련 학교와 병원, 아일랜드, 영국, 이스라엘, 쿠웨이트, 한국에 시치료를 제시한 존 폭스는 PBS 다큐멘터리 〈치유의 단어 : 치유와 의학〉에 소개되기도 했다. 지은 책으로는 『잃어버리지 않은 것 찾기 : 시와 수필 쓰기를 통해 진실과 창조성 표현하기』 등이 있다. 존 폭스의 작품과 활동에 대한 자세한 정보는 홈페이지(www.poeticmedicine.org)에서 확인할 수 있다.

옮긴이
최소영

경북대학교에서 「우울증과 정신병의 증상완화 및 주체화 촉진을 위한 정신분석적 시치료 연구」 임상 논문으로 문학치료학 박사 학위를 받았고, 경기대학교에서 우울증 환우 대상으로 「시치료가 정서지능 향상에 미치는 효과성 연구」 임상 논문으로 독서지도학 석사 학위를 받았다. 덕성여자대학교 심리학(부전공)·국어국문학과를 졸업하였다. 경기대학교·경민대학교·이화여자대학교에서 강의하였으며, 정신건강 및 심리상담 기관, 연구소 등에서 문학치료·시치료를 강의하고 있다. 〈해피맘코리아 북스토리텔링 힐링콘서트〉와 〈최소영의 힐링포엠 시치료 워크숍〉을 진행하고 있다. 서울시교육연수원 학교폭력 예방 및 대응전문가 연수 강사, 평택대학교 외래 교수, 한국시치료연구소 시치료전문가과정 교수이다. 라캉정신분석 수련분석가, 문학치료 수련감독, 시치료 수련감독, 영성심리 상담전문가, 국제공인 NLP Master Practitioner, Practitioner Hypnotherapist이다. 최소영 정신분석클리닉 원장, 한국시치료연구소 소장, 한국시치료학회 창립 초대회장, 한국문화예술치료교육협회장, 청소년 비폭력평화연대 대표, 해피맘코리아 대표이다. 옮긴 책으로는 『루빈의 통합적 예술치료 읽기』와 『시각과 언어의 예술치료』가 있다.

조은상

건국대학교에서 국어국문학을 전공하고 문학 박사학위를 받았다. 현재 단국대학교에서 상담심리 전공 박사과정에 재학 중이며 문학과 상담의 조화로운 만남을 시도하고 있다. 건국대학교·서울시립대학교에서 문학·심리학·문학치료학 관련 강의를 하고 있으며 「3·40대 기혼 여성의 우울성향 자기서사 연구」를 비롯해 문학과 심리학·상담학·문학치료학을 접목한 논문이 다수 있다.

조영주

건국대학교에서 국어국문학 전공 문학학사, 석사, 박사학위를 받았다. 현재 건국대학교, 도봉구정신보건센터 등에서 문학과 문학치료 관련 강의를 하고 있다. 석사학위논문 『참요에 대한 정신분석학적 연구』와 박사학위논문 『분노성향 대학생의 자기서사에 대한 문학치료학적 연구—시조를 활용한 분노조절프로그램의 사례를 중심으로』, 학술논문 「〈삼공본풀이〉를 활용한 이어쓰기 활동의 문학치료적 의의 연구」, 「균여의 〈普賢十種願王歌〉에 대한 문학치료학적 해석」 외 다수의 논문을 발표했다.

박성연

성균관대학교 아동학 전공 학사, 문학석사학위를 받았고 아동학 전공 문학박사학위 과정을 수료했다. 현재 자연주의 유아놀이 연구센터 '발트앤슈필'의 연구원이며 한양전문학교, 숭의여자대학교, 성공회대학교에 아동학 관련 강의를 하고 있다. 한국사이버평생교육원, 누리원격평생교육원 관리교수다.

윤수민

이화여자대학교 철학과를 졸업하고 동대학원에서 동양철학 전공 재학 중이다. 한우리독서문화운동본부 부설연구소 연구원과 중앙일보NIE 연구소에서 교육팀장을 지냈다. 현재 한스앤컴퍼니 연구개발실장, 한국철학교육연구원 연구원, 한국시치료연구소 객원연구원이다.

한 번도 소리 내어 울지 못한 그대에게
시詩치료

2013년 6월 19일 초판 1쇄 펴냄
2017년 9월 11일 초판 2쇄 펴냄

지은이 | 존 폭스
옮긴이 | 최소영, 조은상, 조영주, 박성연, 윤수민
펴낸이 | 김재범
편집 | 김형욱, 신아름
관리 | 강초민, 홍희표
인쇄 | AP프린팅
종이 | 한솔PNS
펴낸곳 | 아시아
출판등록 | 2006년 1월 31일
등록번호 | 제319-2006-4호
전화 | 02-821-5055
팩스 | 02-821-5057
주소 | 서울시 동작구 흑석동 100-16
이메일 | bookasia@hanmail.net
홈페이지 | www.bookasia.org

ISBN 978-89-94006-59-8 03180

* 값은 뒤표지에 표시되어 있습니다.

이 도서의 국립중앙도서관 출판시도서목록(CIP)은 서지정보유통지원시스템 홈페이지
(http://seoji.nl.go.kr)와 국가자료공동목록시스템(http://www.nl.go.kr/kolisnet)에서
이용하실 수 있습니다. (CIP제어번호 : CIP2013004788)